教育监测评估
制度与政策

韩映雄　余天佐　郝龙飞 ◎ 著

图书在版编目(CIP)数据

教育监测评估：制度与政策 / 韩映雄，余天佐，郝龙飞著. -- 北京：北京大学出版社，2024.10. -- ISBN 978-7-301-35695-1

Ⅰ.G521

中国国家版本馆 CIP 数据核字第 20243J7L73 号

书　　　名	教育监测评估：制度与政策
	JIAOYU JIANCE PINGGU：ZHIDU YU ZHENGCE
著作责任者	韩映雄　余天佐　郝龙飞　著
责任编辑	刘　军
标准书号	ISBN 978-7-301-35695-1
出版发行	北京大学出版社
地　　　址	北京市海淀区成府路 205 号　100871
网　　　址	http://www.pup.cn　　新浪微博：@北京大学出版社
微信公众号	通识书苑（微信号：sartspku）　　科学元典（微信号：kexueyuandian）
电子邮箱	编辑部 jyzx@pup.cn　　总编室 zpup@pup.cn
电　　　话	邮购部 010-62752015　发行部 010-62750672　编辑部 010-62753056
印 刷 者	北京虎彩文化传播有限公司
经 销 者	新华书店
	730 毫米 ×980 毫米　16 开本　16 印张　270 千字
	2024 年 10 月第 1 版　2024 年 10 月第 1 次印刷
定　　　价	98.00 元

未经许可，不得以任何方式复制或抄袭本书之部分或全部内容。

版权所有，侵权必究

举报电话：010-62752024　电子邮箱：fd@pup.cn

图书如有印装质量问题，请与出版部联系，电话：010-62756370

序　言

教育评估、教育监测、教育评估监测、教育监测评估等词,尽管在学理上可以被明确界定和区分,但在政府的有关文件和政策文本中却并没有被严格区分和使用;相应地,在日常的教育管理活动中,同样也未被区分。教育监测评估制度和教育监测评估体系这两个词同样未被严格区分。因此,为行文的一致性,本书使用"教育监测评估"一词,但一些引文也有使用"教育评估监测"一词的。对"教育评估"和"教育评价"这两个词,本书未做严格区分,视为同义。

在公开发表的著述中,直接以教育监测评估制度为对象的研究并不多,相关的如义务教育质量监测评估制度、高等学校评价制度研究,近几年才开始逐渐增多。因此,教育监测评估制度是一个尚待深入研究的新领域。

本书将教育监测评估置于制度与体系的视角,探讨为何要建立教育监测评估制度、教育监测评估制度是什么以及相关的组织制度等基本问题。本书还探讨了教育监测评估制度的两个构成要素——教育监测评估社会组织和教育监测评估人员的发展与专业化问题。

在上述教育监测评估制度"为什么"和"是什么"讨论的基础上,笔者及研究团队近年还承担过一些地市的义务教育质量综合评价、大学通识教育课程监测评估、教育部－中国移动中西部中小学校长培训项目评估等监测评估项目。这些项目实际上就是关于"怎么做"的行动研究。为了让读者对这类行动研究及其项目报告有所了解,本书以附录的形式呈现了一份区域教育质量综合评价报告。出于保密性要求,隐去了相关名称和信息。

总之,本书是对教育监测评估制度的初步研究,期待能引起学界对该领域的重视,也希望同行们能在此基础上深入探索。

本书是笔者与余天佐、郝龙飞合作完成的。第四章由余天佐撰写,第五章和第六章由郝龙飞撰写,其余部分由笔者撰写。本书第一章和第二章的部分观点来自笔者的论文《中国教育监测评估制度的内涵与变迁》(《现代大学教育》2022 年第 4 期)。本书第五章是基于论文《教育评估第三方机构的事业化发展》修改而成,这篇论文将在《高教发展与评估》2025 年第 1 期刊出。

本书也是笔者承担的国家社会科学基金"十三五"规划 2018 年度教育学重点课题(AFA180012)的成果之一。

2023 年 12 月

目 录

第一章 教育监测评估的缘起与发展 …………………… 1
 与教育监测评估相关的术语 ………………………… 1
 教育监测评估的产生与发展 ………………………… 9
 教育监测评估的价值分析 …………………………… 15

第二章 教育监测评估制度演变与当代实践 …………… 19
 教育监测评估制度的本质 …………………………… 19
 我国教育监测评估制度的历史沿革 ………………… 20
 我国教育监测评估制度的主要缺陷 ………………… 29
 教育监测评估制度的当代实践 ……………………… 30

第三章 教育监测评估组织制度 ………………………… 38
 教育监测评估组织机构 ……………………………… 38
 督导机构体系 ………………………………………… 43
 运行与问责机制 ……………………………………… 46
 教育监测评估组织制度的主要特征 ………………… 48

第四章 教育监测评估的类型与功能 …………………… 50
 教育监测评估的分类与依据 ………………………… 50
 义务教育质量监测 …………………………………… 52
 本科教学评估 ………………………………………… 56
 学科评估 ……………………………………………… 59

  核心素养监测评估 …… 62
  教师教学监测评估 …… 67
  综合评价 …… 73
  增值评价 …… 76

第五章 教育监测评估社会组织 …… 79
  教育监测评估社会组织的内涵 …… 79
  教育监测评估社会组织的发展历程 …… 80
  教育监测评估社会组织的工作特征 …… 86
  教育监测评估社会组织的职能 …… 90
  我国教育监测评估社会组织的问题 …… 93
  我国教育监测评估社会组织的合法性 …… 98

第六章 教育监测评估人员专业化 …… 104
  教育监测评估人员专业化的内涵 …… 104
  教育监测评估人员专业化的发展历程 …… 106
  教育监测评估人员专业化的特征 …… 113
  教育监测评估人员的职责 …… 117
  我国教育监测评估人员专业化发展的困境 …… 119
  我国教育监测评估人员的专业化发展 …… 124

第七章 人工智能与学生学业质量评估创新 …… 140
  人工智能技术带来的机遇 …… 141
  人工智能在学业评估领域的具体应用 …… 144
  主要结论与讨论 …… 157

附录 K区2015年初中生教育质量综合评价报告 …… 161
  1. 学业水平 …… 163

2. 学习状况 …………………………………………… 181
3. 学业负担 …………………………………………… 190
4. 学生品德 …………………………………………… 202
5. 学生的家庭生活 …………………………………… 210
6. 师生关系 …………………………………………… 215
7. 教师教学 …………………………………………… 222
8. 教师的职业满意度 ………………………………… 231
9. 教师专业发展 ……………………………………… 234
10. 课程领导力 ………………………………………… 239

第一章　教育监测评估的缘起与发展

在各国的教育治理系统中，无论如何强调教育监测评估的重要性和价值都不为过。但这只是理论上的，在具体的实践过程中，教育监测评估的过程和结果并未完全达到人们的期望目标。这种情况在我国尤其明显。

教育监测评估的实施受制于很多因素，如教育治理体系、教育管理传统、教育管理文化与社会心理以及招生考试制度等。尽管我国的教育监测评估近年来在理念、方式与体制机制等方面有了长足的进展，但在制度建设层面仍需持续完善。

教育监测评估制度建设是一项持续且艰难的事业，在各国均是如此。在信息化环境、全球化时代和教育国际化背景下，制度建设遇到的挑战更大。同时，也应该充分意识到，一国的教育监测评估制度是传统和环境的产物。因此，对教育监测评估的缘起与发展历史的回顾和考察就显得尤为必要。

与教育监测评估相关的术语

在教育监测评估这个术语出现之前，就已经存在教育评估、教育监测等相关概念。教育监测评估是在继承教育评估、教育监测等概念内涵的基础上发展变化而来的。

教育评估

教育评估伴随着教育的产生而产生，有教育就会有教育评估。但对教育评估进行系统的理论研究，则是近百年的事。

关于教育评估,最著名的是泰勒(Ralph W. Tyler)的定义,他认为评估是"一个确定课程与教学计划实际上达到教育目标的程度的过程"[①]。另一个被人们广泛接受的定义是克隆巴赫(Lee J. Cronbach)于1963年提出的"为做出关于教育方案的决策,收集和使用信息"[②]。这两类定义代表着两种不同的教育评价观,泰勒的教育评价是带有价值判断成分的,而克隆巴赫的教育评价则没有价值判断过程,仅仅是客观描述。随后,相继又出现了斯克里文[③](Marc S. Scriven)、斯塔弗尔比姆[④](Daniel L. Stufflebeam)、斯塔克[⑤](Robert E. Stake)、美国教育评价联合委员会[⑥]、古帕(Egon G. Guba)和林肯(Yvonna S. Lincoln)[⑦]等众多学者和组织有关教育评价的理解和观点。上述代表性的观点共同构成了教育评价四个阶段的理论或四代教育评价观。

从我国当前教育评估法律、法规、政策及其在教育界的影响程度来看,泰勒的教育评价理论和主张最深入人心,应用最为广泛。我国现行的中考、高考测试以及国家基础教育质量监测等多项大型教育测量和教育评估均是基于泰勒的教育评价原理而设计和实施的。上述教育评估项目的一个共同特点就是通过收集信息和证据来证明既定目标的实现或完成程度,这一特点其实也是泰勒教育评价原理的核心和精髓。

在我国,"教育评价是对教育活动满足社会和个体需要的程度做出判断的活动,是对教育活动现实的(已经取得的)或潜在的(还未取得的,但有可能取得的)价值做出判断,以期达到教育价值增值的过程"[⑧],这一观点具有

---

① 泰勒. 课程与教学的基本原理[M]. 施良方,译. 北京:人民教育出版社,1994:85.
② 克隆巴赫. 通过评价改进教程[M]//瞿葆奎. 教育评价. 北京:人民教育出版社,1989:159—180.
③ 斯克里文. 评价方法论[M]//瞿葆奎. 教育评价. 北京:人民教育出版社,1989:180—233.
④ 斯塔弗尔比姆. 方案评价的CIPP模式[M]//瞿葆奎. 教育评价. 北京:人民教育出版社,1989:297—325.
⑤ 斯塔克. 方案评价的特殊方法:应答评价[M]//瞿葆奎. 教育评价. 北京:人民教育出版社,1989:325—343.
⑥ Joint Committee on Standards for Education Evaluation. Standards for Evaluations of Educational Programs[R]. Michigan: The Evaluation Center of Western Michigan University,1981:13—21.
⑦ 沃尔博格. 教育评价[M]. 张莉莉,译. 重庆:西南师范大学出版社,2011:59—65.
⑧ 陈玉琨. 教育评价学[M]. 北京:人民教育出版社,1999:7.

很大的影响力。

在语言表述和用词上,教育评价与教育评估经常被混用。有学者认为应有所不同①:

> 从语言学上来说,评价是一个动宾结构的词,它作为一个总合的概念是恰当的。评定、考评和评估作为并列结构的词,用它来界定相应的评价对象是比较妥当的……即使在西方,理论工作者和实际工作者对这些术语的用法也并不一定规范,"学院工作的评定"(assessment of college performance)、"学生成就的评价"(evaluation of student achievement)等说法也很常见。

也有学者认为②:

> 评价可以应用于所有对象,但更经常地与项目联系在一起,例如"项目评价"。当教师作为评价对象时,某些国家(比如英国)更喜欢用"考核"(appraisal)。当评价学生个体的成就时,则更常用"评估"(assessment)。

遗憾的是,上述关于教育评价与教育评估词意之别的见解并未成为学界共识,也未能在实践领域、政策制定和文本表达上产生实质性的影响。

教育监测

由于教育质量的内隐性,人们对教育质量的评估只能基于已有认识、已有手段来做估量,很难完全客观地测量。再则,教育质量因时而异,处于不断的发展变化当中。因此,要想实现科学的教育质量评估,就需要对不易测量的教育质量进行长期的跟踪,采用尽可能新的技术和科学的方案持续地采集有关教育质量的数据和信息。只有这样,才有可能保证评价结果的公平与公正。基于上述目的,教育监测应运而生。

从研究文献和政策文本看,教育监测一词只是近 20 年来才出现。2000

---

① 陈玉琨.教育评价学[M].北京:人民教育出版社,1999:26.
② 希尔伦斯,格拉斯,托马斯.教育评价与监测:一种系统的方法[M].边玉芳,曾平飞,王烨晖,译.北京:教育科学出版社,2017:18.

年之前,教育监测一词在学术界并未获得广泛应用,与此相关的研究不是很多。

在国外,美国国家教育进展评价(National Assessment of Education Progress,NAEP)和国际学生评估项目(Programmer for International Student Assessment,PISA)等大型教育监测项目影响广泛,对普及教育监测的理念和具体实践起到了重要的推动作用。

在我国,2000年之后,随着2006年依托上海市教育科学研究院的教育部基础教育监测中心、2007年依托北京师范大学的教育部基础教育质量监测中心的建立,以及国际学生评估项目在我国的实施,教育界和学术界真切地感受到教育监测这种管理工具的运作情况及其与教育评估的差异。此外,2005年起教育部不间断发布的国家教育督导报告也是我国教育监测工作的主要成果和标志。可以说,在我国,教育监测首先起源于教育督导工作领域,随后才进入学术界的研究视野。有必要指出的是,2000年之后的10年,教育督导工作的主要对象是基础教育领域,较少涉及高等教育领域和职业教育领域。在高等教育和职业教育领域,教育评估的理念和做法有着根深蒂固的惯习,一直被持续不断的教育评估项目和活动所"包裹"。

在有关研究中,找到严格的关于教育监测概念的界定并不容易,更多的是从不同侧面对这一概念的描述或刻画,例如,教育监测是在教育"管办评"分离的背景下,作为信息公开和决策咨询的重要基础环节[1]。也有学者从教育监测意义的角度予以描述[2]:

> 开展基础教育监测是新时期基础教育改革与发展的迫切需要,是科学决策的必然要求,是进一步转变政府职能、改善宏观管理的重要措施。

教育监测与教育评估同为教育质量保障的手段,两者在实施过程中都需要收集数据或信息,即都需要教育测量这个环节。但教育监测一般只是

---

[1] 尧逢品.决策咨询视域下的教育监测实践探讨[J].上海教育评估研究,2018(01):45—49.
[2] 陈小娅.中国的实践:基础教育监测的新尝试[J].教育研究,2010(04):3—4.

对数据或信息按特定需要予以客观呈现,并不做进一步的价值判断。即使要做,也是按照既定的标准对完成度或绩效等情况来做判断,依然具有鲜明的客观性特征。而教育评价则一定要在数据或信息基础上做出价值判断,并且,价值判断的标准会依据评价主体即评价者的不同而不同,具有一定的主观性特征。

从汉语构词角度看,监测可解析为监督和测量,教育监测就是教育监督和教育测量,也可理解是为了监督的测量或基于测量的监督。因此,我国的教育监测最初起源于教育督导部门。从英语的角度看,监测的特殊性在于它有"察觉"的含义,并且与管理一个系统的长期运行和"维持系统秩序"有关[1]。

综上分析,教育监测就是通过持续地收集教育要素的各类数据,以提供教育系统所获成就的相关证据,服务于教育的管理者和其他利益相关者[2]。

教育监测评估

从教育质量保障手段的角度来说,教育监测评估今日已被认为是一种新手段[3]。不仅如此,教育监测评估已突破教育质量保障手段的单一功能。

何为教育监测评估,目前尚无共识。依据对教育监测评估本质的不同理解,可分为融合论和持续论两种主要观点。

融合论认为,教育监测评估通常被当作教育评估和教育监测这两种不同类型活动的总合,教育评估与教育监测之间并非割裂的关系,而是呈现互补的特点,都可以确保政策取得最大成功,二者缺一不可。

---

[1] 希尔伦斯,格拉斯,托马斯.教育评价与监测:一种系统的方法[M].边玉芳,曾平飞,王烨晖,译.北京:教育科学出版社,2017:11.

[2] CHEREDNICHENKO O, YANGOLENKO O. Towards Quality Monitoring and Evaluation Methodology: Higher Education Case-study[C]. Berlin: Springer, 2012:1415.

[3] SHERMAN V, BOSKET R J, HOWIE S J. Monitoring the Quality of Education in Schools: Examples of Feedback into Systems from Developed and Emerging Economies [M]. Rotterdam: Sense Publishers, 2017:14.

究其原因,是因为①:

> 监测能及时提供政策执行过程中的相关信息及管理者执行政策所需的信息,而评价所需的信息大部分从监测中获取,并提供更加深入的信息;监测为评价提供了必要的信息,但这些信息并不充分,评价还需要利用其他数据收集工具以及系统的分析框架对政策进行评价;监测的设计和实施必须充分考虑评价的需要,因为清晰的政策目标、监测指标等是评价能否获得成功的前提。

持续论者认为,教育监测评估是单一的活动,从某种意义上来讲是一种持续性的评估。②

结合我国的教育实际情况,有学者认为教育监测评估可以理解为③:

> 旨在以预定目标为依据,通过对过程要素状态信息的持续收集、动态跟踪和客观描述,对教育活动是否在按照预定计划执行、向预定目标靠近等运行轨迹做出监控、预警和修正,从而确保教育目标的有效实现。教育监测评估反映了教育评估理论革新发展的时代需求。

就我国现行的教育督导实践和政策来看,上述两种观点同时存在。学术界对此尚未充分讨论过,更谈不上共识。在我国的教育政策文本中,也很难找到有关教育监测评估这一用语的明确界定和描述。

基于教育监测评估在当代教育改革与发展中的重要功能与价值,也有人将教育监测评估称为一项"独立的教育改革"或教育政策。这个观点明显已突破以往人们将教育监测评估看作是一种质量保障手段的看法。

正如希尔伦斯(Jaap Scheerens)所言④:

---

① UNDP. Handbook and Book of Planning: Monitoring and Evaluation for Development Results [EB/OL]. (2011-07-19)[2022-05-18]. http:// www.undp.org/eo/handbook.

② HOSEIN A N. A Framework for Monitoring and Evaluation in a Public or Private-sector Environment[R]. Trinidad: Project Management Institute, 2003:36.

③ 王战军,王永林. 监测评估:高等教育评估发展的新图景[J]. 复旦教育论坛,2014(02):5.

④ 希尔伦斯,格拉斯,托马斯. 教育评价与监测:一种系统的方法[M]. 边玉芳,曾. 飞,王烨晖,译. 北京:教育科学出版社,2017:20.

教育监测评估应该被看作是促进教育系统管理与改进日常运行的关键机制,向有关单位……提供信息、考核与反馈等服务。这种观点就标志着教育评价开始摆脱"孤立说"的传统模式而成为"系统的教育监测评价"。"系统"指的是监测评估在教育系统内制度化的应用,而不是局限于项目评价。其理论原理来自系统论中的"控制论"。监测与评价的战略性使用取决于多层级教育系统的决策结构以及权力在各层级的分布情况,是充分挖掘各种评价形式组合的潜能之后做出的一种经济的选择。

本书认为,教育监测评估是以政府为主体组织、实施的利用教育系统日常运行状态数据或服务于特定目标的专门信息,对教育系统、教育项目以及学校等机构所做的测量、价值判断和监督等活动,它既可以是一种具备鉴定、问责和改进功能的教育管理手段,也可以是一项独立的教育改革项目或教育政策。

教育监测评估与教育评估、教育监测的异同

教育监测评估尽管脱胎于教育评估与教育监测,与教育评估和教育监测有一定的联系或相似之处,但又有所区别。这体现在谁来组织、实施对象是谁以及目的与功能等多个方面。

在谁来组织即组织者方面,只有政府才是教育监测评估的组织者。但教育评估的组织者既包括政府和中介组织,也包括学校、教师等主体,但教师一般并不参与和单独组织教育监测活动。教育监测评估是体现政府公共管理理念的制度体系和宏观管理的独特手段,更具广泛性和系统性,因此一般都是由政府发起和组织。

在实施对象上,教育监测评估的对象涉及多个领域或客体,既可以是整个教育系统,也可以是某个专门的教育项目,还可以是某类学校、教师或学生。教育监测与教育监测评估的实施对象是相同的,但教育评估的实施对象一般不涉及整个教育系统。在基础教育领域,教育监测评估更多侧重于对学生学业水平、学习成绩与学生素养的监测。教育质量评估监测通过收集客观、量化的数据,了解学生在学业成绩、情感态度、身心健康等各个方面的表现状况以及相关影响因素,从而掌握国家或区域的教育质量进展状况。① 运用大尺度教育测评的技术和手段进行基础教育质量监测可以追溯至 20 世纪五六十年代,它结合了学科测验和各种环境因素信息,采用矩阵抽样、项目反应理论、多层线性模型等测量理论和技术,通过学生学业成就水平的横向和纵向比较,从多个因素、角度分析学业成就差异的原因,掌握教育质量发展状况及其差异原因,发挥为教育政策制定者提供可靠的问责和决策依据的功能。② 在我国,基础教育质量评估监测更多的是作为素质教育的指挥棒与诊断所,是为了解义务教育的发展状况、保障教育质量与公平而进行的一项教育行政体系内的评估活动③。在高等教育领域,监测评估被看作是数据密集型评估,利用现代信息技术不断收集和深入分析相关数据,直观呈现高等教育现状的过程,进而为不同主体的价值判断和科学决策提供客观依据。④ 在职业教育领域,教育监测评估指有目的地对教育教学质量系统进行评估、监督和施加影响,使教育教学质量达到预期目标。⑤

在所扮演的角色上,教育监测评估扮演着教育监测和教育评估的双重角色。教育监测评估既如教育监测一样,利用可测量和收集到的数据,通过建立有关资源投入与结果的绩效指标,确认实际结果与政策目标间的差距与问题,也像教育评估一样,通过分析教育活动已实现(或未实现)的预期结果及原因,判断活动与结果间的因果关系,总结成效或潜在价值,并提供有

---

① 李勉,张岳,张平平.国际基础教育质量监测评价结果应用的经验与启示[J].外国中小学教育,2017(05):1—7.

② 李凌艳,郭思文.我国基础教育质量环境系统监测的若干思考[J].教育研究,2014(11):119—125.

③ 李勉,刘春晖.国家义务教育质量监测:素质教育实施的制度突破口[J].中国教育学刊,2016(12):19—22.

④ WANG Z J, QIAO W F, LI J B. Data-Intensive Evaluation: The Concept, Methods, and Prospects of Higher Education Monitoring Evaluation[M]. // External Higher Education Quality Assurance in China. London: Routledge, 2018.

⑤ 刘晓欢.职业院校教育质量保障体系的构建[J].河南职业技术师范学院学报(职业教育版),2004(03):10—13.

关改进建议。因此,教育监测评估既具有教育监测的问责功能,也具有教育评估的鉴定和改进功能。

由于学界尚未对有关教育监测评估的诸多术语形成共识、达成规范,因此本书在术语使用上对教育评估和教育评价、教育监测评估和教育评估监测不做严格区分,视作同一含义。

教育监测评估的产生与发展

中国古代的教育评估活动与选士制度密切关联,其中以察举制、九品中正制及科举制度最为典型。近代及现代中国的教育监测评估研究和活动则更多借鉴了西方学者的研究成果。

开创时期(1933—1955)

这一时期最有影响的非"八年研究"莫属。"八年研究"是1933—1940年由美国进步主义联盟的一些教育家提出的一套新教育课程实验研究[①]。泰勒教授承担并设计了教育实验的评估方案,结合实验进行评估研究[②]。通过该研究,泰勒教授和他的团队正式提出了教育评估的定义——教育评估就是衡量实际教育活动达到教育目标的程度,测验是它的手段。这场实验研究的鲜明特点是很注重教育目标,这对教育评估研究者产生了极大影响,成为之后几十年教育评估的主导观念。此后,专门总结这次教育评估的报告《史密斯—泰勒报告》被誉为"划时代的教育评估宣言",该报告把评估过程划分为四个步骤:(1)确定教育目标;(2)设计评估情景,主要依据是预先规定的教育目标;(3)选择和编制评估工具,必须使这些工具能够引发教育目标所期望的那种行为;(4)分析评估结果。至此,现代教育评估正式诞生。

---

① 杨捷.美国进步主义教育之"八年研究"述评[J].河南大学学报(社会科学版),2006(03):171-175.
② 杨光富."八年研究"的贡献及其对我国教育改革的启示[J].外国教育研究,2003(02):17-20.

由于历史的原因,这个时期我国教育评估远远落后于发达国家。[1] 我国的教育评估研究还停留在借鉴阶段,评估标准单一,评估技术也比较落后,没有形成符合我国国情的教育评估体系框架,导致我国教育评估本土化研究工作一度滞后。

大发展时期(1956—1975)

这一时期是世界教育评估研究和探索的大发展时期,取得了大量的研究成果,创造了多种评估模式。

教育目标评估模式。布卢姆(Benjamin Bloom)等学者[2]继承了泰勒的研究成果,率先建立了教育目标分类系统。布卢姆把认知领域的目标分为识记、领会、运用、分析、综合和评估六个层次;依据价值内化的程度,将情感领域的目标和动作技能学习领域的目标做了分类。这一评估方式是对泰勒教育评估方法的进一步完善和发展,被后人称为教育目标评估模式。

CIPP评估模式。这是20世纪60年代后期兴起的一种教育评估方法。斯塔弗尔比姆(Daniel Stufflebeam)[3]提出了CIPP评估模式,亦称决策导向或改良导向评估模式。CIPP评估模式包括背景评估(Context Evaluation)、输入评估(Input Evaluation)、过程评估(Process Evaluation)、结果评估(Product Evaluation)。研究者[4]认为这一模式的主要主张是:评估最主要的意图不是为了证明,而是为了改进;教育评估不应单纯地以教学目标为中心,应以决策为代表的社会为中心;评估应为决策服务,为决策收集、组织、分析和报告有用信息,并使这些信息通过决策者的决策产生社会效用,评估是为决策提供有用信息的过程。这种评估方式解决了泰勒模式中的部分缺

---

[1] 吴君,吴士杰,石婷.中外教育评价学论著索引编撰成册的必要性分析[J].天津职业院校联合学报,2017(04):123—128.

[2] BLOOM B S., HASTINGS J T, MADAUS G T. Handbook on Formative and Summative Evaluation of Student Learning[M]. New York: McGraw-Hill, 1971.

[3] 斯塔弗尔比姆.方案评价的CIPP模式[M]//瞿葆奎,教育评价.北京:人民教育出版社,1989:297—325.

[4] 肖远军.CIPP教育评价模式探析[J].教育科学,2003(03):42—45.

陷，提出了评估的发展性功能，同时发挥了诊断性评估、形成性评估和终结性评估的功能。其明显不足是缺乏价值判断，适用范围有限。

目标游离评估模式。目标游离（Goal-Free）评估是斯克里文（Michael Scriven）针对目标评估模式的弊端而提出的一种评估方式。他认为，评估者应该注意课程计划的实际效应而非预期效应即最初确定的目标。他同时认为，非预期的效应（或称为"副效应""第二效应"）也应作为评价的目标之一。① 斯克里文认为预期的课程目标不应该是评估的唯一准则。评估者所收集到的有关课程计划实际结果的各种信息，既可能是预期的，也可能是非预期的。这一模式受到的最大质疑在于背离评估的主要目的以及评估者用自己的目的来取代既定目标的风险。总的来说，目标游离评估并不是一个有一套完整评估程序的模式。

应答评估模式。这是斯塔克（Robert E. Stake）首先提出，并由其他人进一步发展而形成的一种评估方法。② 这种方法认为评估要为一切利益关系人提供有价值的信息。如果教育评估更直接地指向方案的活动而非内容，如果能满足评估听取人对信息的需求，或者在反映方案得失的评估报告中更能反映人们不同的价值观念，那么，这种评估即可称为应答评估。应答评估不像其他评估方法那样先确定评估目标或先建立假设，而是首先确定评估问题，并在问题的基础上制定评估计划。应答评估主要有两个特点：兼顾各方面人员的目标和感受、采用多种方法获得全面的信息。但是，应答评估方法存在高消耗、难推广的缺点。③

CSE 评估模式。CSE 评估模式是以美国洛杉矶加利福尼亚大学评价研究中心（Center for Study of Evaluation）命名的一种评估模式。该中心自20世纪60年代后期以来一直在研究和推广这一评估模式。这一模式共包括五个方面的工作，即系统评估、方案计划、方案实施、方案改进和方案确认。

---

① 斯克里文.评价方法论[M]//瞿葆奎.教育评价.北京：人民教育出版社，1989：180—233.
② 斯塔克.方案评价的特殊方法：应答评价[M]//瞿葆奎.教育评价.北京：人民教育出版社，1989：325—343.
③ 一帆.教育评价的应答模式[J].教育测量与评价（理论版），2013(01)：42.

研究者①认为该模式有五点含义。第一,系统评估旨在协助决策者了解教育系统的现状,并把现在的教育系统和理想的教育系统加以比较,从而确定新的需要,建立新的目标。它通常考虑的问题是当前的教育系统是否符合儿童的特点、社会的需要等,如果不能,当前的教育系统缺少什么,应增加、调整或修改哪些教育目标等。第二,方案计划旨在帮助决策者从许多方案中选择一个满足教育要求的方案。从这个角度来讲,CSE评估模式的方案计划工作实际上是决定采用哪种方案。因此,在这一阶段,评估者必须针对各种可能的方案,搜集分析有关资料,预测达成目标的可能性。第三,方案实施的工作旨在确定所实施的方案是否符合原来的计划以及实施者对计划的忠实程度。由于实施情况直接关系到方案的最终效果,所以对方案实施的评估非常重要。第四,方案改进要求评估者提供方案的各组成部分是否正常运行的资料,并扮演方案干预者的角色,推进方案的改进。第五,方案确认要求评估者决定方案是否终止、修正、保留或推广。这一时期所需要的资料须具有相当高的信度和效度,以避免决策的错误。CSE是一种为教育改革提供服务的综合性评估方法,评估活动贯穿于从确立教育目标到教育质量全面检查的过程之中,可以根据教育改革的需要为教师和管理人员提供评估服务,是一种动态的评估方法。②

此外,还有阐释性评估、费用效果评估等评估方法。这些方法有的是对泰勒的评估模式的改进,有的则是完全不同的评估方式。

转型时期(1976年至今)

在这一阶段,一系列新的教育评估模式开始出现。这些新模式一致强调要考虑到所有参与者即利益关系人的需求,客观性并不是最重要的。这一时期的鲜明特点就是重视人文社会科学方法在评估中的运用。③

---

① 关沁晖.基于CSE评价模式的高职微课评价体系构建[J].佳木斯职业学院学报,2017(11):23—24.
② 一帆.教育评价的CSE模式[J].教育测量与评价(理论版),2013(08):64.
③ 吴君,吴士杰,石婷.中外教育评价学论著索引编撰成册的必要性分析[J].天津职业院校联合学报,2017(04):123—128.

古帕和林肯于 1989 年提出了第四代教育评价理论思想。[①] 他们将之前出现的教育评价理论分为三代：第一代的主要特征是以测量活动为主，时间从 1900 年至 1930 年左右，是"测量时代"；第二代以泰勒的"八年研究"为主，以描述结果达到目标的程度为主，时间从 1930 年至 1940 年前后，是"描述时代"；第三代以判断为主，从 1950 年至 1970 年，是"判断时代"。

这一时期，我国教育评估研究也开始萌芽，翻译了一些外国教育评估方面的著作，如布卢姆等的《教育评价》，也出版了一系列论著，如瞿葆奎主编的《教育学文集·教育评价》、陈玉琨的《教育评价学》等。20 世纪 80 年代，各类型各层次的教育评估活动在我国开始开展起来。由于实际需要，各种具体的评估工作取得了巨大进展，如教学评估、德育评估、课程评估、体育评估、校长评估、教师评估、学生评估、能力评估、学力评估、区域教育评估、高等教育评估、中小学素质教育评估、职业教育评估、教育质量评估、教学管理评估等。可以说，需要进行评估的教育教学活动，都有了相应的评估方案。

研究者[②]认为，这一时期的教育评估有以下特点。第一，反对评估的"管理主义"倾向，让教育评估成为协商、对话、相互理解及合作建构教育意义的过程。传统教育评估以评估者与被评估者之间的主客二元对立为特征，评估不可避免地成为评估者对被评估者的管理和控制过程。而新的教育评估多采用"多元主义"价值观，尊重评估中每一方的价值，倡导"视域评估"。评估者与被评估者由此成为平等的对话、协商关系。第二，反思量化评估，倡导质性评估。新教育评估并不反对量化评估，而是在反思和批判中重新理解其价值和应用范围。自 20 世纪 70 年代始，评估学界对量化方法和量化评估展开系统反思。同时，一种新的评估范式——质性评估开始崛起。质性评估用质性描述和解释的方法，揭示评估对象的各种特质，以促进理解、彰显意义。质性评估不是一种具体的评估模式或方法，而是以追求理解和意义建构为目的的评估取向或范式。第三，超越学科范式，让教育评估建立在多学科的背景之上。这一阶段倡导的教育评估已不再把自然科学作为理

---

① 沃尔博格.教育评价[M].张莉莉，译.重庆：西南师范大学出版社，2011：59—65.
② 李雁冰.论教育评价专业化[J].教育研究，2013(10)：121—126.

解评估的唯一基础或范式,开始让评估建立在多学科的基础之上,如法学、新闻学、艺术学、批判理论、后现代理论等。教育评估的视域因此得到极大拓宽。

研究者[①]同时指出,随着教育评估活动广泛开展,教育评估研究成果日益丰富,整理评估研究成果、统一评估思想、培训评估工作人员已提上历史发展日程。例如,美国从20世纪80年代以来,已在许多大学开设了评估课程,如斯坦福大学、波士顿学院、洛杉矶加利福尼亚大学等都为研究生开设了评估课程。美国还在各地成立了评估研究中心,如洛杉矶加利福尼亚大学评估研究中心、斯坦福大学评估联合会、伊利诺伊大学教学研究和课程评估中心等。同时,这个时期兴起的新公共管理理论和倡导市场导向的公共领域改革,鼓励竞争、放权、增加个体与机构的自主性、实施基于评估的结果控制理念,也对教育评估的理论与实践产生了巨大推动作用。[②] 由此,教育评估由最初学校内部使用的一种手段,逐渐演变为服务于政府绩效的外部管理工具,由注重评估向注重监测延伸。问责制已成为公共部门进行改革的基石。在教育评估监测领域,它的一个中心假设就是要对评估监测的对象进行实质性的改进,相关的生产者、实施者要对评估监测的结果负责。

在此过程中,国际大规模教育评估(International Large Scale Assessment in Education)起到了重要的作用。国际大规模教育评估通过在全球范围定期对特定学段的学生必备素养展开测试,敦促各教育体系在跨文化比较的棱镜中自我审视,寻求全球定位,进而制定学生发展基准及其教育政策。研究者[③]认为,国际大规模教育评估的影响力体现在三个方面:第一,通过学生科目精熟度测评,评估教育整体发展水平;第二,通过设定学生关键素养的国际基准,可以比较两个或多个文化传统与制度架构迥异的教育体系;第三,通过对评估结果的元分析,诊断教育体系现存的问题与不足,进而向政

---

① 李雁冰.论教育评价专业化[J].教育研究,2013(10):121—126.
② 刘晖,孟卫青,汤晓蒙.欧洲高等教育质量保证25年(1990—2015):政策、研究与实践[J].教育研究,2016(07):135—148.
③ 俞可,陈丹,赵帅.循证:欧盟教育实证研究新趋向[J].华东师范大学学报(教育科学版),2017(03):142—149.

府和学校提供反思、干预和完善的线索。国际大规模教育评估助推了各教育体系完善教育改进政策，优化教育质量保障举措，尤其是敦促建立各国教育监测体系。[1] 其中，比较有代表性的是国际学生评估项目（PISA）。PISA是经济合作与发展组织（OECD）开发的，是目前世界上最具影响力、涉及范围最广的国际学生评估项目之一。PISA 在每次测评之后，都会发布一系列的结果分析报告，其中包括学生的性别、学生自身的学习特点、社会经济地位、学校和系统的教育实践、政策、教育资源分配等因素，可为各国和地区制定相应的教育政策、实施相关的教育实践及教育监测提供有据可依的结果。PISA 在全球掀起国际比较的浪潮，并引发教育政策的实证转向，催生基于证据的教育决策与实践。其他的国际大规模教育评估项目如 TIMSS、PIRLS 等也有着巨大的影响力。我国近年也积极参与这些国际项目，取得了不错的成绩。

综上所述，教育评估监测从最初各个学校评估工作的手段，逐渐变成了驱动课程、教学乃至整个教育系统改革的主要力量和手段，以及构建高质量教育体系的核心要素。

教育监测评估的价值分析

价值取向是哲学领域的一个概念，指一定价值主体价值追求的倾向性。尽管教育监测评估只是一种工具且价值中立，但教育评估监测制度却是具有价值倾向的。

教育监测评估作为学情分析的工具

早在 21 世纪初，有研究者[2]就主张把评估由作为控制的手段转变为诊

---

[1] 俞可,陈丹,赵帅.循证：欧盟教育实证研究新趋向[J].华东师范大学学报（教育科学版）,2017(03):142—149.

[2] 沈玉顺,陈玉琨.运用评价手段保障高校教学质量[J].中国地质大学学报（社会科学版）,2002(04):50—53.

断学习的主要工具。教育评估发挥诊断功能的目的是为了加强对学生或学校的学情分析,继而改进教育实践,促进学生的学习。当前国内外众多的教育评估愈来愈关注学习本身[1]。在我国,教育监测评估作为学情分析的工具体现在多个教育领域,其终极价值是为了追求教育均衡与公平发展的理念。如张旭等研究者[2]通过采取电话调查的方式对19个重点大城市义务教育均衡发展状况进行监测发现:就近入学逐渐成为学生入学主要方式,但仍未达到政策要求;择校治理成效明显,但校际差异依然存在;重点大城市义务教育满意度均有提升,但学生课业负担满意度依旧较低;流动儿童受教育满意度出现了负增长。沈南山[3]认为建立农村基础教育质量监测体系是改善学生学习、规范教学行为、引导正确社会舆论的迫切要求,并尝试建立了农村中小学学业成就评估体系框架,其维度包括监测对象(按年级分一二三学段)、监测标准(学业质量评估标准与综合素质评估标准)、监测内容(试卷测试与问卷调查结合的方式)、监测方式(整群抽样、试题编制、检测、评估报告)。总之,学情分析的最终目的是为了学生自身的发展而非仅强调学校办学与教学质量。这一价值取向主张将教育监测评估作为一项具有价值的文化性实践活动,其最终目的是实现主体人的发展。

教育监测评估作为教育质量保障的手段

教育评估的本质是一种价值判断,教育评估是质量管理的一种手段而不是目的。可是,在现实中,人们很多时候却把教育评估当成了目的,对为何开展评估以及评估背后隐含的价值却不加深思[4]。教育监测评估的目的在于依据基本标准保证人才培养的"底线",它不仅是外部教育质量保障的一种基本手段,还可促进内部质量保障体系的完善。在义务教育阶段实施

---

[1] BLACK P, HARRISON C, LEE C. et al. Assessment for Learning: Putting It into Practice [M]. Maidenhead: Open University Press, 2003:28.

[2] 张旭,陈国华.19个重点大城市义务教育均衡发展监测与评价[J].现代教育管理,2017(02):43-49.

[3] 沈南山.安徽农村基础教育质量监测体系研究[J].合肥师范学院学报,2015(06):105-108.

[4] 韩映雄.S2U评估,高等教育质量管理的新趋势[J].大学教育科学,2012(04):54-56.

教育质量评估监测是国家对义务教育的责任,是保障义务教育质量的关键手段,有助于推进课程改革,落实素质教育,有助于规范教育行为,引领正确的社会舆论,有助于保障公民获得优质教育的权利和公平的受教育权利。[1]

教育监测评估结果之所以成为世界各国推动教育改革、促进教育质量提升的重要依据,主要是基于教育监测评估具有以下特性。一是教育监测评估内容充分反映了教育质量的核心内涵。尽管当前世界各国对教育质量的定义和理解各不相同,但都普遍认可要以学习者为中心,将学习者的发展结果作为核心的教育质量指标。而一般的教育统计类数据主要提供的是关于教育规模发展和教育投入方面的信息,只有教育质量监测才对学生的发展结果以及影响学生发展结果的相关因素进行全面的测查,真正体现了教育质量的核心内涵。二是教育监测评估的方法专业、科学,结果客观可信。教育监测评估以教育统计与测量学、教育评估学等学科理论和专业技术为基础,且在操作过程中遵照标准化的流程和规范开展,在一定程度上保证了监测数据结果的客观、真实。[2]

教育监测评估作为政策咨询和决策的依据

教育监测评估应该辅助行政决策或政治决策这一观点由来已久。维斯[3]认为,监测评估实质是一种政治性活动,所以评估者应该严谨而全面地测量项目的效应,为项目和决策者提供启迪。也有研究者[4]认为评估是一种认知性的活动,不以改变教育或学校的实际状况为目的,改变评估客体的活动便超出了评估的范畴,但它具有鉴定和参谋功能。在一些国家,改进传统高等教育质量管理体制和机制的努力,导致工业质量管理中"质量保证"方法被引入高等教育领域,高等教育评估逐渐被赋予了新的职能,演变成国家

---

[1] 王少非.国家义务教育质量监测:一个模型构想[J].教育发展研究,2006(05):5—9.
[2] 李勉,张岳,张平平.国际基础教育质量监测评价结果应用的经验与启示[J].外国中小学教育,2017(05):1—7.
[3] WEISS C H. Research for Policy's Sake: The Enlightenment Function of Social Research[J]. Policy Analysis, 1977(04):531—545.
[4] 别敦荣.论高等教育评估的功能[J].高等教育研究,2002(06):34—38.

在新的形势下管理高等教育的一种政策工具。① 有学者认为教育监测评估是服务于教育决策和实践的一种专业活动。②

在我国,政府颁布的有关强化国家教育督导、完善监测评估体系的文件以及定期发布监测评估报告等工作,实质上体现了教育监测评估是推进和实现管办评分离的措施。这些行为的根本任务是依据占有的真实数据,对教育改革和发展的现状及其原因做出客观的诊断与分析,实现为教育决策服务、为教育实践提供指导和促进教育事业健康发展的根本目的。

教育监测评估作为实现管理职能的有效途径

研究者③认为,从制度层面来看,尽管不同院校具体评估活动的目的、性质、结构和功能不同,但从整体上看,评估事实上是作为一种组织职能存在,并且已经在不同程度上体制化。对组织成员来说,评估不再是管理者不可预见的随机性活动,也不仅仅是外在于组织或个人的控制手段,而是组织为保持健全发展所必须履行的职责。尽管组织控制仍然可以通过评估实施,但在各种教学质量管理案例中,评估更多地被用于帮助组织了解自身的质量地位和优缺点,帮助组织及其成员不断提高决策水平,持续改善学校人才培养活动的效果。可见,教育监测评估能够对管理者进行绩效评估,并达到提高管理绩效的目的。同时,问责是促使教育监测评估制度不断完善的动力,且不同的问责制有不同的教育评估方式。有研究通过比较不同的教育问责制下的教育评估方式,发现教育评估事关行政决策与管理者的切身利益,尤其是那些直接与教育经费挂钩的教育问责。④ 总之,这一价值取向认为监测评估制度的实行与完善,能够对教育组织实施绩效管理,使公众和利益相关者获取绩效信息。

---

① 沈玉顺,陈玉琨.运用评价手段保障高校教学质量[J].中国地质大学学报(社会科学版),2002(04):50—53.
② 尧逢品.大数据视野下的教育评估监测探微[J].上海教育评估研究,2016(01):20—24.
③ 沈玉顺,陈玉琨.运用评价手段保障高校教学质量[J].中国地质大学学报(社会科学版),2002(04):50—53.
④ 辛涛.我国教育问责制建立的几个关键问题[J].北京大学教育评论,2013(01):164—171.

第二章 教育监测评估制度演变与当代实践

教育监测评估制度是教育行政管理中的一项基本制度，既具有公共管理制度的共同特点，也有作为教育行政管理制度的特殊性。教育监测评估制度指实施教育监测评估工作时要求该系统相关机构和人员共同遵守的有关规程和行动准则。该制度如经国家行政部门颁发，便成为有别于岗位性制度的法规性制度。

教育监测评估制度的本质

从本质上说，制度首先是以执行力为保障的。制度之所以可以约束个人行为，是以有效的执行力为前提的，即有强制力保证其执行和实施。认清制度所具有的执行力是剖析制度本质的首要条件。其次，制度是交易协调保障机制。制度是社会的产物，是一系列协调机制，以一定形式的执行力来约束各交易主体，从而消除信息不对称、抑制机会主义行为、维护交易各方利益，保障交易顺利进行。最后，制度指导交易中主体间利益分配和交易费用分摊。从交易过程来看，人们彼此间若想合作，首先需要弄清楚各自都有什么资源，也就是进行产权的界定。在产权制度的基础上，人们之间的合作或交换可以看作是产权的交易。交易的发生必然会带来成本与收益，这二者是人们做出经济决策的基础。制度协调交易进行的过程实质上就是一个指导交易行为主体之间的成本分摊和利益分配的过程。这里所说的成本也就是新制度经济学中的所谓交易费用——人与人之间的交互行动所引起的成本。用一句通俗的话说，交易费用就是人与人之间打交道的费用。交易中所发生的一切成本都属于交易费用的范畴。因此，制度在交易中起着指导交易主体间的利益分配和交易费用分摊的作用。概言之,制度的本质就是交易中具有执行力的指导交易主体间利益分配和交易费用分摊的协调保障机制。这种机制既可以是在交易中自发形成的,也可以是由占绝对利益优势的行为主体制定形成的。

教育监测评估制度与其他领域的监测评估制度既有区别又有联系。它们的共同之处是都是关于某个公共管理领域的监测评估事务的规定和行为准则,不同之处在于制度的适用范围和对象。以 2007 年国家环保总局颁布的《环境监测管理办法》(总局令第 39 号)为例,该办法在管理依据、管理目的、适用对象、执行主体、监测方式、监测权限和约束机制等方面都做出了详细的规定。再以 2010 年卫生部等部局颁布的《食品安全风险监测管理规定(试行)》为例,该规定对规定依据、规定目的、食品安全风险监测的含义、监测计划制定、监测计划实施等做了规定。

我国教育监测评估制度的历史沿革

与其他教育政策文本相比,《国家中长期教育改革和发展规划纲要(2010—2020 年)》(以下简称《中长期规划纲要》)文本涉及教育监测评估制度的事项较为全面和丰富,因此,本章以《中长期规划纲要》起止为两个时间节点,将我国教育监测评估制度的历史变迁过程从公共政策或制度的合法性特征视角,分为前法制化时期、法制化时期和独立的教育改革时期三个阶段。

前法制化时期(1985—2010)

我国现行的教育监测评估制度可追溯到发轫于这一时期的教育评估制度。

1985 年 5 月中共中央印发的《中共中央关于教育体制改革的决定》明确指出,教育管理部门要组织教育界、知识界和用人部门定期对高等学校的办学水平进行评估[①],由此掀开了我国教育评估制度的序幕。此后,教育评估作为一种保障教育质量的手段和制度,逐渐从高等教育扩展到其他学段,从

---

① 中共中央.中共中央关于教育体制改革的决定[EB/OL].(2005-06-21)[2022-04-08]. http://jyt.hunan.gov.cn/jyt/sjyt/xxgk/zcfg/flfg/201702/t20170214_3989928.html

高等学校办学水平评估延伸到学科、专业和课程等多个领域,逐渐形成了覆盖多学段、多领域、多内容的教育评估体系①。

1990年,国家教委颁布的《普通高等学校教育评估暂行规定》提出要建立包括合格评估、办学水平评估和选优评估的高等教育评估体系②。这是我国关于教育评估的第一个部门性规章。

1993年,中共中央、国务院颁布了《中国教育改革和发展纲要》(以下简称《教育发展纲要》),对有关教育评估做了如下规定③:

> 建立各级各类教育的质量标准和评估指标体系。各地教育部门要把检查评估学校教育质量作为一项经常性的任务。要加强督导队伍,完善督导制度,加强对中小学学校工作和教育质量的检查和指导。对职业技术教育和高等教育,要采取领导、专家和社会用人部门相结合的办法,通过多种形式进行质量评估和检查。各类学校都要重视了解用人单位对毕业生质量的评估。

由此可以看出,《教育发展纲要》关于教育评估有以下新的规划和设计:一是将教育评估的适用范围由高等教育拓展到职业教育等多个领域;二是明确了政府在教育评估中的角色和责任,强调以督导和督导制度为主要手段来实施中小学教育质量评估;三是给出了如何评估以及谁可以参加评估等有关实施的具体规定;四是明确提出要建立各级各类教育的质量标准和评估指标体系,这一条规定为教育评估走向科学化奠定了必要的基础和前提。教育督导在此版纲要中是以一项制度予以肯定的,但教育评估却尚未被明确为一项制度。在两者关系上,督导被认为是教育评估的一种手段和方式,尤其在中小学校即基础教育领域。但在职业教育和高等教育领域,并

---

① 冯晖,吴磊.教育评估的政策演进、现状剖析及推进逻辑[J].现代教育科学,2018(10):135.
② 国家教育委员会.普通高等学校教育评估暂行规定[EB/OL].(2008-04-10)[2022-04-08]. http://www.moe.gov.cn/srcsite/A02/s5911/moe_621/199010/t19901031_81932.html
③ 中共中央,国务院.中国教育改革和发展纲要[EB/OL].(2010-07-19)[2022-04-08]. https://www.edu.cn/zhong_guo_jiao_yu/zheng_ce_gs_gui/zheng_ce_wen_jian/zong_he/201007/t20100719_497964.shtml

没有将督导以及督导制度作为必需的教育评估方式。

1995年的《中华人民共和国教育法》(以下简称"95版《教育法》")明确规定国家实行教育督导制度和学校及其他教育机构教育评估制度,这是"教育评估制度"这一词语在法律层面的首次"登台",也预示着教育评估制度正式被纳入法制轨道。之前尽管也有关于教育评估的专门规定即部门规章,但是将其视为一项工作,而不是从教育评估制度层面予以定位的。

95版《教育法》将教育督导制度和教育评估制度作为并列的两项基本制度,明确了它们之间既相互协作又相互支撑的法律地位关系,这也在一定程度上突破了《教育发展纲要》将督导作为一种教育评估手段的定位。从颁布之后的教育实践和实际工作看,教育督导制度主要适用于基础教育领域,教育评估制度主要适用于高等教育和职业教育等领域。可见,在95版《教育法》中,教育督导制度既是基础教育领域的一项专属质量保障制度,又是一种教育评估方式,但非教育评估制度。

概括起来,这一时期的教育监测评估制度具有以下特征:第一,在理念层面,教育评估和教育督导的价值与功用已经深入人心,成为教育行政管理和教育质量保障的重要手段;第二,教育评估和教育督导尽管目的相似,但适用领域有明确区分;第三,教育评估制度和教育督导制度已初步具备规范化特征并被纳入法制化建设轨道。之所以在这里要提到教育督导和教育督导制度,是因为它们也是现行的教育监测评估制度的一支重要的"源流"。

在这一时期,最大的进展在于教育评估制度和教育督导制度被正式写入法律文本,也就是说教育评估制度和教育督导制度获得了合法性地位和正当性理由。但是,有关教育评估制度和教育督导制度的具体条款既没有在95版《教育法》中予以详细陈述,也未颁布专门的教育评估制度和教育督导制度的法律法规或部门规章。因此,我们将这一时期称为前法制化时期。

法制化时期(2011—2019)

21世纪前10年,教育监测评估技术相继出现并不断发展成熟,全球范围的教育监测评估逐渐从理念转化为实践,其中以经济合作与发展组织

(OECD)实施的国际学生评估项目(PISA)最为典型。这一项目在我国的实施,不仅是对我国个别区域基础教育质量的诊断,还将这些区域的基础教育办学水平置于国际背景中予以比较和评估。更为重要的是,该项目有力地促进了我国基础教育监测评估理念和实践的更新与发展,也有助于形成全社会的教育监测评估文化。正是基于这一契机,2010 年之后的 10 年,我国教育监测评估制度得以较快完善并最终定型。

2010 年出台的《国家中长期教育改革和发展规划纲要(2010—2020 年)》[①]正式拉开了我国教育监测评估制度快速发展的序幕。与《教育发展纲要》相比,《中长期规划纲要》对教育评估制度、教育督导制度及相关事务的规划和安排更为详细和具体。主要的变化和进展体现在如下六个方面。第一,首次提出要建立开展教育评估工作的必要基础——教育质量国家标准和国家教育基本标准,并逐一落实和体现在各级各类教育领域,如学前教育办园标准、国家义务教育质量基本标准、义务教育国家课程标准、职业学校基本办学标准、科学多样的高等教育质量标准等;第二,在教育评估体制机制上,明确提出要整合国家教育质量监测评估机构及资源,完善各级各类教育监测评估体系,如建立科学的教育质量评价体系,全面实施高中学业水平考试和综合素质评价;第三,将建立科学规范的教育评估制度和教育质量评价改革作为一项独立的任务予以规划和设计,涉及主要的改革任务如高校教学评估、中小学生综合素质评价、大学学科专业及课程评估等;第四,将完善、健全教育督导制度和监督问责机制作为一项独立的发展与改革任务予以关注,涉及制定教育督导条例、建立相对独立的教育督导机构、健全国家督学制度、建设专职督导队伍并坚持督政与督学并重、监督与指导并重的工作原则;第五,明确提出除政府、学校之外的其他利益关系人——家长和社会可以和应该参与教育评估事务,如探索与国际高水平教育评价机构合作,并明确提出要培育专业教育服务机构和完善教育中介组织的准入、资助、监

---

① 国家中长期教育改革和发展规划纲要工作小组办公室. 国家中长期教育改革和发展规划纲要(2010—2020 年)[EB/OL]. (2011-10-29)[2022-04-08]. http://www.moe.gov.cn/srcsite/A01/s7048/201007/t20100729_171904.html

管和行业自律制度;第六,首次提出义务教育监测制度并定期发布监测评估报告。由此可见,《中长期规划纲要》对教育评估和教育督导的规划涉及前述教育监测评估制度结构中的制度依据、适用对象、实施主体、主要任务和内容、实施方式、实施人员与机构、评估监测信息化、结果使用等要素。如此详尽的安排,在之前的教育法律法规和部门规章中是没有出现过的,足见教育监测评价制度在我国教育发展与改革中的重要性。

2012年国务院颁布《教育督导条例》,这是我国首部有关教育督导的法规,标志着我国教育督导开始走上法制化的轨道。《教育督导条例》尽管指明适用于对法律、法规规定范围内的各级各类教育实施教育督导,但该条例中的详细条款都是针对基础教育领域的。也就是说,《教育督导条例》依然保持了《中长期规划纲要》中对教育督导制度适用范围的定位。尽管适用范围没有改变,但与《教育发展纲要》相比,该条例出现了一些新的变化:第一,首次提出督政、督学的概念并明确了其职责和任务;第二,明确了各级政府督导机构之间的权力关系和运作方式;第三,明确了督导机构的地位——本级人民政府领导而非教育行政部门领导,且独立行使督导职能;第四,详细列举和划定了督导机构的工作内容和事项;第五,明确提出实行国家督学制度。在该条例中,没有出现"教育评估"的字样,因此无法依据该条例的规定来判断教育督导制度和教育评估制度之间的关系。但是,该条例中作为教育督导内容之一的督学职责是对教育教学工作开展督导,这与对教育教学工作开展评估有何差异呢?这实质上就是督导与评估的差异所在。在该条例中,督导包括监督和指导两项任务,这与评估有明显差别,但与监测却有共同之处——监督。还有一个明显的创新在于督导的内容由督学扩展为既有督学也有督政。督政的对象是政府,而不是学校的教育教学工作或教育质量,这一职能拓展为教育督导与教育评估的"分道"奠定了法理基础。

国务院教育督导委员会办公室于2014年颁发的《深化教育督导改革转变教育管理方式的意见》①(以下简称《深化督导改革意见》)是新时期落实

---

① 国务院教育督导委员会办公室.深化教育督导改革转变教育管理方式的意见[EB/OL].(2014-02-18)[2022-04-08]. http://www.gov.cn/gzdt/2014-02/18/content_2612480.htm

《教育督导条例》的具体实施意见。第一，该意见将教育督导定位为教育管理的重要内容、实施依法执教的重要环节和保障教育改革发展的重要手段，明确深化教育督导改革是转变教育管理方式的重大举措。这个定位和关于教育督导意义的陈述，是在肯定教育督导已有功能和效用的同时，在遵循《教育督导条例》有关督政、督学内容规定下的重大认识突破和转变。这个突破就是将教育督导由原来仅限于教育质量保障的功能，转变为更上位的教育管理的功能，有效地拓展了教育督导的功能和作用范围，及时回应了这一时期管办评分离的教育管理改革需要。第二，提出并明确教育督导体系是由督政机制、督学体制和评估监测体系构成的三位一体。这里所说的评估监测体系其实就是指监测评估制度。这一规定不仅再一次维持了教育督导制度和教育评估制度之间的并列平行关系，还将教育评估制度和教育督导制度置于教育督导体系"大家庭"中。第三，明确界定了督政、督学和监测评估三者之间的分工和合作关系。三者各有不同对象和内容——督政的对象是地方政府，内容是政府对教育事务的职责履行情况；督学的对象是学校，内容是办学的规范性和教育质量的提升情况；教育评估监测的对象是学校和学习者，客体是教育教学质量。在合作关系上，教育评估监测是开展督政和督学的前提和基础。第四，明确规定评估监测事务的归口管理部门是教育督导部门，也明确界定监测评估体系的样态——专业机构提供服务、社会组织多方参与的专业化教育质量监测评估体系，对各级各类教育进行科学、系统、权威的评估监测，为改进教育教学、管理、决策提供依据和支撑。在这里，教育评估监测的用语开始出现，也意味着不限于之前单一的教育评估功能。第五，该意见将教育监测评估的适用范围拓展到基础教育领域，改变了之前由教育督导独家实施的局面。同时，教育督导的范围也由偏重于基础教育领域拓展到其他各级各类教育领域。至此，尽管教育督导和教育监测评估都在基础教育领域开展工作，但两者的职责和任务还是有明确区别的。第六，对教育督导和教育监测评估结果的使用做了更为详尽的部署和规定。

《深化督导改革意见》是以 95 版《教育法》《中长期规划纲要》和《教育督

导条例》为依据对我国教育监测评估制度所做的规定，较之以前的相关法律法规，《深化督导改革意见》可以说最为全面和详尽，它对教育监测评估制度的部署可以说是突破性的、全新的制度设计。

2017年9月，中共中央办公厅、国务院办公厅印发《关于深化教育体制机制改革的意见》[①]（以下简称《教育体制机制改革意见》）。该意见基本上延续了《教育发展纲要》《教育督导条例》和《深化督导改革意见》等文件的精神和规定，重要的变化有三点：一是要求教育监测评估制度要贯穿大中小幼等各个学段；二是详细描述了教育质量监测评估体系的特征——标准健全、目标分层、多级评价、多元参与、学段完整；三是明确各级教育督导机构可通过政府购买服务的方式，委托第三方评估监测机构和社会组织开展教育评估监测工作，进一步理顺了教育监测评估多元主体之间的协作关系——教育督导部门是教育评估监测的责任主体和组织领导部门，第三方评估机构和社会组织则是评估监测工作的具体实施机构。

总体来看，这一时期的教育监测评估制度，无论是教育监测评估的主体、对象，还是内容和方法，都得到了进一步的明确和完善，相关的体制机制也基本建立。这一时期，政府既积极推进和实施国家基础教育质量监测项目，又实施了一些教育监测评估实验项目，这些举措有力地推动了各地教育监测评估工作实践。

从制度本身而言，这一时期的教育监测评估制度具有以下明显特征：第一，教育监测评估的责任主体——督导机构得以明确，改变了之前部分教育领域（如高等教育）的监测评估工作游离于督导部门职责权限之外的现状；第二，教育监测评估与督政、督学的工作范围得以明确划分；第三，教育监测评估的适用对象扩展至各级各类教育领域并成为与督政、督学相互分工合作的三位一体督导体系的有机组成部分；第四，教育监测评估的结果及应用得以规范和重视，强化和凸显了教育监测评估所应有的鉴定、问责和改进等基本功能。

---

① 新华社.中共中央办公厅、国务院办公厅印发《关于深化教育体制机制改革的意见》[EB/OL].(2017-09-24)[2022-04-08].https://www.gov.cn/xinwen/2017－9/24/content_5227267.htm

但是,仍有一些问题尚未得到彻底解决。第一,部分地区教育督导机构尚未独立设置或尚未独立开展督导工作;第二,部分学段的教育质量标准尚未建立;第三,教育质量监测评估的准则和标准体系不够清晰且可测性不高;第四,缺少有关社会组织或第三方中介评估组织与从业人员的资质认证与管理规定;第五,教育监测评估的结果尚未得到充分重视和正当使用。

总之,这一时期教育监测评估制度建设的突出成就不仅体现在教育监测评估制度要素——教育监测评估的主体、对象、内容、方式等——的完善和丰富,还体现在将这些制度设计固化在《教育督导条例》等法规中,使教育监测评估制度进入了法制化轨道。

独立的教育改革时期(2020年至今)

2020年是《国家教育事业发展"十三五"规划》《国家中长期教育改革和发展规划纲要(2010—2020年)》的收官之年,也是"十四五"规划制定的关键之年,党中央、国务院对教育监测评估制度做出了一系列新的部署,标志着教育监测评估制度开始进入新的历史发展阶段。

2020年2月,中共中央办公厅、国务院办公厅印发了《关于深化新时代教育督导体制机制改革的意见》[①](以下简称《督导体制机制改革意见》)。该意见延续了之前有关教育督导制度的法规和政策的主要精神和方向,针对教育督导制度的不足和薄弱环节,重点就教育督导体制机制的若干事项做了更为详细的部署。该意见的最大亮点在于:一是明确部署和确定了健全教育督导体制机制的目标以及相关的督导机构设置规则及运行机制的改革事项;二是重申了健全教育监测评估制度的要求和加强与改进教育监测评估的具体事项;三是提出了完善教育督导结果运用即问责机制的配套制度,包括报告制度、规范反馈制度、整改制度、复查制度、激励制度、约谈制度、通报制度以及问责制度。

---

① 新华社. 中共中央办公厅、国务院办公厅印发《关于深化新时代教育督导体制机制改革的意见》[EB/OL].(2020-02-19)[2022-04-08]. http://www.gov.cn/zhengce/2020-02/19/content_5480977.htm

2020年10月,中共中央、国务院就教育评价事务专门印发《深化新时代教育评价改革总体方案》①(以下简称《评价改革总体方案》)。这是中华人民共和国成立以来第一个关于教育评价改革的系统性文件。就教育管理中的单项事务,由中共中央、国务院颁布专门的文件,这在我国是不多见的,由此可见教育评价在当今教育改革和发展中的重要地位和作用。

正因如此,2020年至今是教育监测评价制度变迁的独立的教育改革时期。"独立的教育改革"意味着教育评价正在成为一项独立的教育改革事项,且是推动教育高质量发展和建设教育强国的重要因素。

《评价改革总体方案》的出台,既针对当前教育评价领域"五唯"等一系列顽瘴痼疾,也是政府明确意识到教育评价作为教育发展指挥棒的重要性,并以此为突破口建成符合时代特征、彰显中国特色、体现世界水平的教育评价体系的需要。该方案中所说的教育评价既包括教育督导事务,也包括教育监测评估事务。

《评价改革总体方案》首次将立德树人的成效作为教育监测评估的根本标准,这与之前以教育质量为标准有所不同。同时,《评价改革总体方案》对各级各类教育和学校的教育监测评估工作也做了详尽的规划和安排。此外,该方案还首次对教师、学生和用人机构这三类利益主体的监测评价工作做了详细的部署。

与上一时期相比,这一时期最大的变化体现在以下五个方面。第一,将教育评价视为一项独立的教育改革事务并以党中央、国务院文件的形式予以固化;第二,多次重申并明确教育督导部门统一领导和负责教育监测评估体制机制,为各地调整和改革教育监测评估体制机制提供了有力的制度保障;第三,提出按照各级各类学校教育特点和规律构建教育教学质量标准和评估监测方案的主张,并在2021年和2022年相继予以颁布和实施;第四,重视和加强教育评估监测指标体系建设,弥补了之前教育评估监测指标体

---

① 新华社. 中共中央、国务院印发《深化新时代教育评价改革总体方案》[EB/OL].(2020-10-13)[2022-04-08]. http://www.moe.gov.cn/jyb_xxgk/moe_1777/moe_1778/202010/t20201013_494381.html

系不够健全、不够科学的缺陷;第五,教育监测评估的适用范围在教育系统内部延伸到教师和学生,在教育系统外部扩展到用人机制评价事务。

我国教育监测评估制度的主要缺陷

尽管我国教育监测评估制度已经有了长足的进展,但是,与教育现代化的发展目标与要求相比,仍存在不少问题与不足,未来仍需持续完善和健全。

高等教育领域诸多项目未完全纳入制度框架

在高等教育领域,存在关于本科教学、研究生教育、学科与专业、课程、大学分类管理、高等教育质量监测体系以及一些专项或重点建设计划项目的为数众多的监测评估与管理办法。这些监测评估办法或规则出自教育部的不同司局或地方教育行政管理部门的不同处室,缺乏协调,甚至有时互相冲突,且尚未完全纳入同级教育督导部门的统一领导和管理,这给院校增加了工作负担和压力,也给大学建立健全内部教育质量保障体系带来一定的挑战和阻力,在一定程度上会消解大学的质量文化意识,束缚大学自主的质量管理行为。在职业教育领域,类似情况也同样存在。

教育监测评估人员专业化水平难以满足教育监测评估事务的需要

当前在教育监测评估领域工作的人员,不仅在数量上存在缺口,更为严重的是专业化素养和水平不够,专业发展机会缺乏,专业化发展机制不健全。教育评价专门人才供给短缺的状况与教育督导部门、教研机构以及院校(或学校)对此类人才旺盛的人力需求之间的差距不仅没有缩小,相反在不断扩大。同时,在职、在岗的教育监测评估专门人才的专业发展需求也没有得到满足。尽管《评价改革总体方案》要求有条件的院校建立培养教育评价专门人才的学科专业点,但至今未看到院校的切实行动。

教育监测评估制度的当代实践

如前文所述,我国现行的教育监测评估制度尽管有了长足的发展,但仍存在有待完善的方面,因此,持续健全该制度将是未来很长一段时间内的主要任务。

同时,我国教育监测评估制度是在继承自身传统与实践经验并不断吸收国外经验的基础上逐渐发展与完善的,既有体现国际和时代共同趋势的一些特征,也有我国所特有的自主"元素"或"体征"。

建立多样的教育监测评估体系或组织制度

要顺利地开展教育监测评估工作,就必须建立科学、合理的教育监测评估体系或组织制度,这是教育监测评估工作顺利开展的重要前提和基础。

一个国家并非绝对要采取某种单一的教育监测评估体系,在教育发展的不同阶段也有可能采用不同的教育监测评估体系。采取什么样的教育监测评估体系,是由各国根据各自的政治体制、经济实力、投入力度以及各层级教育的属性、国家标准等因素所做出的综合选择,但是委托专设的机构来负责研制方案和实施教育监测评估,是越来越多国家的共同选择。

在基础教育领域,各国的教育评估监测内容大多聚焦于学生学业质量和发展情况。它们的教育监测评估体系通常都注重以下几方面的基础建设和制度安排。

第一,建立专门的教育监测评估部门。如英国的教育标准局(OFSTED)就是英国政府于1992年建立的国家级教育督导评估机构。该机构通过向社会公布监测督导结果排行榜,有力地推动了英国全国教育教学监控体系的形成,因为教育标准局发布的排名直接影响各级各类学校的发展及拨款情况。[①] 教育标准局是独立于教育主管部门的国家级政府督导机构,在机构

---

① 李凌艳,李勉,张东娇,等.基础教育阶段学校评估的国际比较[J].北京师范大学学报(社会科学版),2010(02):11—19.

属性、管理模式、经费管控等方面均有着极高的自主性，与教育行政部门共同充当教育系统的评估者。在德国，教育质量发展研究所(IQB)是监测评估基础教育阶段课程设置和实施状况的专门机构。IQB是一家独立的学术研究性的教育评估机构，其主要工作是制定出科学合理、可靠可行的国家层面的教育实施标准，同时督促落实这些教育标准。

第二，通过统一考试监测义务教育均衡发展情况。美国和澳大利亚均采用这种方式对基础教育质量进行监测。美国国家教育进展评价(NAEP)是美国国内唯一长期且全国性的教育评估体系，在美国教育领域占据着独特的地位。NAEP是一个测量学生学习情况的考试系统，是由联邦政府发起的第一个面向美国各州所有中小学生的学习情况并提供了大量有关美国中小学生学业情况基础数据的评测系统，其核心任务是将美国基础教育阶段学生的学习情况反映给公众，从而促进提升美国基础教育质量。[①] 在澳大利亚，全国读写和计算能力评价项目(NAPLAN)是澳大利亚政府从2008年开始实施的面向基础教育阶段的所有学校的考试项目。NAPLAN在澳大利亚教育评估史上具有划时代的意义，因为它通过统一测试提供了让所有学生学业成就相互比较的标准，解决了以往各州测试之间等值的技术难题。[②]

与上述国家相比，我国基础教育监测评估工作的系统实施起步较晚。尽管如此，我国目前已经建立了中央、省、市、县四级政府教育督导机构网络，初步形成了督政、督学和监测评估三位一体的督导体系。

近20年，我国在基础教育质量监测与评价体系方面开展了以下工作。

第一，颁发相关政策和文件。教育部2021年印发《国家义务教育质量监测方案(2021年修订版)》(以下简称《方案》)。《方案》明确了监测工作紧密围绕落实立德树人根本任务，扭转唯分数、唯升学等不科学的教育评价导向，引导聚焦教育教学质量、遵循教育规律，以全面客观的监测数据支撑教

---

① 任长松.美国国家教育进展评价NAEP及其借鉴意义[J].课程·教材·教法,2009(09):87—92.
② 钟君.澳大利亚义务教育质量监测体系的建立及对我国教育质量监测的启示[J].考试研究,2014(06):69—73.

育决策、服务改进教育教学管理,促进培养德智体美劳全面发展的社会主义建设者和接班人。《方案》还确定了德育、语文、数学、英语、科学、体育与健康、艺术、劳动、心理健康为监测的学科领域,并对监测对象、周期、时间、样本等做出了具体规定。与2015年版监测方案相比,2021年版《方案》标志着我国义务教育质量监测制度更趋完善。通过义务教育质量监测的持续探索和实施,在机构设置、制度建设和实施程序上,我国基础教育质量监测与评价体系已有了基本雏形,进入体系建设和完善阶段。

第二,在机构体系设置上,初步形成了从国家、省市到县区的工作体系。全国大部分省(自治区、直辖市)都已成立省级监测机构。这些监测机构除了每年承担国家层面质量监测的组织实施、结果应用等工作外,还有不少开展了本省(市)监测,为基于监测促进全面质量提升做出了有益探索。多级监测工作网络的初步形成为构建国家监测与评价体系提供了重要的组织保障。

在高等教育领域,各国教育评估监测体系主要从事以下主要工作。[①]

第一,建立多样化的监测评估体系。如美国的高等教育评估体系就由三部分组成:一是非官方认证制度;二是州政府实施的高等教育评估;三是大学排行榜。其中,最重要的就是非官方认证制度。非官方认证制度是美国独创的教育评估方式,主要是通过非政府的同行专家对院校和专业进行评估,其作用在于保证院校和专业的质量。认证机构主要包括全国性认证机构、地区性认证机构和专门职业认证机构。认证的步骤是合格性预审、院校自评、现场访问、专家组出具书面鉴定报告、认证结论及监督等。

第二,委托独立机构实施评估监测。如英国现行的教育质量外部评估体系主要就是由高等教育质量保障机构(QAA)和新闻媒体、信息咨询机构等民间组织组成。QAA是独立的法人机构,由大学和学院的会费支持,并和各地高等教育基金委员会等高教投资机构订立合同。QAA成立之初延

---

① 胡德鑫.发达国家高等教育评估的发展趋势[J].教育学术月刊,2017(04):36—42.

续了之前的评估模式,开展院校层次的学术质量审查和学科层次的教学质量评估。2002年,QAA采用院校审查代替原有的学术质量审查和教学质量评估,更加注重评估高等学校内部质量保障机制的有效性。同时,新闻媒体、信息咨询机构等民间评估在英国高等教育评估体系中也发挥着重要的作用。

第三,建立中央政府主导的评估监测体系。法国政府为了更好地监控全国高等教育质量以及确定政府资助水平,1984年成立了法国国家评估委员会(CNE),作为独立于政府的第三方机构,负责全国高等教育评估工作。法国高等教育评估一个明显的特点是注重国家教育政策的评估,政府在高等教育评估中扮演着重要的角色,政府的意志与价值取向渗透于评估活动的全过程。

第四,支持社会中介组织评估监测体系。德国高等教育质量评审工作由介于联邦政府与高校之间的社会中介机构完成,主要有科学审议会、德国研究会和认可审议会。这些机构的经费均由德国政府直接补助。德国的高等教育评估主要涉及院系评估、学科评估、科研评估和教授资格评估等。

我国政府对高等教育评估制度也进行了大量的尝试,包括合格评估、优秀评估、随机评估、水平评估和分类评估。在总结成功经验和分析不足的基础上,我国的高等教育评估制度不断发展。2011年《教育部关于普通高等学校本科教学评估工作的意见》提出建立高校自我评估、院校评估、专业认证评估、国际评估、教学基本状态数据常态检测为主要内容的"五位一体"的评估制度。

发展和建立教育监测评估专业机构

西方发达国家在建立高等教育质量保障体系时,政府普遍重视支持成立专业评估机构[①]。虽然这些机构有官办的,有民办的,也有官民结合的,但发展趋势大体相似,即一般都有政府背景,并表现出中立性、专业性和非营

---

① 吴启迪.加强评估机构能力建设 努力促进管办评分离[J].中国高等教育,2011(13、14):16—19.

利性这三个基本特点。这些机构在某种程度上担当了政府、高校以及社会之间的桥梁角色,是缓解冲突与矛盾的社会中介组织。

在基础教育领域,国外教育评价机构越来越倾向于独立于教育和行政系统的第三方立场。委托制、项目制已成为主流形式,比如美国的国家评估管理委员会(NAGB)、澳大利亚的教育研究委员会(ACER)等机构[1]。英国的评估机构既有官方组织如女王督学团,半官方组织如教育标准局,也有民间团体。法国的国家评价委员会虽为官方组织,但被赋予独立运作的权利。德国的评估机构基本上是官方性质的评估团体。我国于2007年9月成立了教育部基础教育质量监测中心,这标志着我国国家层面的基础教育质量监测机构正式成立。随后,各省市教育主管部门纷纷根据本地实际成立基础教育质量监测机构,或独立设置机构,或挂靠科研院所[2]。基础教育质量评估监测团体大致分为三类——官方组织、半官方组织(隶属政府但独立运作)以及民间团体。民间团体又可分为学校自组者和一般性民间团体。目前大多数是属于官方性质的评估团体。

在高等教育领域,政府通过评估机构实现间接管理大学,为大学发展留下更为自由的发展空间。无论是美国的全国、区域及专业认证机构,还是英国高等教育质量保障机构(QAA)、德国的联邦大学校长会议(HRK)、科学审议会以及法国的国家评估委员会(CNE),名称和功能定位均有所不同,但其代理性质是相同的。[3] 在我国,高等教育评估机构基本上是政府主导的缺乏独立性的社会化高等教育评估机构。我国高校缺乏自我评估的传统,以2010年实施的本科教学质量报告制度为例,作为院校自我评估的一次尝试,这项制度在实施过程中存在诸多问题:大多数学校把编制报告视为对上级行政命令的被动响应,并没有把编制报告转化成自身的主动行为;报告本身疑似"政绩报告",并没有做出符合公众期望的应答。[4] 高等教育质量的好坏

---

① 辛涛,李峰,李凌艳.基础教育质量监测的国际比较[J].北京师范大学学报(社会科学版),2007(06):5—10.

② 向蓓华.刍议省级基础教育质量监测体系[J].教育理论与实践,2013(32):18—21.

③ 胡德鑫.发达国家高等教育评估的发展趋势[J].教育学术月刊,2017(04):36—42.

④ 邬大光.教学文化:大学教师发展的根基[J].中国高等教育,2013(08):34—36.

从根本上来看是高校的内部因素起主导作用,单靠外部的评估与监督是不可行的。在高等教育评估体系构建中,高校必须要强化自身的主体、自觉意识,把自我评估转化为自身的主动行为,构建起完善的自我诊断、自我检查的内部评估体系。

进入 21 世纪以来,我国政府出台的教育政策和文件中,对外部评估机制或第三方重视程度日益加深。2002 年,教育部出台《关于积极推进中小学评价与考试制度改革的通知》,首次提出探索评估主体、内容和方法的多样化。《中长期规划纲要》要求各高校要开展由政府、学校、家长及社会各方面参与的教育质量评估活动。2013 年召开的十八届三中全会指出,要加大政府购买公共服务力度,强化国家教育督导,委托社会组织开展教育评估监测。《教育部关于推进中小学教育质量综合评价改革的意见》(2013)提出要探索建立政府、社会组织和专业机构等共同参与的外部评估机制。2015 年 5 月教育部出台的《关于深入推进教育管办评分离 促进政府职能转变的若干意见》提出支持专业机构和社会组织规范开展教育评估。在此要求下,一些省市已经开展了卓有成效的探索,如北京市明确了委托第三方机构开展教育评估监测工作的主要原则、主要事项和工作程序;青岛市通过资源整合、剥离与政府部门的关系,将各类教育协会、研究会等改造为第三方服务主体。尽管如此,社会中介评估组织即第三方评估机构仍存在一些有待破解的难题:一是缺乏主体性和独立性,自给性与自主性不足;二是权威性较低,人员素质有待加强,评估技术有待提高,管理水平有待提升,元评估缺失;三是竞争性较弱,政府主导建立的评估机构发展较好,民间评估机构发展困难重重。①

教育监测评估结果与使用被赋予更高的期望和价值

目前,各国都在积极地推进对教育评估监测结果的合理使用。教育部在《关于深入推进教育管办评分离 促进政府职能转变的若干意见》中就明

---

① 江彦桥.基于第三方评估的上海中外合作办学认证十年实践探析[J].中国高教研究,2017(04):82—86.

确要求整合教育质量监测评估机构,完善监测评估体系,定期发布监测评估报告。在基础教育领域,评估监测结果的应用主要分为两个层面,一是跨国教育质量评估监测的结果应用,二是国家层面基础教育质量监测的结果应用。

跨国教育质量监测项目的一大优势是提供了世界或区域范围内教育发展状况的国际坐标,可供各国判断教育资源投入、教育环境和本国学生素养等方面在国际上的相对位置以及优劣势,为教育决策和改进提供参考。跨国教育质量监测还可为本国教育评价改革和完善教育质量监测体系提供驱动力和信息参考。

除了参加国际组织的基础教育质量监测项目以外,世界各国也基于本国的国情背景和教育实践需求建立起了本国的教育质量结果报告和使用制度。国家层面的基础教育质量评估监测结果可帮助政府基于监测数据制定信息、调整决策并将其作为资源分配、绩效奖励等的依据;也可帮助学校基于监测数据结果诊断教育教学中存在的问题并采取改进措施;社会公众可以通过发布的监测结果获取教育质量信息,乃至将其作为对政府、学校的问责依据。[1]

俞可等人的研究就提供了一个例子。[2] 为充分利用评估监测的结果,欧盟通过颁布教育与培训年度监测结果来强化循证研究与实践活动。循证即遵循证据。所谓的证据,可以是观点、例证、迹象,通常经由严谨的实证研究获取以确证事件或事物及其效果的真实性。伴随教育评估监测理念与实践的发展,欧盟教育循证式政策与实践项目(Evidence Informed Policy and Practice in Education in Europe,简称 EIPPEE)遂应运而生。该项目由欧盟委员会教育与文化专署资助,并作为欧盟"欧洲 2020 战略"(Europe 2020)的组成部分,旨在搭建一个多层级的国际网络,以促进证据生产者和证据应用者

---

[1] 李勉,张平平,罗良.中国义务教育质量关键影响因素监测框架:构建过程中应考虑的若干问题[J].北京师范大学学报(社会科学版),2017(02):37—44.

[2] 俞可,陈丹,赵帅.循证:欧盟教育实证研究新趋向[J].华东师范大学学报(教育科学版),2017(03):142—149.

之间的互动,增进循证意识,提升循证能力。EIPPEE 项目分为两期,即第一期(2010 年 3 月至 2011 年 3 月)和第二期(2011 年 4 月至 2013 年 8 月)。第一期主要对教育学术研究与教育政策制定之间的联系展开盘点,考察两者联系的范围、过程、频率以及性质,对象为全欧 104 个国家与地区的政府教育职能部门等 269 个实例。第二期由欧洲 23 个国家的 36 个机构与欧洲之外 4 个国家的 7 家机构联袂实施。该项目由五大板块来支撑:项目规划与管理,尤其注重全欧洲合作;收集与分析证据,通过绘制"地图",形成分析框架;实施培训工作坊,以增进循证意识与提升循证能力;召开年会,以探讨最新成果;开设网站,以打造交流合作平台。欧盟之所以如此重视对循证的研究与实践,是因为通过实证监测所获得的证据能够优化教育政策,改进教育教学。

第三章 教育监测评估组织制度

教育监测评估组织制度是教育监测评估制度的基本构成和基础。教育监测评估制度本质上也是一种行政组织制度或体系,以法定的权力为基础。依据公共组织理论,任何公共组织目标的实现都离不开组织职能界定、组织职能划分和组织之间的相互关系,教育监测评估组织制度也不例外。因此,教育监测评估组织制度涉及教育监测评估机构设置、机构职能和权限划分以及它们之间相互关系与作用方式等基本理论和实践问题。在我国,教育监测评估组织制度有时也被描述为教育监测评估体制机制或教育监测评估组织体系。

教育监测评估组织机构

在我国,与督政和督学相比,教育监测评估相对"年轻得多"。因此,教育监测评估组织制度至今仍在不断完善中,尚未形成像督政和督学那样严密的组织制度。不过,近几年诸多改革举措为建立健全教育监测评估组织制度奠定了良好的框架基础。

2014年《深化教育督导改革转变教育管理方式的意见》指出,要建立教育督导部门归口管理、专业机构提供服务、社会组织多方参与的专业化教育质量评估监测体系。这是教育监测评估体系作为一种教育管理方式正式"登台"。但教育监测制度(不是教育质量评估监测体系或教育质量监测评估体系)则早在2002年的全国教育督导工作会议上就已明确提出。[①] 这次

---

① 陈慧娟,辛涛.我国基础教育质量监测与评价体系的演进与未来走向[J].华东师范大学学报(教育科学版),2021(04):43.

会议上所提出的教育监测制度主要是指义务教育学段,并未涉及其他学段如高等教育等。但上述2014年的文件中已经突破了义务教育学段,包括各级各类教育体系——正是在这个意义上,才称之为正式"登台"。

教育监测评估最早在义务教育学段就已提出。可是,2002年开始实践探索时,并没有建立起完整的制度框架,也谈不上体系。2006年,教育部提出要建立国家教育质量监测和评估体系,2007年教育部基础教育质量监测中心建立,算是教育监测评估体系进入制度建设的轨道。但此体系和中心依然只涉及基础教育,高等教育等领域仍不是其作用对象。

总体而言,对各级各类教育实施监测评估的想法早在20世纪90年代就在有关督导的文件中被提及。但当时,政策制定部门、督导部门、基层学校以及研究者并没有明确将监测评估作为与督政、督学并列的一项活动,而是作为督导工作的一个组成部分。换言之,教育监测评估工作并未在制度层面获得确认。

要准确地判定我国教育监测评估组织制度产生的具体日期,既有一定的困难,也无很大必要。尽管自20世纪90年代起就有不少文件提到要建立监测评估网络体系,但这些文件的要求都不是强制性的,因此,各地的实际行动也就不太一致。另外,即使在那些已经建立教育监测评估机构的地区,这些机构的工作范围和重点大多是义务教育领域。因此,可以说,我国教育监测评估组织体系发轫于义务教育领域且在该领域中得以发展和完善。

与督政、督学不同的是,教育监测评估这项工作的组织者和实施者并不完全是督导部门,而是附设在教育行政部门的事业单位或相关机构。这些事业单位既有高等院校,也有教研室、评估院等机构。在高等教育监测评估领域,两个国家级的机构都是单独设立的事业单位。但在省一级政府,却并没有设立与之配套的省级监测评估专门机构。

这是我国教育监测评估组织的典型特点。这个特点是否合理,则很难判断。从过去运行的效果来看,它有合理的一面,如在短时期内承担和实施了各级各类教育领域的监测评估工作,摸索和积累了一定的监测评估经验。

要说缺陷的话,则是条块分割明显。

  至今,我国已经形成三个教育监测评估组织机构体系。一是以基础教育质量监测工作为中心任务的教育部基础教育质量监测中心。该中心附设在北京师范大学,与北京师范大学的中国基础教育质量监测协同创新中心合署办公。该中心没有法人资格,主任由北京师范大学校长兼任,在业务范围上相当于国家中心。为配合该中心的监测工作,各省市还设立有省级中心,与国家中心合作或接受指导实施教育监测工作。二是具备独立法人资格的教育部教育质量评估中心。该中心前身是2004年成立的教育部高等教育教学评估中心,是教育部直属事业单位,受教育部领导和监督。该中心主要职责是开展各级各类教育质量评估监测相关的理论、标准、机制、实践研究;参与研究制定各级各类教育质量评估监测工作规划、实施方案、程序方法、技术工具等;宣传国家教育质量评估监测相关政策、标准和实施要求,承担研制教育质量报告、发布教育质量相关信息等任务。三是具备独立法人资格的教育部学位与研究生教育发展中心。该中心成立于1998年,是教育部直属事业单位,受教育部领导和监督,主要职责是承担研究生教育评估监测工作、承担研究生教育质量评估有关工作、开展学位与研究生教育科研工作、承担学位授权审核支撑与保障相关工作、承担学位授予单位自主设置二级学科(交叉学科)管理支撑与保障相关工作、承担研究生培养过程管理支撑与服务工作等。

  上述三个组织机构体系之间明显的区别在于是否具有独立法人地位。按理说,具有独立法人地位,才是真正的社会中介组织,方可独立开展教育监测评估工作。但是,由于我国教育行政管理的"惯习",一些没有法人资质的机构在行政授权下依然可以从事教育监测评估等本该由社会中介组织承担的事务,教育部基础教育质量检测中心就是如此。当然,这并不是说该中心没有专业能力或不可信任。事实上,就专业力量而言,该中心可能是三个组织体系中最专业的。也有一种理解是,该中心因依托于北京师范大学,自然具备法人资质,因为北京师范大学是具备法人资质的院校。当然,也可把该中心理解为文件中所说的专业机构。

两个具有法人资质的中心都是教育部直属的机构且接受教育部的领导,但它们与国务院教育督导委员会及其办公室之间并没有行政管理上的关系。这种状态既可以理解为这两个中心作为社会中介组织独立性的体现,也可以理解为并没有落实文件中所说的教育督导管理部门归口管理的事实。

教育部教育质量评估中心因中心改名,相应地调整了工作职责。明显的变化是由原先只专注于高等教育领域的本科和高职院校教育教学评估事务,转为全学段包括学前教育、基础教育和继续教育在内的所有领域的评估事务。如此转向,它与教育部学位与研究生发展中心和教育部基础教育质量监测中心的业务就出现重叠和冲突。

基于各国的实践经验和理论分析,教育监测和教育评估被教育监测评估连接为一个整体。但从我国这些有关组织机构的名称中不难发现,教育监测与评估依然被认为是独立的事务,且独立运行和发挥作用。

在省市等地方层面,并没有设立对应上述三个组织体系的机构。为对接教育部基础教育质量监测中心的工作,一些省份成立了省级基础教育质量监测中心,如江苏省基础教育质量监测中心、重庆市教育评估院、贵州省基础教育质量监测中心等。还有一些地市也成立了教育质量监测中心,如苏州市教育质量监测中心。这些省市级的中心既有独立设置的,如江西省教育评估监测研究院、苏州市教育质量监测中心等,也有附设于教研室、教育评估院、教育考试院和教育科学研究院(所)等当地教育行政部门直属的事业单位。截至 2020 年 5 月,除西藏、宁夏和新疆生产建设兵团外,全国共有 29 个省(自治区、直辖市)成立了省级监测机构;有 28 个地市级、90 余个县区级监测机构正式建立。[①] 总的来说,在基础教育质量监测工作领域,全国已经基本形成三级协作监测网络体系,为构建国家监测评价体系提供了重要的组织保障。

在学位与研究生教育质量、本科和高职教育教学质量评估工作领域,各省市并没有设立与之对应的省级评估专门服务机构。有关业务大多在当地

---

① 陈慧娟,辛涛.我国基础教育质量监测与评价体系的演进与未来走向[J].华东师范大学学报(教育科学版),2021(04):44.

教育行政部门的学位办(或高教处)等内设相关处室的组织和领导下开展和实施。被委托实施的机构,既有可能是地方教育行政部门所属的教育评估院、教育科学研究院(所)、高等院校等事业单位,也有可能是社会中介组织。如在江苏省,社会中介组织就已经被委托开展学位论文评审、毕业生质量调查等业务。

在教育监测评估专业机构建设方面,省级教育监测评估机构多是利用原有的机构和人员,通过新增职能,在省教研室、教科院/所、评估院、考试院、课程教材发展研究中心等机构的基础上加挂牌子而成立,或是在现有教研机构下设一个科室。新建的机构(或依托高校挂牌成立的机构)数量较少。这类教育监测评估机构因工作任务繁重庞杂,加上机构职能定位模糊、运行机制不畅,往往难以有效开展省域基础教育质量监测评估工作。可见,这种组建教育评估监测专业机构的思路和做法,看似在较短时间内完成了教育评估监测体制机制的改革目标,但实际上很难满足科学、系统和权威地开展教育评估监测工作的现实需要。

在基础教育质量评估监测领域,四级网络体系中的国家、省、地市和县区专业机构的职能、定位及其关系还在探索和磨合之中,缺少共识和制度安排。同时,部分省、地市、区县在对本地区的教育评估监测工作中以"监测"之名行"统考"之实,偏离了教育评估监测的初心。[①] 可见,各级评估监测专业机构的专业性也有待进一步加强和提升。

就教育监测评估体系的开放度而言,基础教育领域的监测评估组织机构体系相对封闭且自成体系,均是教育行政部门所属的专业机构在具体实施。但在高等教育和继续教育等领域,监测评估组织机构体系则相对开放,允许社会中介组织参与,也在一定程度上实现了2014年《深化教育督导改革转变教育管理方式的意见》所要求的"专业机构提供服务、社会组织多方参与的专业化教育质量评估监测体系"。

---

① 李凌艳,李勉,张东娇,等.基础教育阶段学校评估的国际比较[J].北京师范大学学报(社会科学版),2010(02):11—19.

督导机构体系

在我国,督导机构成立已久,且已逐步建成完整的四级体系。督导体系最初的职责是督政和督学。近年来,教育监测评估逐步成为督导体系的职责。因此,督导机构应是教育监测评估的领导机构或组织,在相关政策和文件中,被描述为"归口管理"。之所以在文件中有"归口管理"之说,说明现实情况是尚未实现归口管理这一目标。

为何如此呢?因为教育监测评估工作产生时,并没有被明确列入督导机构的职责,而是由相关职能部门领导和指导,如基础教育、高等教育、学位与研究生教育等司局或处室。

我国的督导机构是独立于教育行政管理部门的。中共中央办公厅、国务院办公厅印发的《关于深化新时代教育督导体制机制改革的意见》中指出,国务院设立教育督导委员会,由分管教育工作的国务院领导同志任主任,教育部部长和国务院协助分管教育工作的副秘书长任副主任。国务院教育督导委员会办公室设在教育部,承担日常工作。教育部设立的教育督导局与该办公室合署办公。教育督导局局长兼任国务院教育督导委员会办公室主任。同理,各省(自治区、直辖市)及以下政府也比照上述做法成立了相应的教育督导机构。事实上,这种制度设计在该意见出台之前就已经被确立。

教育督导机构管理教育监测评估工作,或将教育监测评估管理权限归为教育督导机构,并不是一蹴而就的。早在2014年,国务院教育督导委员会颁布的《深化教育督导改革转变教育管理方式的意见》就要求为实现对各级各类教育进行科学、系统、权威的评估监测,要健全教育督导机构,合理划分教育行政部门内设机构的职责,整合力量,挖掘潜力,尽快组建各级人民政府教育督导委员会及办公室,并确保有效履行职责。该意见明确提出了教育监测评估归口教育督导机构管理的设想和制度设计。随后,一些地方政府按此要求对教育督导机构的职责等实施了调整,建立了专司教育监测评估的专门部门，也配备了专职人员。但也有一些地方政府并未采取行动。因此，六年后出台的《关于深化新时代教育督导体制机制改革的意见》依然在强调督导体制机制和健全教育督导机构的改革任务。

按理说，《教育督导条例》应该是有关教育督导制度的根本法，但遗憾的是，该条例并没有明确给予教育监测评价应有的名分，甚至连教育监测评估的用语都没有出现过。这也是当前教育监测评估在管理体制上尤其是落实教育督导机构归口管理不能落到实处的制度原因。该条例第三章第十一条有关督导事项的规定中，只是提出"教育教学水平、教育教学管理等教育教学工作情况"，但这只是对督导事项的规定，并没有明确该使用何种方式。督学也可以是一种方式。严格地说，《教育督导条例》中只涉及督政和督学。可见，在起草和颁布《教育督导条例》时，教育监测评估作为一种有别于督政、督学的督导方式，其理念和地位并未得到充分认识和重视。

在《关于深化新时代教育督导体制机制改革的意见》中，明确将教育监测评估作为教育督导体制机制改革的一个主要目标。该意见提出要建立教育督导部门统一归口管理、多方参与的教育评估监测机制，为改善教育管理、优化教育决策、指导教育工作提供科学依据。

如何理解该意见中的"归口管理""多方参与"？从体制上说，归口的含义是指教育监测评估事务是教育督导部门的职责范围，但它与参与的多方之间是怎样的关系呢？该意见并没有明确规定和说明。这种管理是行政管理还是业务指导呢？多方既有教育行政部门设立的扮演专业服务机构角色的事业单位，也有社会中介组织等。也可以说，教育监测评估的管理体制已经得以明确，但运行机制却有待完善。

因此，在一些省，省级政府的教育督导部门尚未完全实现对教育监测评估的领导，尤其是在非基础教育领域。在基础教育领域，各级教育督导部门已经完全实现了对教育监测评估的领导和管理。这种差别与教育监测评估从基础教育领域孕育和产生有密切关系。

在英国，从事教育监测评估的机构既有非政府隶属的机构，如英国的教育标准局，也有隶属于教育行政部门的独立专门机构和社会中介组织如高等教育质量保障机构等。上述各类组织各司其职、相互协作而组成该国的教育监测评估体系。所以说,国外的教育监测评估组织并不都是第三方的社会中介组织。究竟哪类组织来参与,取决于一国的行政管理传统、文化习俗以及治理目标等多重因素。一味地追求完全独立的社会中介组织的想法未免有点太理想化。有人质疑我国教育部所属的有关评估中心独立性不够,难以胜任教育监测评估的工作需要,这种观点是脱离我国教育实际情况和发展需要的。

与国外教育监测评估体制明显不同的是,我国教育监测评估体制是由三类主体组成。第一类是居于领导地位的四级人民政府教育督导机构体系。这一体系内部的四级政府教育督导机构之间有着严格的上下级关系。国务院教育督导委员会办公室是最高层级的机构,负责拟定教育督导规章制度和标准。各级教育督导机构在国务院教育督导委员会的领导下开展工作。上级教育督导机构有权管理下级教育督导机构并实施指导。第二类是教育部所属的三个专业服务机构及其相关机构体系。如前文所述,这三个机构体系分别是教育部教育质量评估中心、教育部学位与研究生教育发展中心和教育部基础教育质量监测中心以及省市级中心。这些机构分别接受所在层级的教育督导委员会的业务指导,据此组织开展各级各类教育监测评估工作。业务指导有别于英美国家的委托代理关系,本质上还是遵循行政管理规则。国家级的专业服务机构受国务院教育督导委员会的业务指导和教育部的直接领导,省级的专业服务机构受省级教育督导委员会的业务指导和省教育厅(或教育委员会)的直接领导。地市级专业服务机构的管理体制也是类似的设置。第三类是社会中介组织。这类机构大多数是非营利组织,数量不多,在教育监测评估组织体系中尚未成为有显示度的力量。

尽管从制度上设计了完美的督导机构体系,并将其作为教育监测评估的领导机构,但这种机构在运行过程中却存在缺陷。最大的缺陷是教育督导机构在工作中的自主性不够,往往受制于所在层级教育行政部门的掣肘。从中央到地方,各级人民政府的教育督导委员会办公室均设置在该层级的教育行政管理机构,有些教育行政部门还同时设立了教育督导局(或教育督导室等)并实行合署办公。这种体制设置导致该层级的教育督导机构在工作上更多受同级教育行政部门的管理和影响,甚至变为该层级教育行政部门的一个内设机构。该机构的经费、人员编制与工资福利等来自该层级的教育行政部门,其自主性自然会受到影响。同时,这与教育督导委员会是一个委员会制的松散组织也有很大关系。因为教育督导机构是按照该层级教育行政部门的内设机构的标准而设立的,其负责人的行政级别也按照内设机构来配置,这就决定了教育督导机构的权力实际上来自教育行政部门而非教育督导委员会。

回顾我国教育监测评估体制建立和健全的简史,不难发现,这是一个认识不断深化和摸索的过程:先是 2014 年《深化教育督导改革转变教育管理方式的意见》中提出"建立教育督导部门归口管理、专业机构提供服务、社会组织多方参与的专业化教育质量评估监测体系"的要求,到 2017 年《关于深化教育体制机制改革的意见》指出"要建立健全教育评价制度,建立贯通大中小幼的教育质量监测评估制度,建立标准健全、目标分层、多级评价、多元参与、学段完整的教育质量监测评估体系,健全第三方评价机制,增强评价的专业性、独立性和客观性"的要求,最后是《关于深化新时代教育督导体制机制改革的意见》提出"在评估监测方面,建立教育督导部门统一归口管理、多方参与的教育评估监测机制"。上述三种说法和要求的最大差别就是取消或改变了"多级评价"的建设目标。何为多级评价?一种理解是多级评价是指要形成多主体负责和组织实施的教育监测评估体系。另一种理解是多级评价指形成不同层级的教育监测评价体系。如果是第一种理解的话,那就与教育督导部门归口统一管理相矛盾。就今天的实际情况看,多级主要指的是中央、省级、地市级和县级四级人民政府教育督导委员会。

运行与问责机制

运行机制主要是指各类主体之间的关系,是指教育督导机构、专业服务机构和社会中介组织之间的关系,以及同类机构体系内部不同层级之间的关系。

　　无论是中央政府的国务院教育督导委员会及其办公室,还是地方政府的教育督导委员会及其办公室,它们与同一层级的专业服务机构之间没有直接明确的领导和被领导关系,只是业务指导关系。相关政策文件上均是这样表述的。也就是说,业务指导关系是制度安排。但在具体运行中,由于教育督导委员会办公室设立在同级政府的教育行政管理部门中,作为一个内设的部门而开展工作,因此,这个部门难免具备法定权威而行使权力,从而造成事实上对专业服务机构的领导和指挥。对社会中介组织而言,教育督导机构体系不会与它们直接发生关系,也就是说,在制度安排上,社会中介组织尚不具备资格与教育督导机构体系在工作中直接发生关系。但社会中介组织可以承担专业服务机构委托的有关监测评估工作,既可以是参与方案研制,也可以是组织实施等具体工作。此种现象在高等教育领域的教育教学监测评估和学位与研究生教育监测评估中已经存在。在省级政府这一层级,一些省级教育督导机构尚未完全介入基础教育领域之外的高等教育、继续教育等领域——这里既有专业力量不足等客观原因,也有部门之间利益博弈等主观原因——这恰恰是影响归口管理目标实现度的一个重要因素。

　　在纵向关系上,上级教育督导机构对下级教育督导机构具有领导权,即省级政府教育督导机构受中央政府教育督导机构领导,地市级政府教育督导机构受省级政府教育督导机构领导,以此类推。专业服务机构之间在纵向关系上不存在领导关系,只是业务指导关系。

　　当教育监测评估结果被教育督导机构视为重要的管理证据,实施问责或配置资源时,专业服务机构必须接受教育督导机构的领导。《关于深化新时代教育督导体制机制改革的意见》中明确提出了包括报告制度、反馈制度、整改制度等八种制度在内的问责制度。这也是专业服务机构接受教育督导机构领导的重要理由和政策依据。

　　本质上,问责机制是将教育督导机构和专业服务机构捆绑为治理共同体的关键要素,也是当前我国教育监测评估组织机构的核心特征。正是这八种配套制度的存在，教育监测评估的重要目标——改进与提升方可得以有效落实。也正是有了配套的问责制度，被监测评估的客体对待教育监测评估的认识、态度和行动发生了很大转变。因为问责制度既与机构的声誉和资源等办学投入挂钩，又涉及机构负责人的考核、晋升与职业前途。总体来说，在指导思想和价值取向上，有关督导的问责机制与行政管理其他领域的问责机制很相似。

问责机制也可称为结果使用制度，是教育监测评估制度的必要组成部分。

教育监测评估组织制度的主要特征

《关于深化教育体制机制改革的意见》和《关于深化新时代教育督导体制机制改革的意见》都强调要不断完善教育监测评估组织制度。完善之重点任务是建立健全针对各级各类教育机构的教育监测评估体系，包括质量标准、监测评估方案以及组织实施办法等。经过10多年的发展，这一目标基本得以实现。

第一，颁布了有关各级各类教育机构质量评估指南，为教育监测评估工作提供了基础和依据。近几年，教育部先后出台了《幼儿园保育教育质量评估指南》《义务教育质量评价指南》《普通高中学校办学质量评价指南》及相关的评价指标体系。

第二，基本建成教育督导机构统一管理的教育监测评估体制机制。教育督导机构的行政管理职能不断得到强化和落实。专业服务机构的专业服务意识和能力不断在增长，与教育督导机构之间的关系也不断得以调适。社会中介组织参与教育监测评估的机会日趋增多，它们发育和成长的市场环境正在不断改善和优化。

总之，《关于深化教育体制机制改革的意见》中提出的"建立贯通大中小幼的教育质量监测评估制度，建立标准健全、目标分层、多级评价、多元参与、学段完整的教育质量监测评估体系"的目标已经基本实现。有必要指出的是,该意见所使用的是"教育质量监测评估"而不是"教育监测评估"。这在当时是很有必要的,有利于人们全面准确地理解教育监测评估的内涵和外延。"教育质量监测评估"一词意在将教育评估监测的客体定位于教育质量。当然,这里的教育质量不仅是狭义的教学质量或人才培养质量,还包括教育的系统质量。教育的系统质量既包括教育教学质量即人才培养质量,也包括教育投入以及教育公平和机会。后者在义务教育、学前教育和高中教育学段中尤其重要。

第四章 教育监测评估的类型与功能

每种监测评估项目都有产生、发展与应用的特定理由和时空机会。期待某种监测评估项目能"包治百病"的想法是不可取的,但现实中却经常遇到这样的观念和实践行为。这既与教育督导机构、专业服务机构、社会中介组织等监测评估组织体系人员的专业化水平有关,也与教育机构领导者和教师的评价素养有关。因此,有必要对常见的教育监测评估项目及其功能和优缺点予以介绍。

教育监测评估的分类与依据

在教育质量保障领域,我们会听到各种教育监测评估的名称。很多人并不能清楚地分辨这些名词,甚至有时候会误用。要想分辨这些用语,最简单有效的办法是以教育监测评估的构成要素为依据,这些要素分别是教育监测评估的目的、主体、客体和准则等。

从教育监测评估的主体看,可将教育监测评估分为国际组织主导的教育监测评估、政府主导的教育监测评估、院校实施的教育监测评估和第三方机构实施的教育监测评估。

联合国教科文组织(UNESCO)、经合组织(OECD)、国际教育评估协会(IAEEA)等国际机构组织的国际学生评估项目(Programme for International Student Assessment, PISA)、国际数学和科学趋势研究(Trend of International Mathematics and Science Study, TIMSS)等项目是典型的国际组织主导的教育监测评估项目,具有跨国比较性、持续追踪性等特征,逐渐成为观测一国教育质量和水平的"窗口",备受各国教育政策界关注。

在我国,由教育部学位与研究生教育发展中心组织实施的学科评估,教育部教育质量评估中心(原教育部高等教育教学评估中心)组织实施的院校审核评估、状态数据常态监测,教育部基础教育质量监测中心组织的基础教育质量监测等,均是典型的政府主导的教育监测评估。政府主导的教育监测评估具有普遍的公信力、权威性,其监测评估结果因与资源配置相挂钩而体现出高利害性、导向性等特点。

2013年起,各高等学校组织实施的大学生就业质量年度报告、本科教育教学质量报告等是院校实施的自我监测评估行为,这一行为并不是院校主动而为,而是落实教育部要求教育公开的制度安排。在基础教育领域,一般不存在办学机构自我监测评估工作及报告。

近年来被大众熟知的"《泰晤士报》高等教育"、"美国新闻与世界报道"、"世界大学学术排名"等世界大学排行榜,是典型的社会中介组织的教育评估活动。

从监测评估的客体角度,可将教育监测评估分为学生监测评估、教师监测评估、学校监测评估、项目监测评估等。尽管教育监测评估客体多种多样,但回归本质,教育乃是教师引导下学生成长和发展的过程,教育质量的根本衡量准则是学生成长和发展的结果质量。因此,围绕学生学习成果的监测评估,一直是教育监测评估的永恒主题。进入21世纪以来,以PISA为代表的核心素养监测评估已发展成为全球瞩目的教育评估项目。教师作为教育活动的另一主体,其教学效能在学生成长和发展或教育目标实现中的作用至关重要,故教师教学效能监测评估也是教育监测评估的另一重要主题。从教育阶段或学习阶段角度,可将教育监测评估分为基础教育监测评估、高等教育监测评估、研究生教育监测评估。我国已经建立的义务教育质量监测制度、本科教学评估制度、学科评估制度分别是基础教育阶段、高等教育阶段、研究生教育阶段监测评估的典型代表。

从监测评估的准则即内容角度看,可将教育监测评估分为单个项目监测评估和综合监测评估。我国为扭转以学生学业考试成绩和学校升学率评价中小学教育质量的倾向,推行了中小学教育质量综合评价项目。此外,增值评价也是从准则角度所做的一种评价类别。

教育监测评估作为一项制度或是教育政策,可以看作是众多教育监测和教育评估项目的集合体。

义务教育质量监测

义务教育质量保障是国家的责任,国家除了通过经费等对义务教育进行投入保障外,还必须通过质量监控对产出进行保障,因此,建立国家义务教育质量监测制度是各国的通行做法。不同于对学生学习、教师教学等进行的过程性学校内部评估,也不同于中高考等学生学业成就评价活动,义务教育质量监测指向宏观的教育质量管理,是根据国家制定的有关方针、政策、法令和法规,定期对义务教育质量进行评估与判断,利用数据了解并改进义务教育的外部评估活动。[1] 建立义务教育质量监测体系,是保障义务教育质量和优质公平教育权利,推进课程改革,实施素质教育的重要举措。[2] 从国际上看,建立义务教育质量监测体系是发达国家的通行做法,体现了国家对义务教育质量的责任。

在经过了20余年(1978—2001)的督导评估后,我国于2007年正式启动义务教育质量监测工作。

【专栏1】

从2007年至2014年,教育部基础教育质量监测中心开展了八轮义务教育质量试点监测,开发了大量监测工具,建立了规范的数据采集技术和实施流程,每年对1—2门学科或领域及与学生发展相关的影响因素进行监测,监测省份从2007年的3个,发展到2012年覆盖全国31个省(自治区、直

---

[1] 陈慧娟,辛涛.我国基础教育质量监测与评价体系的演进与未来走向[J].华东师范大学学报(教育科学版),2021(04):42—52.

[2] 崔允漷.试论建立国家义务教育质量监测体系的价值[J].教育发展研究,2006(05):1—4.

辖市)及新疆生产建设兵团。

2015年,国务院教育督导委员会印发《国家义务教育质量监测方案》,决定从2015年起在全国开展义务教育质量监测工作,标志着我国义务教育质量监测制度正式建立。

截至2021年,教育部基础教育质量监测中心面向全国31个省份及新疆生产建设兵团组织完成了两个周期的监测工作,累计抽取了1900多个区、县近4万所中小学校,对约120万名四年级和八年级学生进行了监测,相应的学科教师、班主任、校长也参与了调查。

资料来源

董奇.开拓创新,以高质量监测推动义务教育高质量发展[EB/OL].(2021-09-27)[2023-06-08]. http://www.moe.gov.cn/jyb_xwfb/moe_2082/2021/2021_zl62/202109/t20210926_567089.html

2021年,教育部又修订了《国家义务教育质量监测方案》,从监测学科领域及周期、对象、内容、环节、组织实施等方面做了更具体的规定。新方案主要监测义务教育阶段四年级、八年级学生的发展质量和相关影响因素。在学生发展质量方面,围绕学生全面发展要求,在德育、语文、数学、科学、艺术、体育与健康的基础上,又增加了劳动、英语、心理健康三个学科领域,重点监测学生德智体美劳教育质量状况。各个科目都有具体明确的监测评估准则:学生的理想信念、道德行为规范以及基本国情常识掌握情况等是德育监测的主要准则;学生掌握语文基础知识情况、阅读能力和书面表达能力等是语文科目监测的主要准则;学生掌握数学基础知识和思维方法情况、运算能力、问题解决能力等是数学科目监测的主要准则;学生掌握英语基础知识情况,阅读、写作等综合语言运用能力等是英语科目监测的主要准则;学生掌握科学基础知识和思维方法情况、科学探究能力等是科学科目监测的主要准则;学生身体形态、机能、体能状况以及健康生活习惯等是体育与健康科目监测的主要准则;学生掌握艺术基础知识情况,通过艺术作品和活动感受美、表达美的能力,审美趣味和审美格调等是艺术科目监测的主要准则;

学生劳动观念、劳动知识和能力、劳动习惯和品质等是劳动监测的主要准则;学生情绪、人际交往等发展状况以及常见的心理行为问题等是心理健康监测的主要准则。在相关影响因素方面,主要调查影响学生发展质量的相关因素,如各学科领域的课程或教育活动开设情况、学生学业负担、教学条件保障、教师配备、教育教学、学校管理以及区域教育管理情况等。新方案在原有的学生问卷、教师问卷、校长问卷基础上新增了区县教育管理者问卷,重点对影响学生发展的区县层面因素(如区县教育经费投入、资源统筹、政策制定与实施、区域评价制度)进行调查分析。①

旧方案规定监测工具包括纸笔测试、问卷调查和现场测试三种。新方案指出将组织专家研制测试卷、相关因素调查问卷以及表现性测试工具。测试卷监测学生在有关学科领域的发展水平,重点关注学生探究和解决问题的能力。相关因素调查问卷调查影响学生发展水平的相关因素,分为学生问卷、教师问卷、校长问卷、区县教育管理者问卷等。表现性测试工具用于体育与健康、科学、艺术等学科领域,通过学生现场项目参与和演示,监测运动、操作、演唱能力等。新方案提出将在计算机网络测试、人机交互测试等领域开展试点。比如,科学监测将基于我国中小学生信息技术实际发展水平,研究开发人机交互系统,设置交互式测评任务,由学生与多媒体设备在互动之中完成获取信息、做出选择、操作虚拟程序、输入答案等操作步骤,通过学生的实际动手操作,实现对学生科学问题解决、科学探究等高阶思维与实践能力的测评。

旧方案依报告目的、内容和阅读对象的不同,主要形成基础数据报告、分省监测报告和国家监测报告三类报告。新方案在原有国家监测报告、分省监测报告的基础上,新增政策咨询报告和区县监测诊断报告。国家监测报告呈现的是全国学生在各监测学科领域发展水平的总体状况、影响学生发展水平的主要因素以及相关分析,以适当方式向社会发布。分省监测报告呈现的是分省份学生在各监测学科领域的发展水平、影响该省份学生发

---

① 史宁中. 落实评价改革,构建科学高效的教育质量监测体系[EB/OL]. (2021-09-27)[2023-06-08]. http://www.moe.gov.cn/jyb_xwfb/moe_2082/2021/2021_zl62/202109/t20210926_567090.html

展水平的主要因素以及相关分析。该报告主要供省级人民政府和有关教育部门使用。区县监测诊断报告分县（市、区）呈现学生在各监测学科领域的发展水平、影响该县（市、区）学生发展水平的主要因素以及相关分析，诊断教育质量问题。该报告主要供县级人民政府和有关教育部门使用，供学校改进教育教学参考。政策咨询报告针对教育热点难点问题进行专题研究，结合一线教育实际深入分析并提出改进建议。该报告主要供有关领导和部门参阅，供地方调整教育政策参考。

义务教育质量监测结果主要用于以下方面。第一，服务决策咨询，向国务院领导和有关部门呈送国家监测报告和政策咨询报告，为教育政策的制定和调整提供支撑。第二，督促问题改进，向各省级人民政府反馈监测发现的主要问题清单和分省监测报告，督促问题整改；建立监测预警机制，对全面发展质量不佳、质量下滑趋势明显的地区进行预警，对有关责任人员实施问责。第三，支撑督导评估，监测结果直接应用于督导评估工作，作为县域义务教育优质均衡发展督导评估、义务教育质量评价等工作的重要参考。第四，引领质量提升，宣传推广监测发现的典型地区经验案例，搭建监测学习交流平台。

经过十多年的探索发展，我国义务教育质量监测在检验教育方针政策的落实情况、展现义务教育质量状况、推动国家和地方改进教育教学、树立科学全面的教育质量观方面，取得了明显成效。[1] 但是，义务教育质量监测和评价体系的功能尚未得到充分发挥，仍存在诸多现实问题和挑战[2]：在价值导向和标准的引领上，由于监测与评估体系中缺乏对新时代基础教育质量的共识解读和评价标准的澄清，也少有对监测与评价理论模型的系统构建，当前监测评价中存在价值导向不明确、理论基础不扎实、具体要求不系统等问题；第二，在监测内容领域的设置上，仍需对更多的学科领域、更多的

---

[1] 董奇.开拓创新，以高质量监测推动义务教育高质量发展[EB/OL].(2021-09-27)[2023-06-08]. http://www.moe.gov.cn/jyb_xwfb/moe_2082/2021/2021_zl62/202109/t20210926_567089.html

[2] 陈慧娟，辛涛.我国基础教育质量监测与评价体系的演进与未来走向[J].华东师范大学学报（教育科学版），2021（04）：42—52.

学段监测框架进行研究;第三,我国教育督导在发展过程中暴露出机构削弱、人员缺编、工作职责边界不清等问题,对监测工作有效开展具有阻碍作用;第四,我国尽管已初步形成涵盖国家、省份、区县的监测评估工作网络,但仍存在各级监测定位模糊、权责义务和工作任务划分不清、监测队伍薄弱等问题;第五,在技术方法上,大数据、云计算、人工智能等技术和教育质量监测与评价的深度融合程度还不够。

本科教学评估

改革开放40多年来,中国高等教育正朝着普及化阶段昂首迈进,2022年,我国高等教育毛入学率已达到59.6%。本科教育是提高高等教育质量最重要的基础。本科教学评估作为高等教育质量保障体系的重要组成部分,是全面提高教学质量和人才培养质量的重要制度保障。

我国本科教学评估制度源于20世纪80年代本科教育质量提升的内生需要。当时,由于教学经费投入不足,高校领导和教师对教学工作的重视和投入不足,学生学习投入不足等,本科教学质量面临一系列问题。同一时期,在发达国家兴起的高等教育评估运动,为我国本科教学评估提供了经验借鉴。

【专栏2】

迄今,我国本科教学评估经历了准备、探索试点、水平评估、合格评估和审核评估五个发展阶段。

在准备阶段(1985—1990),1985年颁布的《中共中央关于教育体制改革的决定》首次提出"定期对高等学校的办学水平进行评估",标志着本科教学评估正式进入国家政策。

在探索试点阶段(1990—2001),1990年颁布的《普通高等学校教育评估暂行规定》对高校教育评估的主要目的、基本任务、评估机构、评估程序都做了明确规定,提出开展合格评估、办学水平评估和选优评估三种形式的评估。1994—2001年间,我国相继开展了合格评估、优秀评估和随机性评估。到2002年,共有254所高校进行了这三种评估。

在水平评估阶段(2002—2008),2002年发布《普通高等学校本科教学工作水平评估方案(试行)》,将合格评估、优秀评估和随机性水平评估三种方案合并为水平评估方案,评估结果分为优秀、良好、合格、不合格四个等级。从2003—2008年,共有589所高校参加了本科教学工作水平评估。

在合格评估阶段(2009年至今),教育部于2011年出台了《关于普通高等学校本科教学评估工作的意见》,明确提出要建立中国特色"五位一体"(学校自我评估、院校评估、专业认证及评估、国际评估、教学基本状态数据常态监测)的本科教学评估制度体系。同年教育部正式发布《关于开展普通高等学校本科教学工作合格评估的通知》,指出要对未参加过教学工作评估的各类新建本科院校全面开展合格评估。合格评估结论分为通过、暂缓通过和不通过三种。

在审核评估阶段(2013年至今),2013年教育部发布《普通高等学校本科教学工作审核评估方案》(简称"2013版审核评估"),决定从2014年至2018年开展普通高等学校本科教学工作审核评估,要求获得水平评估"合格"及以上结论的普通本科院校,以及获得合格评估"通过"结论5年后的新建本科院校,须参加审核评估。2021年教育部印发了《普通高等学校本科教育教学审核评估实施方案(2021—2025年)》(简称"2021版审核评估"),启动新一轮审核评估。截至2018年7月,全国共有560所高校参加了审核评估。

资料来源

陆根书,贾小娟,李珍艳,等.改革开放40年来中国本科教学评估的发展历程与基本特征[J].西安交通大学学报(社会科学版),2018(06):19—29.

2013版审核评估采用统一指标体系,主要包括学校的定位与目标、师资队伍、教学资源、培养过程、学生发展、质量保障以及学校自选特色等方面,涵盖学校的办学定位及人才培养目标,教师教学水平和教学投入,教学经费、教学设施及专业和课程资源建设情况,教学改革落实情况,招生就业、学生学习效果及学风建设情况,质量保障体系建设及运行情况等。

2021版审核评估的显著特征在于分类评估,根据高等教育整体布局结构和高校办学定位、服务面向、发展实际,分为两大类评估指标。高校可根据大学章程和发展规划,综合考虑办学定位、人才培养目标和质量保障体系建设情况等进行自主选择。第一类审核评估针对具有世界一流办学目标、一流师资队伍和育人平台,培养一流拔尖创新人才,服务国家重大战略需求的普通本科高校,重点考察建设世界一流大学所必备的质量保障能力及本科教育教学综合改革举措与成效。第二类审核评估针对高校的办学定位和办学历史,具体分为三种:一是适用于已参加过上轮审核评估,重点以学术型人才培养为主要方向的普通本科高校;二是适用于已参加过上轮审核评估,重点以应用型人才培养为主要方向的普通本科高校;三是适用于已通过合格评估5年以上,首次参加审核评估、本科办学历史较短的地方应用型普通本科高校。第二类审核评估重点考察高校本科人才培养目标定位、资源条件、培养过程、学生发展、教学成效等。

审核评估包括评估申请、学校自评、专家评审、反馈结论、限期整改、督导复查六个环节。

此轮审核评估尽管取得了预期的成效,但也存在一些问题。[①] 第一,忽视了对学生学习与发展成效的评估,反映教师的"教"和学生的"学"的实时、动态数据少,对基本状态数据的深入挖掘和关联分析不够;第二,对以立德树人为核心的人才培养成效的评估不到位;第三,整改结果与政策支持、资源配置、绩效考核等挂钩的激励政策还不够到位;第四,行业、产业专家参加审核评估的人数较少,审核评估意见的信息公开度低,社会利益相关者了解学校人才培养过程与本科教育教学质量的渠道不畅;第五,面向未来、指引学校本科教育未来发展的导向性不足。

2023年5月,教育部又印发了《关于深化新时代高等学校评估改革方案》的通知。该通知对高等学校的评估又做了较大幅度的修改和优化,这标

---

① 陆根书,贾小娟,李珍艳,等.全国普通高校本科教学工作审核评估:成效、问题与发展策略[J].大学教育科学,2020(02):90-96.

志着我国高等学校的本科教育教学评估工作步入新阶段。该改革方案基于加快构建中国特色高等学校评估体系的目标,继续坚持分类指导的原则,对不同类型高校开展不同导向的评估:引导高水平大学服务国家重大战略、形成冲击世界一流的"集团优势";推动普通本科高校服务国家、区域发展战略需要和特色发展;促进高等职业院校(含高职专科、高职本科等)服务区域发展和行业产业。各类院校遵循不同的评估目的:对高水平大学,重在"以评促建、争创一流";对其他高校,重在"以评促建、服务发展"。与此同时,还积极开展有针对性的专项评估如专业认证、社会调查等。在评估方式上,创建高等学校智慧评估平台,建立常态化监测预警制度,推动高等学校完善自我评估。

与 2021 版的方案相比,新方案对高等学校做了新的分类并施以不同的评估办法,包括结果使用办法。新分类的一大变化就是将高水平大学作为一个独立的类别,这一调整与建设世界一流大学和高等教育强国的目标是相呼应的。因为与该改革方案配套的评估方案尚未下发,该改革方案是否继续坚持审核评估模式尚不得而知。另一个疑问就是,该改革方案究竟是促进还是阻碍了高等学校内部质量保障体系的建设与完善,有待后续予以关注。

无论评估方案如何变化,高等学校本科教育教学评估的核心是办学质量和人才培养质量。在评估方案中,评估准则和对应的证据和数据大多与教育教学相关,较少涉及科学研究和社会服务等信息。这既是与大学排行榜等评估的明显不同点,也是本科教育教学评估的独特性所在。另一个值得注意的变化就是监测功能越来越受到重视,直到近期改革方案中所明确提出的"常态化监测预警制度"。因此也可以说,本科教育教学评估从理念到方案完整地呈现了从评估走向监测评估的过程。

学科评估

学科是高等学校的基本单元,集师资队伍、人才培养、科学研究、社会服务为一体,是高校承担大学功能的基本载体。促进大学有效开展学科建设,合理布局、优化资源、突出特色、强化优势,形成良好学科生态,推动学科更好更快地发展,打造更多学科高原、高峰,是全国高校学科评估的主要目标和任务。

全国高校学科评估(以下简称"学科评估")是教育部学位与研究生教育发展中心(以下简称"学位中心")按照教育部和国务院学位委员会颁布的《学位授予和人才培养学科目录》,对具有研究生培养和学位授予资格的一级学科进行整体水平评估。此项工作2002年首次在全国开展,至2022年已完成五轮评估。学科评估坚持"自愿申请参加"的原则,各单位有一个及以上二级学科具有博士或硕士学位授予权(即具有研究生培养和学位授予资格),均可申请参加该一级学科的评估。

学科评估的功能体现在本体功能和衍生功能两个方面。[①] 本体功能是学科评估对于学科的诊断与优化功能,协助学科建设主体在学科发展过程中检视问题、明晰方向、理清思路、补足短板,通过鉴定、诊断、引导等实施路径,提升学科发展的现代性、前瞻性、创新性和影响力。衍生功能是学科评估对于学科的行政管理及信息交换功能。衍生功能的实质是行政主体依托行政权力对学科评估结果作外部性的解读与运用,它为政府统揽学科发展格局、进行重点布局提供了可能;有助于结合经济社会发展需求与学术研究相对独立的二维关系,推动学术研究成果为经济社会发展服务;还可以为学生报考、学科和社会人才流动提供参考。

学科评估的标准体系总体依据大学职能而设计。第五轮学科评估包含人才培养质量、师资队伍与资源、科学研究(与艺术/设计实践)水平、社会服务与学科声誉4个一级指标,12个二级指标,25个三级指标。第五轮学科评估的显著特点在于,第一,强化人才培养的中心地位,把人才培养质量放在首位,具体体现在加强思想政治教育成效评价,加强人才培养过程质量评价,加强在学质量与毕业质量相结合的学生质量评价。第二,把师德师风作为第一标准,促进师德与师能相统一。

---

① 龙洋.学科评估功能的原生态回归路径探索[J].教育发展研究,2021(01):4-6.

第五轮学科评估方法有其显著特点。第一，定量与定性判断相结合。几乎每项指标均要求用数据和事实说话，同时强调价值观、方向性判断，数据是支撑、事实是基础，成果水平如何、内容属性如何、与学科关联程度如何等均需专家综合判断。第二，调动主要利益相关者参与评估。不但邀请了超过万名的国内学科专家进行基于数据与事实的判断，同时邀请数千名海外专家在部分学科开展学科声誉国际评估，还邀请几十万名学生、用人单位开展大范围调查。[①] 第三，强调分类评价。按一级学科分别设置99套指标体系，各学科按学科特色分别设置17—21个三级指标，哲学社会科学学科更加强调发挥文化传承创新与智库作用，自然科学学科更加强调科技成果转化应用与解决关键核心技术问题，以体现办学定位与学科优势。

按照第五轮学科评估方案，评估分为10个步骤：自愿申请、信息采集、信息核查、信息公示、反馈复核、专家评价、问卷调查、结果形成、结果发布和诊断分析。其中，在"结果发布"环节，将分类分档发布总体评估结果，探索提供多维度评估结果。令人意外的是，该轮学科评估改变以往公开发布结果的做法，实行对参评院校个别反馈的办法。这意味着，有关评估结果的各项信息被限定在评估机构、参评单位以及可能的主管部门范围内，不为外界知晓。至此，过去所谓评估在"服务社会，为学生报考、学科和社会人才流动提供参考"方面的功能定位不复存在。而且，这种做法彻底阻断了参评单位之间比较评估结果和公开进行学科排名的可能。这也意味着教育部对学科评估结果的使用定位，已从先前提倡公开竞争调整为注重诊断改进。

学科评估是迄今为止唯一由政府组织的具有排名功能的高校学科建设情况监测评估，其结果备受研究生教育界关注，成为高中生、大学生在报考高校专业及学科时重要、权威的参考依据。针对学界指出的重要问题，第五轮学科评估在指标体系、方法技术、结果使用方面做了较多改革，但一些突出问题仍没有得到有效解决。第一，学科评估所秉持的价值立场不够明确。有些表述或过于宏大笼统，或语焉不详，让大学无所适从，欲罢不能，在理性

---

① 张绍文.中国特色的学科评估20年反思[J].高教发展与评估，2023（03）：1—10+119.

上大学不愿被评估所左右,但在现实中又不得不伴着评估"起舞"。第二,行政化思维在评估组织和实施中依然占主导,如此轮学科评估依然沿袭"短、平、快"的行政动员方式。第三,加剧了高校内部的无序竞争和生态失衡。一些高校被学科评估指标牵着鼻子走,借着"资源整合"的名义做起了数字游戏,以撤销或合并非重点、非特色、非优势的学科为代价来确保重点学科的权威地位。第四,评估结果异化。在很多场合,评估结果只是被大学用作宣传的符号和信息。更为重要的是,没有充分的证据显示学科评估对人才培养和科学研究等活动的质量具有提升作用。学科评估也不是制造优秀大学、优秀学科和优秀学者的万能工具。此外,学科评估宣称着重于诊断与监测,但却导致高校把附加利益看得太重,因过度重视而产生"恐慌"应对现象[①]。

针对学科评估存在的主要问题,学界也提出了完善的建议:第一,要重视学科自身的发展属性,立足学科建设的现实境遇,突出学科发展的创新性、多样性、开放性和包容性;第二,为参评院校提供高质量的个性化学科评估与发展报告,最大限度地实现以评促建、持续改进的本体功能;第三,培育独立于政府行政设计的第三方学科评估组织,探究其生长与运行的内在逻辑、组织特征,最大限度地发挥客观评价、组织协调与优化整合的功能。[②]

核心素养监测评估

核心素养监测评估源于国际社会对核心素养的高度关注。"核心素养"(Key Competencies)最早出现在 21 世纪初经合组织(OECD)发布的研究报告中。[③] 从对应的英文看,核心素养也称"关键能力",其实质是在现代民主社会中,儿童和成人过上有责任感和成功的生活所需要的,同时也是应对当

---

① 陈学飞,叶祝弟,王英杰,等.中国式学科评估:问题与出路[J].探索与争鸣,2016(09):59—74.
② 靳玉乐,胡建华,陈鹏,等.关于当前学科评估改革的多维思考[J].高校教育管理,2020(05):1—14.
③ DeSeCo. The Definition and Selection of Key Competencies: Executive Summary[EB/OL]. (2005-06-18)[2022-08-06]. https://www.oecd.org/pisa/35070367.pdf

前和未来技术变革和全球化挑战所需要的一系列知识、技能和态度的集合。概括起来,核心素养有以下几个特征:

  首先,素养是能够应对复杂要求的能力,是能够满足要求、成功开展工作的能力。其次,素养是比知识和技能更宽泛的概念。它是相关知识、认知技能、态度、价值观和情绪的集合体。它涵盖了稳定的特质、学习结果(如知识和技能)、信念—价值系统、习惯和其他心理特征。最后,素养是基于行动和情境导向的。素养的获得是一个持续的、终身的学习过程。除了学校,家庭、同伴、工作、政治生活、宗教生活和文化生活等都影响着人的素养的发展。素养的发展不仅仅是个人努力的结果,它需要一个良好的社会和生态环境。[1]

经合组织认为,促进成功生活和健全社会的核心素养包含三大类:(1)互动地使用工具。个人需要能够使用广泛的工具与环境有效地互动,包括物理工具(如信息技术)和社会文化工具(如语言)。(2)在异质团体中互动。在一个日益相互依存的世界里,个人需要能够与来自不同背景的人互动,包括与他人一起学习、生活和工作。(3)自主行动。个人需要能够负责管理自己的生活,将自己的生活置于更广泛的社会环境中,并采取自主行动。[2]

对核心素养的研究和关注,可以追溯到20世纪的美国。1957年,苏联第一颗人造卫星上天后,美国把美国科技领先地位的动摇归于公共教育的失败,发起了一场教育改革,要求教育发展国家的竞争力(competency)。[3] 21世纪以来,国际上对核心素养的关注,更多的是为了应对21世纪知识经济、全球化、信息化带来的挑战。进入21世纪,社会变化进一步加快,相互依赖加强,相互竞争加剧,不确定性增大。[4] 这就迫使教育必须做出相应变革,从传

---

  [1] 张娜.DeSeCo项目关于核心素养的研究及启示[J].教育科学研究,2013(10):39—45.
  [2] DeSeCo. The Definition and Selection of Key Competencies: Executive Summary[EB/OL]. (2005-06-18)[2022-08-06]. https://www.oecd.org/pisa/35070367.pdf
  [3] 崔允漷.素养:一个让人欢喜让人忧的概念[J].华东师范大学学报(教育科学版),2016(01):3—5.
  [4] 褚宏启.核心素养的国际视野与中国立场:21世纪中国的国民素质提升与教育目标转型[J].教育研究,2016(11):8—18.

统的知识传授转向培养学生的创造精神、批判性思维、合作沟通和问题解决能力。

核心素养在个人生活和职业发展中的重要性，使其成为国际组织和各国监测评估的对象。比如国际教育成就评价协会推出的监测评估项目有国际数学和科学趋势研究（TIMSS）、国际阅读素养进展研究（PIRLS）、国际公民和公民教育研究（ICCS）、国际计算机和信息素养研究等（ICILS）。备受国际社会瞩目的则非国际学生评估项目（PISA）莫属。PISA越来越获得国际社会的认可，PISA测评结果越来越被视为衡量国家和地区教育质量的重要指标，引起教育决策者和学校的关注，从而引发教育改革"效应"。[1]

PISA是经合组织（OECD）针对15岁学生参与社会所需的知识与技能进行的国际性监测评估项目。PISA于2000年开始第一轮测评，评估学生在阅读、数学、科学三个领域的素养。此后每三年举行一次，每次都在这三个核心领域中选择一个作为本次国际比较测评的重点领域，其他两个则作为辅助评价。2018年的主要监测学科是阅读，这与2000年和2009年一样。数学在2003年、2012年是主要监测学科，而科学在2006年和2015年是主要监测学科。通过这种交替监测，PISA每九年对三个核心学科的成就进行一次全面的分析。

【专栏3】

PISA的独特性表现：

政策导向。PISA将学生学习成果的数据与学生背景、学习态度的数据以及影响学生校内外学习的关键因素联系起来。借此，PISA能够突出学生表现的差异，并确定表现良好的学生、学校和教育系统的特征。

创新的"素养"概念。这是指学生在关键领域应用自己的知识和技能，以及在各种情况下识别、解释和解决问题时有效分析、推理和沟通的能力。

与终身学习相关。PISA要求学生报告自己的学习动机、信念及学习

---

[1] BREAKSPEAR S. The Policy Impact of PISA: An Exploration of the Normative Effects of International Benchmarking in School System Performance[M]. Pairs: OECD Publishing, 2012: 5-6.

策略。

持续监测。这使各国能够监测学生在实现关键学习目标方面的进展。

覆盖范围广。2018年,PISA包括37个经合组织国家和42个伙伴国家和经济体。

资料来源

OECD. PISA 2018 Results (Volume I): What Students Know and Can Do[R/OL]. (2019-12-03)[2022-08-10]. https://www.oecd-ilibrary.org/sites/5f07c754-en/index.html?itemId=/content/publication/5f07c754-en

虽进行多次测试,但 PISA 对各学科素养的定义一直保持相对一致性。阅读素养是指个体对文本的理解、运用、评估、反思和参与能力,个体借助这种能力,实现个人的目标,发展个人的知识和潜力,并参与社会。数学素养是指个体在各种情境下形成、运用和解释数学的能力,它包括数学推理、数学概念的应用、数学程序、事实和工具的描述以及现象的解释和预测。科学素养是指作为一个反思性公民参与科学相关问题和科学思想的能力。一个有科学素养的人愿意从事关于科学和技术的理性讨论,这需要他们能够科学地解释现象,评估和设计科学探究,科学地解释数据和证据。[1]在每一个学科领域,PISA 都会依据三个维度对"素养"进行描述:(1)学生需要掌握的知识内容及结构;(2)学生需要掌握的认知技能,促成"表现"而介入的各种过程;(3)学生需要熟悉的知识及技能运用中所处的各种情境或背景。[2] 值得注意的是,内容、过程与情境这三个维度是一个彼此依赖的动态的"素养"实践过程。[3]

在 PISA 测评中,随着信息技术不断普及,2018 年大多数国家都使用了

---

[1] OECD. PISA 2018 Results (Volume I): What Students Know and Can Do[R/OL]. (2019-12-03)[2022-08-10]. https://www.oecd-ilibrary.org/sites/5f07c754-en/index.html?itemId=/content/publication/5f07c754-en

[2] OECD. Measuring Student Knowledge and Skills: A New Framework for Assessment[R]. Paris: Organisation for Economic Co-operation and Development, 1999.

[3] 徐瑾劼. "Literacy": PISA 素养观背后的教育学立场[J]. 外国中小学教育, 2012(01): 17—23.

计算机测试,整个测试要在 2 小时内完成。在阅读方面,PISA 采用多阶段自适应方法,即学生后面的测试题目取决于前面的测试表现。PISA 测评包括学科素养测试和问卷(个人信息背景、学习态度、家庭态度)两部分。学科素养测试题由多选题和开放题组成。题目通常以单元形式组织,每个单元包含一段文字或一个图表,都是学生在现实生活中可能遇到的问题。此外,学生还需回答一份背景问卷,大约需要 35 分钟。该问卷调查内容涉及学生的基本信息、态度、性格和信仰、家庭、所在学校和学习经历。学校校长需要完成一份关于学校管理组织、学习环境的调查问卷。一些国家/经济体还发放了额外的问卷,包括向教师发放关于教学实践的问卷,向家长发放对孩子学校和学习的看法及参与情况的问卷。国家/经济体还可以选择为学生分发另外三份可选问卷:学生对计算机熟悉程度的问卷、学生对继续教育的期望的问卷、学生福祉的问卷。[1]

在测试完成后,PISA 会公开发布一系列详细的监测报告。2018 年测试实施后,已经发布第一至第四卷报告,还有两卷待发布。第一卷提供了学生在阅读、数学和科学方面的表现及其历时变化。第二卷分析了学生表现的性别差异、学生的社会经济地位、移民背景与表现和其他结果之间的关系,以及所有这些变量与学生幸福之间的关系。第三卷重点关注学生的身体和情感健康、教师和家长在塑造学校环境中的作用,以及学校的社会生活。第四卷探讨了 15 岁学生的金融素养(financial literacy)与阅读和数学能力、社会经济地位与其先前的金钱经验的关系。第五卷对学校和学校系统及其与教育成果的关系进行分析。第六卷考察学生考虑本土、全球和跨文化问题,理解和欣赏不同观点和世界观,与他人良好互动,并对可持续发展和集体福祉采取负责任行动的能力。[2] 值得一提的是,PISA 的监测框架、主要变量、

---

[1] OECD. PISA 2018 Results (Volume I): What Students Know and Can Do[R/OL]. (2019-12-03)[2022-08-10]. https://www.oecd-ilibrary.org/sites/5f07c754-en/index.html?itemId=/content/publication/5f07c754-en

[2] OECD. PISA 2018 Results (Volume I): What Students Know and Can Do[R/OL]. (2019-12-03)[2022-08-10]. https://www.oecd-ilibrary.org/sites/5f07c754-en/index.html?itemId=/content/publication/5f07c754-en

基础数据都是公开的,这为教育研究提供了丰富而重要的数据来源,促进了教育研究的繁荣。从 PISA 研究论文的系统回顾看,论文数量最多且增长最快的是二次数据分析(利用 PISA 数据库分析解决特定问题的研究),然后是 PISA 影响研究或政策研究、质疑批评等。[1]

自 2001 年 PISA 首次公布测评结果以来,这一大规模国际学生评估项目已成为当代国际社会、政府和教育行政部门进行人才与教育竞争的主要依据,成为各国教育改革的重要参照。同时,关于 PISA 的质疑从未停歇。国际学者对 PISA 测试的批判和质疑主要集中在技术和内容两个方面。在技术方面,尽管 PISA 测试采取了一系列措施改善测试工具的信度和效度,但是仍然面临着地缘政治学、语言学和文化背景方面的局限,比如拿美、俄整个国家学生的表现与我国香港、上海等发达地区学生的表现做比较,显然有失公允。在内容方面,许多学者质疑 PISA 测试的表现水平能在多大程度上反映学校课程的有效性。[2] 校外很多因素都会对学生的学业表现产生较大影响,如家庭教师盛行、对学习和考试抱持的文化态度和行为、家长承担的教育角色、民族多元化等,更不用说校内教师的教学行为、课程、考试和管理系统等因素的影响,这些都会降低 PISA 测试在教育转化和借鉴中能够发挥的作用。此外,使用统一的指标测评不同国家、不同学制的学生,其结果的有效性值得怀疑。[3]

教师教学监测评估

PISA 问卷调查发现,对学生学业水平影响最大的单个因素是家庭,而除此之外,最大的影响因素就是学校教师。于是,经合组织接续 PISA 对学生的测试,又研究开发了教师教学国际调查(Teaching and Learning

---

[1] HOPFENBECK T N, LENKEIT J, MASRI Y E, et al. Lessons Learned From PISA: A Systematic Review of Peer-reviewed Articles on the Programme for International Student Assessment[J]. Scandinavian Journal of Educational Research, 2018(03): 333—353.

[2] 黄志军. PISA 测试的限度:国际学者的批判[J]. 教育测量与评价, 2019(01):11—17+44.

[3] 杨文杰. PISA 实施 20 年:PISA 及其效应的系统分析[J]. 外国教育研究, 2021(12):39—53.

International Survey，TALIS），通过对各级教师和学校领导者的问卷调查，监测各国学校的教师教学条件和学习环境，聚焦于有效的学校政策、教师专业发展、有效的教师和教学、吸引优秀人才进入教师队伍和教师队伍稳定性五大政策领域。TALIS 调查的总体目标是对教师和教学提供强有力的国际指标和政策分析，以帮助各国审查和制定促进教师有效教学和学习条件的政策。

TALIS 首轮调查于 2008 年进行，2013 年、2018 年开展第二、三轮，第四轮于 2024 年进行。第一轮调查共有 24 个国家参加，第二轮参与的国家和地区增至 38 个。第三轮参与者总数达到 48 个国家和地区，超过 26 万名初中、小学和高中教师及 1.5 万名学校领导参与了 TALIS 调查。上海代表中国先后参与了第二、三轮调查。

TALIS 是经合组织教育系统指标（Indicators of Education Systems，INES）项目的一部分，其目的是创建一套连贯的指标，使经合组织国家和伙伴国家的教育系统能够进行比较。TALIS 最初的概念框架是基于经合组织教师政策审查期间所取得的有关政策问题的研究成果，包括教师的吸引、发展和留任，学校的政策和有效性，以及高质量的教师和教学。在连续三轮调查中（2008 年、2013 年和 2018 年），该框架进一步得到发展，还包含创新、公平和多样性、教师动机和教师自我效能感等要素。

【专栏 4】

TALIS 2018 年调查的主题及指标

教师教学实践：关于教学的信念，课堂环境，教学实践，课堂管理，个性化/差异化教学（包括天才学生），教师对实施各种实践所存在的障碍的看法，课堂组成和课堂规模，课堂时间分布。

学校领导力：学校领导的角色和职能（行政和教学领导力），分布式领导力（学校团队领导力），学校领导的资格和经验，校长的工作满意度，对学校领导力的感知，校长工作量，校长工作时间，重点领域的校长自主权（招聘和解雇教师、职业阶梯、薪酬等），学校领导的培训和发展，校长自我效能感。

教师专业实践：学校员工间的协作，教师参与学校决策，在专业共同体中的角色和参与,教师国内和跨国的流动性。

教师教育和初步准备、教师教育和培训的特征:内容(如教学、学科、实践)、时长、提供者,培训的有效性感知。

教师反馈与发展:在职教育和培训支持,参与在职教育和培训的障碍,在职教育和培训的类型(包括专业发展的协作形式),正式的专业发展的类型,正式的专业发展的内容(教学实践创新),非正式专业发展的形式(包括在线学习),非正式专业发展的内容(教学实践创新)。

学校氛围:师生关系(包括支持性学习环境),家长和社区的关系/学校参与,纪律氛围(包括宽容氛围),教师对改善师生关系的信念,阻碍教学的因素,教师对多样性准备和开放的程度,学校精神(如目标驱动、高愿景、社区参与)。

工作满意度:对学校和职业的整体工作满意度,教师自身职业价值的感知,教师对国家和地方教育政策的看法,对工资和工作条件的满意度,教师对教育政策和改革的优先事项的意见。

教师人力资源措施和利益相关者关系:学校认可、奖励和评估教师的政策,教师的职业阶梯与发展前景,对认可、奖励和评估教师的政策影响的看法,在教学实践中创新性的认可,解决表现不佳问题的干预措施。

教师自我效能感:教师对一般教学知识的自我评估(教学过程、学生学习、形成性评价),教师一般的自我效能感,教师对非认知技能/耐心/动机的自我评估。

创新:教师对采用创新实践的开放态度,学校创新的类型,当前或过去一学年目标课堂的创新,对采用创新的障碍和激励措施的看法,评估和传播学校的创新实践。

公平与多样性。

资料来源

AINLEY J, CARSTENS R. Teaching and Learning International Survey (TALIS) 2018 Conceptual Framework[R/OL]. (2018-11-12)[2022-08-13]. https://www.oecd-ilibrary.org/docserver/799337c2-en

TALIS 2018 年的调查主题与 TALIS 调查方案定义的五个政策领域存在密切关系(见表 4-1)。其中,教师反馈与发展、工作满意度、教师人力资源措施和利益相关者关系、教师自我效能感、创新等主题与两个及以上的政策领域有关联。

表 4-1 TALIS 2018 年调查主题与政策议题的对应关系

主题	教师吸引	教师培养	教师保留	学校有效性	有效教学
教师教学实践					•
学校领导力				•	
教师专业实践					•
教师教育和准备		•			
教师反馈与发展		•	•		
学校氛围				•	
工作满意度	•				
教师人力资源措施和利益相关者关系	•		•		
教师自我效能感					•
创新				•	•
公平与多样性				•	

资料来源

AINLEY J, CARSTENS R. Teaching and Learning International Survey (TALIS) 2018 Conceptual Framework[R/OL].(2018-11-12)[2022-08-13]. https://www.oecd-ilibrary.org/docserver/799337c2-en

不同于通过其他手段(例如行政数据或视频观察)收集的数据,TALIS 调查数据、信息是主观的。TALIS 调查完全基于教师和学校领导的自我报告,反映了教师和学校领导的观点、看法、信念和对自己活动的描述。通过教师和学校领导自我发声,我们能够了解教师和学校领导如何看待他们的工作环境,以及这些政策在实践中是如何实施的。

TALIS 有教师问卷和校长问卷两种,调查问卷的目标和主题由 TALIS 理事会确定。该理事会由参与国家、地区的成员和欧盟委员会组成。问卷的编制由TALIS联盟的问卷专家组负责。问卷专家组首先开发用以指导整个问卷开发的概念性框架,经各参与国家、地区批准后,问卷专家组将调查主题转化为调查问题。问卷的编制经过三个阶段:试点研究、实地试验和正式调查。试点研究在大量参与国家和地区进行,包括由焦点小组召集教师和校长对问卷草案进行反馈。实地试验的主要目标是收集所有参与国家和地区的统计和心理测量特性问题的定量信息,例如,检查问题是否在所有参与者中测量相同的概念并得到正确的翻译。每个阶段结束后,问卷专家组对调查问卷草案进行修订和审查,并由参与国、地区批准。经TALIS理事会批准后,最终版本用于正式调查。

TALIS调查的目标群体主要是初中学校的校长和教师。参与的国家和地区也可以选择调查小学和高中校长和教师。为了使教育系统具有可比性,TALIS的国际目标人群排除了专门为成人教育或有特殊需要的学生开设的学校。从选择的学校名单中,TALIS随机抽取200所学校,然后在每个抽样学校选择1名学校领导和20名教师。经合组织建议,参与TALIS调查是自愿的,任何参与的教师和学校领导可以随时退出调查。问卷调查在线或纸上进行,完成整个调查需要45至60分钟。

TALIS调查数据不用于教师或校长个人工作评价或问责目的,而是广泛用于国际教师教学政策的研究。例如,TALIS 2018年调查报告提出了26条政策建议。

【专栏5】

TALIS 2018年调查的教师教学政策建议

启示1:促进每个学生的优质教学

政策要点1:重新思考教师的日程安排

政策要点2:支持教师使用有效的教学实践

政策要点3:促进小组教学以优化课堂时间

政策要点4:为将信息技术纳入教学提供有针对性的支持

政策要点5:建立和促进专业的学习共同体,传播创新做法

政策要点 6:将针对不同环境的教学策略纳入教师培训课程

政策要点 7:设计和实施学校层面的多样性政策和做法

政策要点 8:加强针对特殊学生教学的供给、支持和培训

政策要点 9:设计和实施系统的学校层面的政策,打击一切形式的欺凌行为

政策要点 10:加强教师和学校领导对学生福祉的认识,促进有效学习

政策要点 11:重新思考学校领导的角色、职责和时间表

政策要点 12:通过明确的学校领导专业标准鼓励教学领导力

政策要点 13:建设教学领导力,在教师中招聘学校领导

启示 2:支持教师和学校领导在整个职业生涯中的专业成长

政策要点 14:在保持优质培训的同时提供进入该行业的替代途径

政策要点 15:审查新教师在学校的分布情况,减少处于职业生涯早期的教师流失

政策要点 16:设计有效的基于具体情况的上岗和指导活动

政策要点 17:让学校领导在促进入职和指导机会方面发挥积极作用

政策要点 18:确保初级师范教育内容与专业发展培训之间的联系

政策要点 19:促进学校领导的职前准备

政策要点 20:为学校领导制定指导计划

政策要点 21:促进以学校为基础的、协作的和积极的专业发展,以适应当地的需要和学校的具体情况

政策要点 22:留出时间参与专业发展

政策要点 23:建立或促进参与专业发展的激励措施

启示 3:吸引优质教师和学校领导,监测劳动力发展动态

政策要点 24:与专业人士进行对话,改善教师的经济待遇和工作条件

政策要点 25:采取行动,为教学队伍的更新做好准备

政策要点 26:设计有效的招聘活动,鼓励男性和女性加入教师和学校领导的行列。

资料来源

AINLEY J, CARSTENS R. Teaching and Learning International Survey (TALIS) 2018 Conceptual Framework[R]. Paris：OECD Education Working Papers，2018.

总体来说，该调查和监测评估并未像 PISA 那样在我国引起高度关注和讨论，原因可能是人们对学生成绩排名的天然偏好以及炫耀好成绩的心理。该调查的监测评估指标体系以及政策议题，对当前我国职前教师教育和在职培训有值得学习和讨论的空间和必要。

综合评价

综合评价和增值评价是我国近年来教育评价改革中提出和探索的两类评价项目。综合评价诞生于我国，是本土产物。增值评价的理念和理论发源于国外，在我国基础教育界有其应用的独特价值和意义。

为了克服单纯以学生学业考试成绩和学校升学率评价中小学教育质量的倾向，特别是为了扭转重考试分数忽视学生综合素质和个性发展、重结果忽视学校进步和努力程度、重甄别证明忽视诊断和改进等态势，2013 年教育部《关于推进中小学教育质量综合评价改革的意见》首次提出了综合评价的概念和政策。概言之，综合评价就是"教育质量综合评价"的简称。其综合性表现在：它既要关注学生学业的进步，也要关注学生的综合素质的发展；既要重视中考与高考等终结性评价的科学化，也要强调伴随着学习过程的形成性评价不可或缺的意义；既要关注学生发展的水平与状况，也要把握影响学生发展的环境因素，形成改进教育教学与管理决策的建议；既要推进面向学生的评价实践的发展，也要推动学校、区域教育质量管理的改进。[①] 由此可见，综合评价试图将诸项教育改革的理解与实践综合在一起，以促进基础教育评价的取向与方法的切实转变。该文件发布之后，教育部在全国

---

① 张丰，马海燕.中小学教育质量综合评价改革的内涵与创新[J].基础教育课程，2018(23)：61—70.

遴选了 30 个实验区,启动了中小学教育质量综合评价改革实验工作。

综合评价把学生的品德发展水平、学业发展水平、身心发展水平、兴趣特长养成、学业负担状况 5 个方面 20 个关键指标作为评价学校教育质量的主要内容。评价指标框架如表 4-2 所示。在评价实践中,各实验区在涵盖以上 5 个方面评价内容的基础上,对照 20 项关键性指标,按照小学、初中和普通高中教育的不同性质和特点,对评价指标、考查要点和评价标准进行了进一步细化。该评价还要求收集学校教师队伍、设施设备、教育教学管理等影响教育质量相关因素的数据资料,为全面分析教育质量成因提供参考。

表 4-2　中小学教育质量综合评价指标框架(试行)

评价内容	关键指标	指标考查要点
品德发展水平	行为习惯	学生在文明礼貌、勤俭节约、热爱劳动、爱护环境等方面的认知和表现情况
	公民素养	学生在珍爱生命、遵纪守法、诚实守信、团结友善、乐于助人等方面的认知和表现情况
	人格品质	学生在自尊自信、自律自强、尊重他人、乐观向上等方面的认知和表现情况
	理想信念	学生的爱国情感、民族认同、社会责任、集体意识、人生理想等方面的情况
学业发展水平	知识技能	学生对各学科课程标准要求的基础知识、基本技能的理解和掌握情况
	学科思想方法	学生对各学科思想和方法的理解和掌握情况
	实践能力	学生关注现实生活、参加社会实践和志愿服务活动、解决实际问题、进行职业准备等方面的情况
	创新意识	学生独立思考、批判质疑、钻研探究、解决问题的思路、方式、方法等方面的情况

续表

评价内容	关键指标	指标考查要点
身心发展水平	身体形态机能	学生身高、体重、肺活量和身体运动能力等达到《国家学生体质健康标准》要求的情况以及视力状况等情况
	健康生活方式	学生对健康知识与技能的了解和掌握情况,生活与卫生习惯、参加课外文娱体育活动等方面的情况
	审美修养	学生在审美情趣和艺术修养等方面的发展情况
	情绪行为调控	学生对自己情绪的觉察与排解、对行为的自我约束情况,应对和克服学习、生活中遇到的困难的态度和表现情况
	人际沟通	师生关系、同伴关系、亲子关系等方面的情况
兴趣特长养成	好奇心、求知欲	学生对某些知识、事物和现象的专注、思考和探求情况
	爱好特长	学生课余生活的丰富性,在文学、科学、体育、艺术等领域表现出的喜好、付出的努力和表现的结果
	潜能发展	学生在某些方面表现出的突出素质和进一步发展的能力
学业负担状况	学习时间	学生上课时间、作业时间、补课时间、睡眠时间等
	课业质量	课程教学、作业和考试(测验)的有效程度以及学生的感受和看法
	课业难度	课程教学、作业和考试(测验)的难易程度以及学生的感受和看法
	学习压力	学生在学习过程中表现出的快乐、疲倦、焦虑、厌学等状态

2010年至今,以国家教育体制改革试点为契机,上海研制和实施了中小学生学业质量绿色指标综合评价工作。该项探索实际上就是综合素质评价在省域的创新探索。学业质量绿色指标综合评价的内容主要包括学生学业水平、学习动力、学业负担、师生关系、教师教学方式、校长课程领导力、学生社会经济背景对学业成绩的影响、学生品德行为、身心健康和跨年度进步等。学业质量绿色指标综合评价的工具主要有三类。一是学科测试卷。四年级学生参加语文和数学科目测试,九年级学生参加语文、数学、英语和科

学科目测试。二是调查问卷,分为学生问卷、教师问卷和校长问卷三种。学生问卷主要调查学生的基本情况、学习自信心、学习动机、学习压力、对学校的认同度、学业负担、师生关系、对教师教学方式的评价、品德行为等;教师问卷主要调查教师的基本情况、对课程和学校管理的看法、教学观和教师专业发展、教师教学方式等;校长问卷主要调查校长对学校基本情况的了解、办学理念和教育观、学校管理方法、课程领导力。三是体质监测。各学校根据《国家学生体质健康标准》,开展测试,上报数据,包括学生身体形态、生理机能、身体素质等3方面21项指标的内容。

学业质量绿色指标综合评价的结果为改进教育实践提供了其他评价项目所不具备的有价值的证据和信息。总体上,学业质量绿色指标综合评价实践探索已经在区域和学校层面取得了明显成效,帮助学校逐步建立起基于实证数据的持续改进和提升教育质量的有效机制。[①] 合肥市、苏州市、杭州市和银川市等地也开展了类似于上海绿色指标综合评价的本地实验和探索。

中小学教育质量综合评价取得了多方面成效,具体体现在以下四个方面:一是探索并建立了由国家、市县和学校的协同工作机制;二是因地制宜,优化了综合评价指标体系;三是综合评价结果在实验区、学校教育质量诊断和问责等领域得以应用;四是搭建起综合评价数据资源的信息平台。[②] 总的来说,综合评价是一种适合我国教育改革和发展实际需要的行之有效的评价项目,对扭转单纯以学生学业成绩和升学率为依据的办学和人才培养质量评价理念和做法,具有独特的效用和价值。

增值评价

教育学领域中"增值"概念的原初涵义是指学生在受到学校教育影响后,其学业成绩、情感、社会性发展等各个方面在特定时间段的增长幅度,反

[①] 赵雪晶.上海市基础教育质量综合评价的校本化实践探索[J].教师教育研究,2017(05):75-80.

[②] 辛涛,张彩.中小学教育质量综合评价改革的现状与前瞻[J].中国教育学刊,2018(08):37-41.

映了学校教育的关键要素对学生综合产出所贡献的价值增量。由于对学业成绩、情感、社会性发展等比较基点的不同,形成了对增值评价(value-added assessment)概念的两种不同理解。第一种观点基于泰勒"目标—结果"导向评估理论,认为"增值评价"是依据学生成绩增长结果和预期结果之间的差值来对教师、学校等影响因素的效能和贡献度进行评价。[①] 第二种观点认为,增值评价是指学生在学业、生活与职业、情感、社会性发展等方面接受某个阶段的教育后,自身的起点或基础水平有所增进的幅度。[②] 这两种观点都赞同增值评价的比较特点,但第一种观点强调与预期结果之间的比较,第二种观点则强调与"自身起点或基础水平"的比较。预期结果的复杂性、不确定性、游离性等特点,使得实际增长结果与预期结果的比较变得困难。相反,学生的起点或基础水平通过某些方法是可以把握的,这就使得后一种观点被教育界广泛接受。根据目的和客体的不同,增值评价也可以运用于教师、学校的效能评价之中,但最终评价指标离不开学生的成长变化。因此,增值评价的最终目的是为了促进学生的发展。[③]

对于增值评价,学者将其归结为两个特点[④]:一是"增加值",即联系学生的先前基础和最终结果分析学生成绩的变化情况,而不仅仅关注学生的最终成绩,实现"不比基础比进步";二是"净效应",即剔除教育中学生、教师和学校无法改变的因素,仅评估在可以改变的方面做出的努力,实现"不比背景比努力"。增值评价对"增加值"的关注,超越了传统教育评价对教育结果的过分强调。增值评价对"净效应"的关注,使得评价活动聚焦于教育性要素而不是个人背景因素对增加值的贡献。

增值评价体现了发展性评价理念,主要体现在以下三个方面[⑤]。第一,有助于激活后进学生、教师和学校的积极性。第二,有助于提高前端学生、

[①] 韩玉梅,严文蕃,蒋丹.探索增值评价的中国路向:基于美国实践经验的批判性分析[J].华东师范大学学报(教育科学版),2023(02):63—80.
[②] 张亮,张振鸿.学校"增值"评价的内涵与实施原则[J].当代教育科学,2010(10):7—8.
[③] 张亮,张振鸿.学校"增值"评价的内涵与实施原则[J].当代教育科学,2010(10):7—8.
[④] 辛涛."探索增值评价"的几个关键问题[J].中小学管理,2020(10):1.
[⑤] 辛涛."探索增值评价"的几个关键问题[J].中小学管理,2020(10):1.

教师和学校的危机意识。增值评价也可以激活这部分学生、教师和学校的潜能,让他们开展良性竞争,百尺竿头更进一步。第三,通过对低效能学生、教师和学校的问题剖析及对高效能学生、教师和学校的经验挖掘,可以为学、教、管等提供更为有效的策略。从根本上来说,增值评价有助于转移人们对教育的关注点,从过分关注教育的结果转向更关注教育性要素及其对学生成长发展的贡献,帮助学校和教师树立内生的教育质量观。

增值评价肇始于 20 世纪七八十年代的英美等国,近年来在我国逐渐引起了研究者的关注,并从研究走向实践,在北京、浙江、湖南、四川等地落地实施,积累了大量的实践经验,也逐步得到各相关群体的理解与认可。[①] 北京师范大学教育质量健康体检团队与北京市某区合作开展纵向追踪教育质量监测项目,对初中学校进行基于学科能力的学校增值评价,并比较结果评价与增值评价在学校教育质量评价上的差异。分析发现,当使用增值结果来评价学校时,从结果评价关注"表现最佳的学校"的评价理念,转向关注"带给学生助益较大的学校",可以发现每一所学校的实际进步状况,并能大幅降低入学起点、生源因素对学校评价的影响,使得对学校的教育评价更加公平与合理。[②]

但是,增值评价也饱受争议,有关增值评价模型的一致性和稳定性是学界批判的对象。总结而言,增值评价模型的一致性、稳定性问题表现在:一是同一教师群体在不同年度的测评结果波动幅度较大,二是基于不同类型学生测评数据的增值评价结果差异较大,三是不同增值模型可能测算出不一致的增值结果,四是增值评价结果与课堂观察等质性评估结果存在不一致性,五是增值评价结果在区域内和区域间不具有一致性和可比性。[③] 因此,将增值评价结果与问责等高利害性教育决策挂钩时,应谨慎使用。

[①] 辛涛."探索增值评价"的几个关键问题[J].中小学管理,2020(10):1.
[②] 邵越洋,刘坚.增值评价:关注学校为每一位学生的成长助力:以北京市某区教育实证数据为例[J].中国考试,2020(09):40—45.
[③] 韩玉梅,严文蕃,蒋丹.探索增值评价的中国路向:基于美国实践经验的批判性分析[J].华东师范大学学报(教育科学版),2023(02):63—80.

第五章　教育监测评估社会组织

教育监测评估社会组织作为独立于政府与学校的社会组织,承担着教育外部质量保障的重要职责,对于推进管办评分离,构建政府、学校和社会协同的教育治理新格局,促进教育健康发展,具有重要意义。但由于缺失法律法规制度、教育监测评估市场不完全和不成熟等原因,教育监测评估社会组织在理论上是必要的存在,但在现实中却发育、成长缓慢。

教育监测评估社会组织的内涵

教育监测评估社会组织是一种介于政府、社会和学校之间的具有独立地位的法人实体,是通过接受业务委托的形式,对学校的办学能力和教育质量进行价值判断,并以评估结果影响委托人与被评估者决策的一种专门性评估组织[1]。从概念中可以看出,这种组织具有如下特征:一是独立性,包括法律地位上的独立(独立法人地位)和行动选择上的独立,它是保障评估过程和结果客观性和公正性的重要基础;二是专业性,它拥有具备教育评价知识和能力的专门人员;三是中立性,即教育监测评估社会组织位置的相对性,它虽然与学校、政府和社会联系密切,但并不隶属于其中任何一方,在评估中保持价值立场的中立并只对评估结果负责;四是服务导向,在评估业务上是委托代理关系且只向委托方负责,在评估标准等方面体现委托方的价值观,这种服务导向的定位是该种组织持续获得评估业务以谋得生存和持续发展的重要理念指导。

---

[1] 杨晓江,蔡国春.新概念:教育评估中介机构[J].教育科学,1999(03):9-12.

教育监测评估社会组织的发展历程

萌芽期(19世纪后半叶至20世纪初)

教育监测评估社会组织最早出现于19世纪后半叶的美国,最初形态是一种非官方的教育鉴定机构。美国作为一个联邦制国家,在教育管理体制上一直奉行"各州教育事务各州负责"的宗旨,并且联邦宪法明确规定联邦政府不对各州及其高等院校的具体事务(办学宗旨、管理方式、鉴定标准等)做过多干涉,各州学校能够在其职权/职责范围内自主决定办学目标、培养方式、教育理念及课程设置等事项。在此制度及传统的影响下,各州高等院校的办学风格和教育政策各不相同,培养出来的专业人才缺乏统一的质量评价标准,高等院校间难以形成有效的沟通交流,导致行业雇主在雇佣毕业生时得不到关于这些专业人才学力的有效证明,入学者在选择报考学校时也得不到有参考价值的信息指导,大学生因各高等院校间缺乏课程和学分互认机制而转学困难[1]。在此背景下,美国各州及高等院校之间为确定一些共同的标准以检查各州及高等院校的办学状况和教学质量,便自发成立了一些协会。这些协会是民间的、高校的和行业的自我保护或自我管理团体,在承担学校管理职能的同时,还逐步具备对学校或专业进行鉴定的职能[2]。

实际上,这种承担学校管理职能的非官方鉴定机构早在1784年便已出现。当时,纽约为统筹州内高等教育机构的设立、管理和捐赠事务,专门设立了一个具有法人地位的学校评鉴组织——纽约州立大学董事会。作为最早开展教育鉴定活动的非官方机构之一,它在政府和学校间起到一定的沟通作用,具有一定的中介性质。此后,随着美国经济社会的快速发展,以及《莫雷尔法案》的颁布,美国高等教育规模迅速扩大,为保证高等院校的人才供给与市场需求相匹配,美国出现了一批地方性和行业性的教育鉴定机构,

---

① 韩骅. 漫谈美国的高校鉴定制度[J]. 外国教育动态, 1988(05):7—11.
② 杨晓江. 国外高等教育评估中介机构发展轨迹试探[J]. 外国教育资料, 2000(04):39—43.

它们尝试用"一把尺子"来衡量学校，以提供可以比对的参照系。如19世纪后半叶"美国北部大学和中等学校中心协会"运用同行判断的方法对学校进行鉴定，19世纪末"全美教育协会"以及1905年"卡内基基金会"均尝试对高等院校进行排行与鉴定[①]。美国在开展高等教育质量鉴定工作的同时，也在中等教育学校质量鉴定方面做了探索，如1870年美国密歇根州立大学担心本州水平低下的中学毕业生进入该校而影响教学质量，首次组织该校教师对相关生源中学进行检查，并提供质量咨询。

尽管美国具备教育鉴定职能的团体/协会出现很早，但这些早期的非官方团体/协会并非将鉴定作为其唯一职能，甚至算不上主要职能。虽然后来涌现的相关团体/协会逐步增加鉴定职能的分量，但质量鉴定仍未成为主要职能。一些鉴定团体/协会或由于鉴定能力较差，或由于缺乏有效的人力、财力等条件支撑，而遭到学校、社会的抵制，专业化更是无从谈起。尽管如此，这一时期具有中介性质的非官方教育监测评估/鉴定机构已经开始萌芽，并为后来此类机构朝着专业化方向发展奠定了基础。

探索期（20世纪初至二战结束）

进入20世纪，美国经济社会快速发展，加速了美国高等教育的发展步伐，并催生出更多非官方鉴定机构。这一情形的出现主要由于以下三个方面的原因。第一，在资本主义经济运行机制的作用下，高等教育快速扩张导致院校间在招生、培养及就业等方面竞争加剧，通过外部鉴定机构来加强对高等院校质量门槛的控制和把关遂成为一种有效的缓解举措；第二，教育扩张促进了院校间的交流和联系，通过外部鉴定机构来促进不同院校间在课程、学分及学历等方面的互认逐步成为一种共识；第三，为消解《莫雷尔法案》带来的负面影响，即政府对高等院校的控制和干预，以保护高等院校的自主性和独立性，具有保护伞属性的非官方鉴定机构得到高等院校的推崇。在此背景下，各种专门性的教育鉴定机构开始涌现，并在不断的实践探索中

---

① 杨晓江.社会中介教育评估组织研究[D].上海：华东师范大学，1999：19.

朝着专业化的方向发展。

美国大学协会（AAU）是第一个较为正式的全国性非官方鉴定机构[①]。该机构最初并非专司教育鉴定的组织，而是在1905年及1913年收到柏林大学"关于美国大学生攻读高学位的政策"——不接收非AAU所属院校的学生攻读柏林大学——后，才转变成为专门性的鉴定机构。当时，为使更多美国大学及其学生得到国外学校的认可，AAU执行委员会专门建立新的委员会来制定高等院校的准则和分类方法，通过鉴定方式使大学朝着"标准化"的方向发展。1924年，美国教育理事会接过美国大学协会的工作，并通过制定新的鉴定准则来开展院校鉴定工作。

在院校鉴定工作开展的同时，对专业进行鉴定的机构也纷纷出现。与院校鉴定关注学校招生、课程、图书馆、教师等要素以评估学校的办学水平不同，专业鉴定更加侧重对专业教育计划进行更周密的鉴定，以保证学生将来具备专业工作的能力。1907年，美国医学协会下属的医学教育委员会与医学院校协会共同对各医学专业进行鉴定并公布了通过鉴定的专业和所在院校的名单[②]。此常被认为是专业鉴定历史的开端。随后，工程、法律等专业也开始实施专业鉴定工作。

这一时期，类型多样、名目繁多的分支鉴定机构纷纷建立。为保证鉴定结果的可靠性和科学性，它们将鉴定作为工作的重心，并建立了专门且稳固的机构，制定了较为正规的准则、程序与标准。但数量上的增多也带来了一些问题，如鉴定机构无序发展、鉴定机构活动质量和规格较低、鉴定程序不合理以及鉴定标准不灵活等问题。总结来看，这一时期美国的教育监测评估鉴定机构朝着专业化的方向探索与前进，它们不仅在机构设置、准则与标准制定方面做了有益的实践探索，而且将业务重心聚焦于鉴定职能，但这一时期由于缺乏统筹，各鉴定机构各自为政、缺乏联系，总体处于一种自发、凌乱的状态，即处于无序的专业化阶段。[③] 直至1949年，美国才成立国家鉴定

[①] 罗福午.美国的高等教育鉴定[J].高等工程教育研究,1987(02):67-76.
[②] 杨晓江.社会中介教育评估组织研究[D].上海:华东师范大学,1999:21.
[③] 杨晓江.国外高等教育评估中介机构发展轨迹试探[J].外国教育资料,2000(04):39-43.

委员会(NCA)对这些机构进行整顿。

发展期(二战后至 20 世纪 80 年代中期)

第二次世界大战后,世界格局发生重大变化,经济得以快速恢复和发展。在大环境向好的情况下,多国高等教育迎来了跨越式发展,并由精英化阶段进入大众化阶段。同时,教育监测评估的理论与实践逐步体系化与专业化。在此背景下,高等教育规模快速扩张,引起了人们对教育质量的担忧,而通过评估手段来了解教育质量、守住质量底线,成为人们可以期望的保障。教育监测评估社会组织作为承担评估/鉴定任务的重要机构进一步发展,其专业化程度也得到进一步提升。

在美国,由于长期的分权传统,其高等教育成为一个松散、竞争、非中央集权的体系,高等院校拥有较高的自主权和独立性[①]。二战后美国成为世界上高等教育规模最大的国家之一,众多类型的高等院校及多样化的人才培养模式,使得美国的高等院校在办学特色和办学质量上存在较大差异。同时,高等教育规模的扩张带来学生校际、州际流动加剧,院校间学分互认成为需要重点解决的问题之一。在此情况下,来自非官方机构的评估成为一个最优选择,它能有效化解上述问题带来的困扰。在吸取此前教育鉴定机构无序发展的经验教训后,美国教育鉴定机构迎来了快速专业化的发展期。

首先,规模方面,到 20 世纪 70 年代,美国已建立了一个规模化的教育鉴定体系,其中包括 9 个地区性的学校鉴定机构,如中部各州院校协会、西北部院校协会、中北部院校协会等,6 个全国性学校鉴定机构,如私立院校鉴定委员会、全国函授委员会鉴定委员会等,42 个专业鉴定机构,如工程师职业发展委员会。其次,管理机制方面,美国的教育监测评估鉴定机构逐步从无序发展得有序。1949 年,美国成立国家鉴定委员会(NCA)来规范教育鉴定机构的发展,1964 年成立高等教育地区委员会联合会(FRACHE)来负责加强地区性鉴定组织的合作工作。1975 年,国家鉴定委员会和高等教育地

---

① 杨晓江.社会中介教育评估组织研究[D].上海:华东师范大学,1999:22.

区委员会联合会合并,成为一个统一的机构——中学后教育鉴定委员会(COPA)[①]。COPA作为一个民间组织得到了美国教育部的认可,它按照标准对相关鉴定机构进行资格评定,并在鉴定机构间、鉴定机构与学校间发生冲突时充当调解和仲裁的角色,在确保鉴定机构活动质量的同时,保证鉴定机构和谐有序地发展。

二战后出于经济、社会发展的需要,英国在传统大学体系外,建立一大批以应用技术人才为主的多科技术学院,这些新型学院并不能像传统老牌大学(牛津、剑桥等)享受免检的待遇,而必须接受外部的监督与鉴定。由此,英国政府为保证多科技术学院的办学质量,于20世纪60年代初成立了"英国全国学位授予委员会"[②]。该委员会是由政府推动建立的独立机构,并获得皇家特许,它通过对没有学位授予权的学院进行质量鉴定来确定它们是否能够颁发学位。此外,荷兰、日本等国也在二战后纷纷建立本国的非官方独立教育鉴定机构,以保证教育质量,促进教育发展,并在借鉴英美等国经验的基础上进入专业化快速发展的轨道。

总的来看,这一时期教育监测评估鉴定机构的专业化程度与教育监测评估理论的发展与创新息息相关。在教育监测评估理论的指导下,教育监测评估鉴定工作更加科学、合理、客观和公正。这一时期的教育监测评估鉴定机构均是在立法或政府协商的前提下而设立,这就使它们较以往的中介鉴定机构具有更强的独立性和公信力。由此,在评估理论与立法的支持下,教育监测评估鉴定机构进入快速专业化的发展阶段。

改革及成熟期(20世纪80年代中期至今)

20世纪80年代中期以后,世界主要资本主义国家纷纷由精英化高等教育阶段进入大众化阶段,甚至普及化阶段。这一变化带来高等教育经费的扩张,并成为政府扩大行政干预的重要突破口。同时,经济全球化带来的高等教育国际化对教育鉴定机构提出了新的要求,比如与国际接轨。在此背

---

① 熊耕.美国高等教育认证制度的特点分析[J].比较教育研究,2002(09):8—12.
② 陈树清.英国全国学位授予委员会(CNAA)评介[J].外国教育研究,1985(03):20—24.

景下,教育鉴定机构的弊端逐渐凸显,改革势在必行。在教育鉴定机构改革的大潮下,新型的教育鉴定机构逐步进入专业化的成熟阶段。

美国自中学后教育鉴定委员会(COPA)成立后,教育鉴定机构朝着有序专业化的方向快速发展。但在新的时代背景下,它们的弊端逐步凸显,并遭到多方非难[1]。如公众抱怨鉴定机构思想过时,鉴定过程不公开,仅关注投入因素(经费、教师),忽视产出因素(毕业生质量、学生进步);联邦政府对鉴定结果不满意,并通过立法规范鉴定机构的发展;学校对鉴定带来的负担(时间、经历、费用)表示不满。在指责声中,COPA 于 1993 年退出历史舞台,新的鉴定机构应运而生。1994 年 1 月,美国成立了"高等教育鉴定认可委员会",其宗旨是促进、改善和确保高等教育质量,任务是制定评审各鉴定组织的准则、条例、程序和办法,对各鉴定组织进行协调和改进,并公布获得认可的鉴定组织名单。同年 6 月和 8 月,"全国高等教育院校鉴定决策委员会"和"专业鉴定委员会"成立。"全国高等教育院校鉴定决策委员会"主要研究鉴定所面临的问题,并提供相应解决方案。但它在后续发布的报告中有明显的行政依附倾向而遭到强烈反对,1995 年被改组为"鉴定协调委员会"。经过这次改组,美国基本上理顺了教育鉴定机构的发展方向,无论是在鉴定章程、程序、准则、条例、标准方面,还是组织架构及职能方面,均有清晰且合理的规范。尽管之后在机构的设置上有所调整和改变[2],但并不影响教育鉴定机构专业化的快速发展。美国的教育鉴定机构逐步进入专业化的成熟期,成为有着成熟运作体系、操作流程和标准的专业化组织。

除美国外,其他国家同样开启了教育鉴定机构的改革工作。如荷兰作为一个在教育方面中央集权的国家,于 1985 年颁布"高等教育:自主与质量"政策,以期通过政策手段实现"教育质量与办学自主的交换"。在该政策推动下,"荷兰大学联合委员会"和"高等职业教育学院联合会"两个非官方的教育监测评估社会组织得以建立,并负责对相关大学和学院进行鉴定与

---

[1] 毕家驹.美国高等教育鉴定及其管理机制的变迁[J].同济大学学报(人文·社会科学版),1996(01):111-117.

[2] 赵宇新.当代美国高等教育评估历史与制度[J].评价与管理,2012(01):24-30.

评估。英国同样进行了教育鉴定机构改革,并建立了"学术审计组织",以通过引进"财务审计"的模式,对高等院校中负责教学质量保障的组织机构和方法技术进行检查和评议[1]。为消解"学术审计组织"对院校自主权的影响,1992年,英国成立了"高等教育质量委员会",下设质量审计组织、质量提高组织和学分与入学管理组织。此外,法国、芬兰、加拿大等国也纷纷加入改革大军,通过教育监测评估社会组织的专业化来保障教育质量。

教育监测评估社会组织的工作特征

专业的评估标准

所谓评估标准,是指在评估活动中应用于评估对象的价值尺度和界限,能够衡量和判断某个事物的质量、表现或成果,并确定是否达到了预期目标,具有客观性、可衡量性和可验证性等特性。[2] 它既是评估主体在评估活动中开展工作的基本依据,也是评估客体进行自评、自建的参照系与指导原则。在评估活动中,评估标准是活动方案的核心要素,并集中反映出评估主体的价值与意志,表明重视什么、忽视什么,具有引导评估客体向何处努力的作用。由此可以看出,是否能够开发出客观、科学且合理的评估标准,是决定评估活动成败的关键因素,也是判断评估主体或评估代理人专业化水平的重要依据。而评估标准的开发,应遵循开发程序的规范性、标准的科学性和合理性及标准的适用性等原则,并能反映评估领域中的最佳实践。

教育监测评估社会组织作为评估项目的代理人,其专业化的发展离不开评估标准开发的能力。评估标准开发能力的强弱一定程度上决定着教育监测评估社会组织专业化水平的高低。以美国为例[3],在教育监测评估社会组织发展的探索期,教育鉴定机构仅能在比较宽泛的层面上确定鉴定标准,

---

[1] 汪雅霜,杨晓江.英国高等教育质量审计制度的演变[J].大学(学术版),2010(10):85-89+78.
[2] 李冀.教育管理辞典(第二版)[M].海口:海南出版社,2002:259.
[3] 罗福午.美国的高等教育鉴定[J].高等工程教育研究,1987(02):67-76.

如课程总安排、教师学术与教学要求、招生标准、毕业生标准、校舍设备、经费、班级规模、注册人数等，但此时鉴定标准的建立思想是"眉毛胡子一把抓"，并没有侧重点。到发展期，教育鉴定机构开始有选择地确定鉴定标准，如图书数量、办学经费、课程安排等，但这些标准因过于强调投入因素而受到非议。在成熟期，相关教育中介评估机构已具备开发体系化且科学合理的鉴定标准的能力，如工程与技术鉴定委员会（ABET）的鉴定标准 EC2000，包括学生、专业教育目标、学生学习结果、持续改进、课程、师资、设施、学校支持八个方面[①]。同时，在不同的鉴定标准下还包括更加具体的子维度。

专业的评估方法

所谓评估方法，是指对评估对象进行价值判断时所使用的手段和程序，包括问卷调查、质性访谈、现场观察、实验研究等方法。在评估活动中，选择并运用合适的评估方法能够帮助评估主体/代理人客观、准确地了解评估活动的效果和质量，对于评估者检验评估目标的达成情况、改善评估的能力和水平、提高评估的公信力具有重要价值。需要注意的是，评估方法的多样性以及特殊性决定了评估方法的选择与组合是技术性工作，需要兼顾多方面的因素。具体而言，不同的评估方法有各自不同的特点和适用范围，选择时既需要考虑评估问题的性质与评估对象的特征，也需要考虑评估活动的目标及评估条件的局限性与可行性。据此可知，对于一个评估组织而言，是否能够在评估过程中选择并运用合适的评估方法，反映了该组织的专业性以及组织活动的专业性，对于评估组织的专业化发展具有重要影响。

教育监测评估社会组织作为特殊类型的评估组织，同样需要重视评估方法的选择与应用能力，这是决定教育监测评估社会组织获得外部认可并朝着专业化方向发展的重要条件之一。以美国的院校和专业鉴定为例，在教育鉴定组织发展的早期阶段，在评估过程中通常采用"核对清单"的方式进行评估，即采用定量方法对评估标准列出的一系列内容进行对比，然后做

---

① 余天佐，刘少雪.从外部评估转向自我改进：美国工程教育专业认证标准 EC2000 的变革及启示[J].高等工程教育研究，2014(06)：28—34.

出判断。① 这种低技术含量的评价方法对于评估组织的专业化发展助益很小。随着评估理论的发展及鉴定组织专业化水平的提高,定性与定量技术的结合受到鉴定机构的重视,如 ABET 在进行专业鉴定时会进行实地考察,而考察过程中包含周密的方法设计,即针对不同的鉴定事项选取不同的方法,这些方法相互配合,保证了评估结果能获得评估对象及外界的认可②。

专业的评估工具

所谓评估工具,主要指在评估活动中对评估对象进行价值判断时所采用的工具,如调查问卷、试卷测验、问题情景测验、自我诊断测验、行动观察记录表、访谈提纲、评估报告书等③。在评估活动中,评估工具实际上是评估目标、评估内容、评估方法、评估标准和评估数据的载体。因此,评估工具的制定和选择需考虑评估目标、评估内容、评估方法、评估标准、评估数据的分析与解释等因素。忽略任何一个因素均会导致评估工具的科学性和有效性大打折扣,进而影响评估活动的质量和评估组织的公信力。由此可知,评估工具在评估过程中发挥着重要作用。对于评估组织而言,是否具备制定科学、合理的专业评估工具的能力,是判断该组织是否具备专业化的评估能力与水平的重要标准。同时,评估工具开发能力对于提高评估组织的影响力和公信力、推动评估组织内部专业文化建设及增强内部员工专业素养,具有重要价值。

教育监测评估社会组织作为专业性和技术性极强的组织,其专业化的持续发展离不开较强的评估工具开发能力。在世界各国,从学前教育到高等教育,开发科学、合理的评估工具均成为教育监测评估社会组织得到外部认可的重要条件。以高等教育为例,由印第安纳大学中学后研究中心、印第安纳大学调查研究中心和美国高等教育管理中心联合管理的"全美大学生

---

① 毕家驹.美国高等教育鉴定及其管理机制的变迁[J].同济大学学报(人文・社会科学版),1996(01):111-117.
② 朱永东,张振刚.美国 ABET 工程教育专业质量认证研究[J].中国高教研究,2009(12):54-56.
③ 顾明远.教育大辞典[M].上海:上海教育出版社,1998:767.

学习性投入调查"(NSSE)项目之所以能得到广泛认可,并在世界范围内产生热烈反响,关键原因在于从一开始便设计出了一套科学、合理的评估工具,使这个联合组织成为外界眼中的专业化组织。

专业的评估人员

评估人员是指评估领域内具备必要的学科背景、专业知识、专业技能与能力、专业态度与价值观等专业素养的人士,他们能够有效地推动评估工作的开展。一般而言,专业的评估人员能够将其专业素养有效转化为评估实践,如设计评估方案、选择评估方法、开发评估工具、分析预处理数据、撰写评估报告等,并保证评估过程的客观性和可靠性以及评估结果的科学性和有效性。由此可以看出,作为专业人士,评估人员在评估组织中扮演着重要角色,并在评估活动中发挥着关键作用,他们是专业化的评估组织的"名片",也是将评估活动由方案转化为行动及结果的"处理器"。可以说,要判断一个评估组织专业化水平(公信力、服务能力)的高低,看它是否拥有专业的评估人员便可知晓。

教育监测评估社会组织作为独立的第三方评估机构,若想在学校、政府及社会间求得生存与发展,必须通过展示自身的实力标签来获得认可与信任,而专业的评估队伍便是最显眼的标签。在此方面,加拿大、美国和英国等国均通过制定评估人员的准入标准来保证评估队伍的质量,提升评估组织的专业化水平,如加拿大 2009 年制定、2018 年修订的《评价人员专业资格认证方案》[1]、美国 2018 年发布的《评估人员胜任力》文件等[2],均就评估人员的准入条件做了严格的规定。

---

[1] Canadian Evaluation Society. Competencies for Canadian Evaluation Practice[EB/OL].(2018-10-19)[2023-05-08]. https://evaluationcanada.ca/txt/2_competencies_cdn_evaluation_practice_2018.pdf.

[2] American Evaluation Association. Evaluator Competencies[EB/OL].(2018-06-13)[2022-11-16]. https://www.eval.org/About/Competencies-Standards/AEA-Evaluator-Competencies.

有效的管理体系

所谓管理体系,主要指管理系统的内在结构及其运行机理[1]。在组织中,内在结构主要指组织内部机构及岗位的设置,运行机理主要指不同机构及岗位间的组合及相互作用方式。管理系统的内在结构及运行机理均在规章、制度的规范下形成并发挥作用。但需要注意的是,管理体系并非都是好的,只有科学、有效的管理体系才能有助于组织管理效能和运行效率的提高。因此,对于组织而言,有效的管理体系对于组织发展至关重要。有效的管理体系可以概括为:组织内部结构及结构运行的有效化,主要体现在组织结构设置合理、定位准确、运行流畅,不同结构间沟通无碍、相互协作。

教育监测评估社会组织作为专业组织,其评估活动的开展离不开专业的管理体系,这是保证评估活动有序开展、评估目标有效达成的重要保障。当前比较成熟的教育监测评估社会组织均建立了有效的管理体系。以ABET为例,其组织架构包括:最高董事会、四个专业认证委员会(工程、技术、计算机科学、应用科学)、三个理事会(认证理事会、工程咨询理事会、国际事务理事会)、多个特别委员会(选举委员会、财务委员会等)[2]。这些不同的内部机构及岗位职能清晰、定位准确,在组织规章及董事会的协调下能够进行有效的沟通和协作,从而实现组织有序、高效地运行。

教育监测评估社会组织的职能

教育监测评估社会组织作为独立于学校、政府和社会的第三方机构,从产生之日起便被赋予多种期望,并在不断的探索和实践中形成自身的职能定位——信息服务、沟通协调、评估鉴定和监督。

---

[1] 单凤儒.管理机制与管理功效链[J].社会科学辑刊,2003(02):69—73.
[2] 平古.美国工程与技术鉴定委员会[J].高教发展与评估,2010(06):116.

信息服务

信息服务是指教育监测评估社会组织依靠其专业的评估技术和能力为学校办学、政府决策和社会监督提供客观、可靠的信息。处于学校、政府和社会之间的教育监测评估社会组织,若想求得生存和发展,必须具备满足三者需求的能力,这也是它们存在的合法性基础。对于学校、政府和社会而言,有关学校办学水平、专业发展情况、人才培养质量、学生发展及就业情况等方面的信息是它们的共同关注点。但现实中,由于三方立场不同及信息收集渠道和收集方式的差异,它们所获得的信息难以共享,并存在不同程度的局限性,如政府通过行政方式收集的信息容易"被注水",学校通过自评方式得到的有些信息不会向外公布,社会通过非正规方式得到的信息失真等。这种信息不对称及信息本身的局限性,会影响学校发展、政府决策及社会监督的有效性。在此情形下,通过独立的专业性中间组织来收集并发布有关信息,能够有效消除这一弊端,并为相关各方提供所需的真实、客观的信息,真正实现信息的共享、互通。从教育监测评估社会组织的发展历史来看,服务功能是它们产生与发展的重要动因,也是它们存在与发展的合法性根基所在。以《美国新闻与世界报道》为例,它发布的大学排行榜不仅为美国乃至世界高等院校的发展提供了参照系和标准,也为学生及家长更好地评估与选择大学提供了重要信息,还为政府配置教育资源提供了一定的证据。

沟通协调

沟通协调是指教育监测评估社会组织凭借自身"中间人"特殊身份的优势,进行双向的信息沟通,以协调各方之间出现的紧张关系。这具体包括三条路径:教育监测评估社会组织通过其"中间人"身份向政府传递学校和社会的愿望、呼声和建议,同时政府将其教育决策、意见和教育工作安排通过"中间人"传递并贯彻到学校和社会中;社会通过"中间人"将其愿望和建议传递给学校和政府,同时政府和学校也通过"中间人"将教育制度安排、教育改革与办学情况传递给社会;学校通过"中间人"将其需求和办学情况传递给社会和政府,同时政府和社会将其态度与判断通过"中间人"传递给社会。正是在教育监测评估社会组织的多方沟通下,各方的需求得到不同程度的满足,各方之间的紧张关系得以有效协调。对此,有观点称教育监测评估社会组织是协调政府与学校关系的"缓冲器"[①]。需要指出的是,在教育监测评估社会组织产生之初,社会与学校间的沟通协调才是工作的重点,只是随着经济、社会发展,教育投入占政府支出的比重越来越大,这一重点才转移到政府与学校之间。在美国,为缓解政府与大学间的紧张关系,专门的认证组织如 COPA、ABET 等既实现了政府对大学的宏观调控,也满足了大学自主办学的需求。

评估鉴定

评估鉴定是指教育监测评估社会组织作为评估项目的代理人,通过专业的评估人员,运用专门化的知识与技能,对教育情况实施评估鉴定,并作出影响学校、政府以及公民利益的客观公正的结论判断,如学校评估鉴定、学科评估、专业评估鉴定等。在此,评估鉴定工作既可以来自政府的委托,也可以来自学校及社会团体/组织的委托。从英美等国教育监测评估社会组织的发展历史来看,评估鉴定与教育监测评估社会组织的产生发展实际上是相伴相随的。教育监测评估社会组织是在外部评估鉴定需求的催生下出现的,并且这种外部需求在此后教育监测评估组织的进一步发展中逐步成为其核心业务功能,其他功能(信息服务、沟通协调和监督管理)必须依托此功能并在此基础上才能发挥作用。因此,可以说教育监测评估社会组织的发展历史就是一部评估鉴定史。以加拿大"大学与学院联合会"(AUCC)为例,作为一个独立的中介组织,它负责对加拿大的高等院校进行评估与鉴定,并且其评估鉴定功能获得外部认可的重要原因是它具备专业的认证程序、认证标准等技术工具[②],并且通过《评价人员专业资格认证方案》组建了一批专业的评估队伍,能够有效地开展评估鉴定工作。

---

① 张德祥.政府与高等学校之间的"缓冲器"[J].高等教育研究,1995(04):37—41+60.
② 程倩.加拿大高等教育中介组织职能探析[D].保定:河北大学,2006.

监督

　　监督是指教育监测评估社会组织依靠其"中间人"的身份,代表社会、政府和学校等相关方,对学校的办学情况、教育管理部门的权力运行及政策执行情况进行外部监督。从教育监测评估社会组织监督的价值来看,它们能够在有效促进学校改进办学质量的同时,规范教育管理部门的权力运行,提高教育管理部门政策执行的效率和效果,并遏制教育管理部门在教育公共服务中的官僚习气和权力寻租等行为。并且,监督还能够有效促进相关信息在各方之间的流通与传播,在满足社会群体/组织参与教育事务愿望的同时,实现教育管理部门对学校的宏观调控,一定程度上保护了学校的办学自主权。换言之,教育监测评估社会组织的存在,可以避免学校直接暴露于教育管理部门的行政权力之下;同时,通过有组织的力量对教育管理部门进行监督与制约,可以达到"以社会权力制约行政权力"的目标[1]。实际上,教育监测评估组织的监督可以归因于"市场"和"政府"调节的局限性及调节失灵的可能性,前者难以实现公共产品的有效供给与分配,后者容易出现行政无效率及权力寻租等问题。教育监测评估社会组织作为独立的中介机构,能够通过其身份定位对两者进行监督和制约,从而一定程度上消除"市场"和"政府"调节的弊端,实现教育的高质量发展。

我国教育监测评估社会组织的问题

　　教育监测评估社会组织作为舶来品,20世纪末才开始引起我国政府及学界的关注,并进入探索发展阶段。到目前为止,教育监测评估社会组织在我国的探索与发展已20余年,但由于外部环境因素及组织内部自身因素的限制,教育监测评估社会组织在独立性、专业性和服务能力方面存在不同程度的问题。

---

[1] 周光礼.论中国政府与教育中介组织的互动关系:一个法学的视角[J].北京大学教育评论,2006(03):140-154+192.

独立性不够

独立性是教育监测评估社会组织得以生存和发展的重要条件。独立性能够有效保证评估过程与结果的客观性和公正性,有助于教育监测评估社会组织公信力的提升。但现实中,法规体系缺乏、政策供给不足,导致教育监测评估社会组织陷入独立性不够的困境。

究其原因,与缺少相关法律法规有关。法律法规保障,即以立法形式明确教育监测评估社会组织的独立法人地位,是该类组织保持独立性和中介性的根本前提。但当前我国尚未出台过有关教育监测评估组织的专门法律文件,甚至尚未从法律法规层面对社会机构在教育监测评估活动中的主体地位、权利与义务等方面的问题作出过清晰界定[①]。在此情形下,教育监测评估社会组织因缺乏独立的法人地位,无法在政府、高校和社会之间有效发挥沟通、协调的中介功能,具体表现为评估机构在实际评估活动中陷入"师出无名"、不被认可的尴尬境地。尽管政府在《中华人民共和国职业教育法》《中华人民共和国高等教育法》《中华人民共和国民办教育促进法》等法律文件中均提出委托第三方专业机构对教育质量、水平进行评估,但教育监测评估社会组织在此类法规中仍处于边缘化的位置,仅作为政府评估和其他形式评估的一种补充性评估。

政策供给不足也是导致教育监测评估社会组织独立性不够的另一个主要原因。政策供给不足并非指政策缺乏,而是指政策供给与政策需求不匹配,即教育监测评估社会组织发展所需的政策与实际提供的政策间存在错位现象。现有政策难以有效保障教育监测评估社会组织健康、有序和高效地发展,有些政策甚至因为其行政属性而成为组织发展的制约因素。目前,有关社会组织管理的政策名目繁多,除了有关慈善组织和基金会等社会组织管理政策以外,我国已经出台了十多项有关社会组织的通用性管理政策,如《社会团体登记管理条例》(1998)、《民办非企业单位名称管理暂行规定》

---

① 李子彦.教育中介组织参与公共教育治理:功用、困境及路径[J].黑龙江高教研究,2017(03):44—49.

(1999)、《中介服务收费管理办法》(1999)、《民间非营利组织会计制度》(2005)、《民办非企业单位登记暂行办法》(2010)、《社会组织信用信息管理办法》(2018)和《团体标准管理规定(试行)》(2019)等。此外,政府虽然在专门的教育政策中多次提出教育监测评估社会组织的重要性,如《国家中长期教育改革和发展规划纲要(2010—2020年)》(2010)、《中共中央关于全面深化改革若干重大问题的决定》(2013)、《深化新时代教育评价改革总体方案》(2020)等,但此类政策在表述上较为宏观,边界模糊,针对性不强,实施效果难以保障[1]。从政府关于教育监测评估社会组织的政策供给来看,当前并没有针对教育监测评估组织的专门的政策设计,已有的政策多将教育监测评估社会组织作为社会组织的一部分加以统一考量,或在政策中重申教育监测评估社会组织的重要性,并且这些政策间缺乏内在的联系和连续性。此外,这些政策仅在一般层面规定了教育监测评估社会组织登记注册、管理归属等问题,对于更为详细的组织参与限度与边界、经费筹集、监管及问责等问题,并未做明确、具体的规定。政策供给不合理的集中体现是政策保障机制不健全,导致政府相关部门在教育监测评估组织的发展中出现缺位、越位和错位现象,严重阻碍了教育监测评估社会组织的发展。并且,这种不合理的政策供给使得现有的"双重管理"体制横行,导致教育监测评估社会组织主体性模糊,独立性受到局限,中介性功能难以发挥。

　　缺失立法保障使得我国教育监测评估社会组织主要是政策推动的发展模式,而非立法引导下的自然生长模式,呈现出"强行政依附"的特征。这种行政主导的环境带来的往往是教育治理中政府越位以及大学和社会缺位的现象[2],整体的评估市场由政府掌握,学校和社会均以行政权威为标准运行,教育监测评估社会组织整体影响力较弱,难以获得多方的认可和接受。独立性不够带来的连锁反应导致教育监测评估社会组织的中介性被弱化,并被异化为委托方的"传声筒",无法协调不同利益主体的矛盾、满足不同利益

---

[1] 陈厚丰,张凡稷.近十年我国高等工程教育的发展轨迹、困境与路径抉择[J].大学教育科学,2021(05):60-68.

[2] 莫玉音.第三方教育评价的困境及策略[J].上海教育评估研究,2018(02):6-10.

主体的诉求。具体而言,在当前行政权威主导的评估环境中,所谓的教育监测评估社会组织所遵循的是"行政逻辑"而非"市场逻辑"。

专业性不强

专业性和服务能力是教育监测评估社会组织公信力的来源,也是教育监测评估社会组织得以发展的基础性因素。专业性能够有效保证评估结果的科学性和可靠性,服务能力则是它们满足利益相关方需求并获取自身发展所需资源的重要条件,也是教育监测评估社会组织存在的合法性基础。但现实中,由于缺乏专业的评估队伍、资源匮乏、内部治理结构不完善等自身因素,该类组织陷入专业性不强、服务能力薄弱的困境。

教育监测评估社会组织作为依靠专门知识、技术开展评估活动的专业机构,其专业性和服务能力离不开专业评估队伍的支撑。对于教育监测评估社会组织而言,专业的评估队伍对于评估标准的开发、评估方法的选择和评估工具的开发与使用具有重要价值,能够在保证评估过程的客观性、公正性,以及评估结果的科学性和可靠性的同时,满足利益相关方(主要是委托方)的诉求。但现实中,我国教育监测评估社会组织的评估队伍专业能力不足是普遍存在的老问题[①]。

第一,评估机构专家队伍储备不足,质量参差不齐。现实中,多数教育监测评估社会组织缺乏充足、优质的专家资源储备,加之专家库筛选机制不完善,导致组织的业务水平备受质疑。专业服务机构主要依靠行政逻辑而非专业逻辑选择评估专家队伍,这种掺杂着人情与政治的筛选机制导致评估团队良莠不齐,严重影响机构的职业操守、自律精神以及评估的业务水平,造成评估结果缺乏公信力。教育监测评估社会组织在专家的选择上虽然能够在一定程度上避免行政逻辑主导的弊端,但依靠人情与标签(头衔、帽子)的筛选机制仍对评估结果产生潜在的威胁。第二,缺乏专业的业务人员与管理人员。当前教育监测评估社会组织一般规模较小、工资待遇较低、

---

① 蔡敏.关于教育评价专业化的探讨[J].高等师范教育研究,2002(03):34-38.

社会声誉和影响力不足,难以吸引并留住优秀人才。机构现有的人才结构也不尽合理,专业与岗位错配现象严重,难以形成"专业人做专业事"的格局,这在关乎机构核心业务的评估板块更是如此,从而造成机构过于依赖外部专家,组织自身的独立性和自主性被削弱,影响业务水平的提升。此外,教育监测评估社会组织的管理过于依赖作为"领头羊"的创始人,导致机构的管理与规划呈现"点对面"的专制模式。而现实中大多数教育监测评估社会组织的领导者或负责人并非具备专门评估经验、知识和技能的专业人员,他们对评估组织的管理与规划完全基于自身以往管理经验和利益的考量,其业务水平难以获得外界认可,容易使组织陷入发展困境。

资源匮乏

教育监测评估社会组织是非官方的独立社会组织,这一组织定位决定了资源是制约其专业化发展的天然"瓶颈"。当前,教育监测评估社会组织发展所需的资金来源主要有四种:一是政府的财政拨款和补贴(包括优惠政策);二是评估业务委托方的酬劳;三是慈善性收入;四是外部组织或团体提供的赞助或项目经费。[①] 对于不同类型的教育监测评估社会组织而言,受资源制约的情况存在差异。"自上而下"方式形成的教育监测评估社会组织,如省级教育评估院,其资金来源主要是政府拨款和补贴,但由于资金使用的审计权和控制权掌握在上一级政府部门手中,组织财政自主权受到限制,导致此类组织更多地以例行公事的态度行事,并且这种行事风格往往被组织的行政属性所掩盖。[②] "自下而上"方式形成的教育监测评估社会组织,其资金来源主要是委托方的酬劳,但由于此类组织规模小,动员社会资源和筹措资金的能力有限,加之政府对于此类组织的财政帮扶力度不足,政府购买服务机制不健全,以及行政属性加持的"自上而下"教育监测评估社会组织对评估市场份额的挤压,这类组织发展举步维艰,组织

---

① 李子彦.教育中介组织参与公共教育治理:功用、困境及路径[J].黑龙江高教研究,2017(03):44—49.

② 代霞.高等教育评估中介组织生存发展研究[D].长沙:湖南师范大学,2005:24.

运行相当乏力。

　　教育监测评估社会组织作为专业性很强的组织,其专业性和服务能力不仅取决于专业化的评估队伍及管理机制等要素,还取决于组织的行业自律性,包括组织自律及评估人员自律。具有行业自律的教育监测评估社会组织能够遵守评估规则、严守评估规范,不因外部利益诱惑而触碰底线,从而保证评估过程和结果的客观性、科学性和可靠性,并最终实现高质量的评估服务。但现实中,教育监测评估社会组织自律不足已成为一个共性问题。究其原因,在于缺乏保障教育监测评估社会组织行业自律的内外部治理机制。一方面,我国关于教育监测评估社会组织的制度供给不合理,使得教育监测评估社会组织在很多方面缺乏清晰、明确的活动边界,导致教育监测评估社会组织很多时候是在"理性人"而非"道德人"假设的理念下开展评估活动。在此情况下,教育监测评估社会组织的行业自律常常被打破,如组织及评估人员会出于人情、利益置换等因素与委托方或被评估对象达成某种默契,从而实现所谓的"双赢"。有些评估人员由于道德认知水平不高,还会在评估过程中利用自身的专业能力左右评估结果的公正性、客观性和科学性等。另一方面,在行业自律外部保障机制不健全的情况下,教育监测评估社会组织行业自律的内部保障机制同样欠缺。尽管一些组织在内部已经设定了有关行业自律的规定,但此类规定的约束力不足,并缺乏配套的监督与问责机制。此外,很多"自下而上"形成的组织甚至缺乏此类专门规定来保障自身的行业自律,在身处生存困境的情况下,只能通过"越轨"来获取生存资源,而无暇顾及行业自律。

我国教育监测评估社会组织的合法性

教育监测评估社会组织的合法性基础

　　合法性作为一个政治学概念,最初以"自然法"为依据,指向政治权威和权力的正当性或正统性,并表现为被统治者对统治者的无条件承认和服从;

后来,用社会契约来保障被统治者的自然"权利"成为政治权威和权力合法性的主要来源,即统治者的合法性建立在"民意"基础之上。① 由此可以看出,合法性实际上是一种被认可的价值②,即统治者通过满足被统治者的需求(权利、权力)来获得被统治者的认可和服从,被统治者的需求满足是统治者地位合法性得以建构的根基。自20世纪60年代,组织作为具有独立行动能力的法人,在外部环境中的合法性问题受到了管理学领域学者的关注。自此,有关组织合法性的研究日益丰富且成熟。

对于组织合法性,不同学者给出了不同的解释。迈耶(J. W. Meyer)从社会认知角度出发,认为组织合法性是组织获取外部资源的一种手段,并且只有组织的结构和形式符合大众认可的社会观念和制度规范,组织才能具备生存、发展的合法性。③ 奥尔德里奇(H. E. Aldrich)和菲奥尔(C. M. Fiol)提出了二维结构的组织合法性概念,即社会政治合法性和认知合法性④。社会政治合法性具有明显的政治属性,主要关注法律、规范、价值观等在组织合法性获得过程中的作用;认知合法性主要指利益相关者对组织的认知、认同与接受。斯科特(W. R. Scott)等人在整合前人研究的基础上,形成了组织合法性的三维结构:规制合法性、规范合法性和文化-认知合法性。⑤ 其中,规制合法性主要来源于正式的法律、规章等,它利用强制性力量赋予组织"合法律性"的地位;规范合法性来自社会和组织的规范和价值观,并通过激发组织责任感来引导利益相关者主动认可并接受组织;文化-认知合法性是指推动利益相关者以"理所当然的方式"认可并接受组织的力

---

① 王海洲. 合法性的争夺:政治记忆的多重刻写[M]. 南京:江苏人民出版社,2008:1—6.
② 夸克. 合法性与政治[M]. 佟心平,王远飞,译. 北京:中央编译出版社,2002:321.
③ MEYER J W, ROWAN B. Institutionalized Organizations: Formal Structure as Myth and Ceremony[J]. American Journal of Sociology,1977(02):340—363.
④ ALDRICH H E, FIOL C M. Fools Rush In? The Institutional Context of Industry Creation[J]. Academy of Management Review,1994(04):645—670.
⑤ SCOTT W R. Institutions and Organizations: Ideas, Interests, and Identities[M]. [S. I.]: Sage Publications,2013:71—74.

量。萨奇曼(M. C. Suchman)提出了更具综合性的组织合法性概念。[①] 所谓组织合法性,是指在某些社会建构的规范、价值、信仰和定义体系中,一个组织的行为被认为是可取的、恰当的、合适的,且具有合法性的组织更有价值、更可预测和更加可信,也更能获取自身生存、发展所需的资源(政府许可、消费者认可、高素质的员工等)。在萨奇曼看来,组织合法性具有动态性,它既可能增强,也可能减弱,这取决于组织行为的正当性和恰当性。基于此,萨奇曼提出了组织合法性的三维结构:实用合法性、道德合法性和认知合法性。实用合法性建立在组织最直接受众的自利考量之上,即组织获得受众支持的原因在于能够为受众提供特定的有利交换,或组织能够对受众的利益作出积极回应。道德合法性反映了对组织及其活动的积极规范评价。与实用合法性不同,道德合法性是"社会取向"的,它不依赖于对特定活动是否有利于评估者的判断,而依赖于对该活动是否是"正确的事情"的判断。因此,这种合法性就其本质而言是利他主义的。认知合法性是在社会结构中确立了位置的组织被其受众视为理所当然,即受众在充分了解后对组织的主动认可与接受。

由上述概念可以看出,组织合法性实际上是组织通过承担相应责任并自觉履行相应义务,以此来赢得利益相关者的认可与接受。组织获取合法性的过程,是组织寻求社会群体认可或被拒绝的过程。[②] 其中,政府的法律、法规等规制性因素,社会规范、价值观等规范性因素,利益相关者需求能否得到满足等实用性因素,和理所当然的图式(文化共识、象征性符号)等认知性因素,为组织合法性的建立提供持续的能量,并共同构成组织合法性的基础。此外需要明晰的是,规制性因素、规范性因素和实用性因素主要是组织获取合法性的手段,而认知性因素更多地表现为组织合法性获取的结果。规制性因素和规范性因素能够保障实用性因素有效发挥功能,并促进认知

[①] SUCHMAN M C. Managing Legitimacy: Strategic and Institutional Approaches[J]. Academy of Management Review, 1995(03):571−610.

[②] 伯恩斯坦,科尔曼. 不确定的合法性:全球化时代的政治共同体、权力和权威[M]. 丁开杰,等译. 北京:社会科学文献出版社,2011:6.

性因素的发展。认知性因素的发展可以反过来促进实用性因素的发展,并彰显规制性因素和规范性因素的作用。

对于教育监测评估社会组织而言,其合法性可以表述为:在社会建构的规制、规范、价值、信仰和定义体系中,教育监测评估社会组织通过承担应担负的责任,自觉履行相应的义务,从而在满足利益相关者需求的基础上获取利益相关者(政府、委托方和社会公众等)的认可与接受。考查国外教育监测评估社会组织发展的历史可以发现,这类组织的合法性基础与一般组织合法性的基础基本一致,包括规制合法性、规范合法性、实用合法性和认知合法性。教育监测评估社会组织在发展过程中通过政府颁布的法律、法规,采用符合社会规范及价值观等因素的行为方式,满足利益相关者的需求,确立了在社会结构中的合法地位。同时,教育监测评估社会组织在长期的发展过程中对利益相关者产生了潜移默化的影响,利益相关者也理所当然地将教育监测评估社会组织视为社会结构的一部分。由此,教育监测评估社会组织作为评估文化的一部分而被真正认可和接受。

在我国,教育监测评估社会组织起步较晚,整体处于初步发展阶段。虽然在几十年的发展过程中,政府和教育界对于教育监测评估社会组织的重要性已达成共识,但是它们在学校、社会公众等机构和群体心目中的认可度仍旧较低。究其原因主要有三点。首先,缺乏专门针对教育监测评估社会组织的政策法规,导致它们在发展过程中并不具备真正意义上的"合法律性",规制合法性基础不稳。我国虽然制定了多项有关社会组织的政策条例,颁布了多项涉及教育监测评估社会组织的政策及法规文件,但此类政策及法规仅能从一般层面确定教育监测评估社会组织的准入、管理和考核评估等事项,缺乏专门针对教育监测评估社会组织的相关政策、法规类文件,教育监测评估社会组织的法律地位并未真正确立。其次,由于内外部治理机制不健全,教育监测评估社会组织的行业自律性薄弱,难以在社会及组织规范和价值观等因素的要求下承担组织应有的责任,如信息服务、沟通协调和评估鉴定等,规范合法性不足。最后,在规制性合法性和规范性合法性均存在缺陷的情况下,教育监测评估社会组织无论在资源保障方面,还是在人员素养等方面,均存在不同程度的不足,这就导致其服务能力和业务水平难以满足利益相关者(尤其是委托方)的需求,实用合法性不强。认知合法性的建构是在前三项合法性建立的前提下自然生长的结果,在前三项合法性基础均不足的情况下,教育监测评估社会组织的认知合法性便无从谈起。加之认知合法性的建构是一个需要长时间积累和沉淀的过程,而我国教育监测评估社会组织的发展时间较短,因此其认知合法性基本处于空白状态。

如何建构教育监测评估社会组织的合法性

从规制合法性、规范合法性和实用合法性着手来建构教育监测评估社会组织的合法性基础,是符合实际的有效举措。

首先,通过健全政策、法规等来保障教育监测评估社会组织的独立性,进而实现规制合法性。当代社会,经由政策、法规确立的事项方才具有法理意义上的权威性和公信力。政策、法规在赋予组织独立地位和人格的同时,也成为其规制合法性的来源。

可从三个层面着手建构教育监测评估社会组织的规制合法性。第一,以宪法为依据,推进教育监测评估社会组织的立法工作,从而从宪法层面保证教育监测评估社会组织立法的合理性和正当性。第二,在相关教育法规中对教育监测评估社会组织的法律地位、职责权限等做出明确规定,如可在《中华人民共和国教育法》第六章规定:教育监测评估社会组织依法享有独立的法人地位,履行教育监测评估、决策咨询、信息服务等职能。第三,在法规基础上,政府出台教育监测评估社会组织的相关政策,如《教育评估社会组织登记管理条例》,并针对教育监测评估社会组织的设立标准、经费来源、参与限度、监管及问责(审核评估)等作出系统性的安排,从而保证教育监测评估社会组织运行的规范化。

其次,通过完善行业自律的内外部保障机制来落实教育监测评估社会组织的规范合法性。在外部保障机制方面,建立教育监测评估社会组织的认证机制,保证教育监测评估社会组织具备足够的专业能力承担教育监测评估的责任。认证是国家相关部门授权的专门机构依据法律法规、标准和技术规范对产品、服务、管理体系是否满足某种质量标准,出具正式合格评定结果的活动,为外界识别产品及服务质量提供了的重要信号。① 通过认证的教育监测评估社会组织可以向外界释放信号,即经认证的机构具备足够的专业性。此外,获得认证的组织还能够在一定程度上规避以市场利润为目标的投机者进入评估市场。通过认证方式来设置教育监测评估社会组织的准入门槛,能够有效净化评估市场的整体环境,确保"评估人做评估事"。在内部保障机制方面,教育监测评估社会组织明确自身的价值定位与使命追求,制定教育监测评估人员的行为准则并承担教育监测评估的责任。教育监测评估社会组织作为非营利机构,其价值定位和使命追求应聚焦于教育的发展和社会的进步。但现实中,许多教育监测评估社会组织在利益的驱动下成为市场利润的追逐者,忘却了组织本该有的初心和使命。

最后,通过建设专业化队伍来增强教育监测评估社会组织的实用合法性。教育监测评估社会组织通过提供高水平的专业服务来满足利益相关方(尤其是委托方)的需求,利益相关方在需求得以满足的情况下,或提供其生存与发展所需的物质资源,或提供外部认可与接受的非物质资源。这种在"理性人"假设基础上形成的价值交换因其实用主义的内核而成为组织实用合法性的重要来源。一方面,教育监测评估社会组织应依据一定的标准建立专有的专家数据库。专家对于评估机构来说是核心资源储备,决定社会组织业务水平的上限。另一方面,教育监测评估社会组织的专门业务人员决定社会组织业务水平的下限,为此,教育监测评估社会组织应重视专门业务人员的福祉,制定科学合理的薪酬及激励制度。

---

① 中国认证认可协会组.合格评定基础[M].北京:高等教育出版社,2019:118.

第六章 教育监测评估人员专业化

教育监测评估人员专业化既是教育监测评估专业化的核心要义①,也是教育监测评估可持续发展的关键要素。改革开放至今,我国虽积累了丰富的教育监测评估实践经验,建立了不同类型和层次的评估机构和组织,出台了多项教育监测评估的政策条例,但由于在资格准入、专业发展及考核评价等方面制度不健全,我国教育监测评估人员专业化进程难以适应和满足教育监测评估事业发展的需要。

教育监测评估人员专业化的内涵

教育监测评估人员主要指从事教育监测评估活动的专职及兼职人员。人员的专业化是社会分工逐步细化的结果。在社会分工细化的背景下,人们所从事的职业和岗位也在细化,并朝着专业的方向发展。因此,要理解和把握教育监测评估人员的专业化,需首先厘清职业、专业和专业化这三个概念。

在社会学中,职业是指社会分工的产物,并随着社会分工的稳定发展而构成人们赖以生存的不同工作方式②,它具有社会性、稳定性、技术性、经济性和发展性等特征。专业主要有两层含义:一层是教育学中所言的"学科性专业""学术性专业";另一层是社会学的概念,即"职业性专业",也称"专门性职业",它与"学科性专业"有着天然联系,即"学科性专业"为"职业性专

---

① 张继平.学科评估服务"双一流"建设:第三方评估的困境与突围[J].研究生教育研究,2019(02):85—90.

② 郑杭生.中国大百科全书:社会学[M].北京:中国大百科全书出版社,1991:475.

业"提供必要的知识基础①。社会学家卡尔-桑德斯认为,专业是指一群人在从事一种需要专门技术的职业,其目的在于提供专门性服务。②由此可以看出,社会学中的"专业"是指拥有专门知识和技能的特殊职业,并且由于知识与技能的差异性与不可通约性,不同的职业间存在一定的排他性。一个更为一般化的界定是:专业是一种需要通过必要的岗前训练(教育、培训)才能从事的正式职业;训练以提高从业者的智能为中心,包含知识和某些扩充的学问,它们不同于纯粹的技能;专业的主要目的在于为他人服务,而不是从业者单纯的谋生工具,因此从业者获得经济回报不是衡量其职业成功的主要标准。③ 作为专业发展的一般表述,专业化被界定为一个过程,"在这一过程中,一个组织起来的职业通常需要专门、深奥的知识和才能以保证工作的质量和对社会的福利,获得履行特定工作的排他性权利,控制训练的标准和实施对其成员的培训,同时有权评估和决定工作如何进行"④。在此基础上,我国学者赵康完善并提出了判断专业化的六个标准量纲⑤:是一个正式的全日制职业;具有完善的专业组织和伦理法规;具有一个包含着深奥知识和技能的科学知识体系及传授/获得这些知识和技能的完善的教育和培训机制;具有极大的社会效益/经济效益;具有国家特许的市场保护(鉴于高度的社会认可);具有高度自治的功能。

依据这套标准量纲,我国教育监测评估职业尚未完全专业化。第一,评估工作的开展虽然基本依托专业评估机构或组织,但这些机构或组织运行所依赖的伦理法规并不健全。第二,缺乏完善的教育和培训体制。尽管2023年我国新颁布的学位与研究生教育学科目录中已经设立了代码为Y0011、名为"教育测量与评价"的人才培养学科点,但设有该学科点的院校

---

① 周倩.高校科技管理人员专业化建设研究[D].上海:华东师范大学,2006:15—16.
② CARR-SAUNDERS A M. The Professions[M]. Oxford:Clarendon Press,1933:3—4.
③ CARR-SAUNDERS A M. The Professions[M]. Oxford:Clarendon Press,1933:2.
④ FREIDSON E. Professionalism Reborn: Theory, Prophecy, and Policy [M]. Chicago: University of Chicago Press, 1994:62.
⑤ 赵康.专业化运动理论:人类社会中专业性职业发展历程的理论假设[J].社会学研究,2001(05):87—94.

寥寥无几,传授和获得专门知识和技能的教育和培训机制尚不完善。第三,该职业从业者及相关机构尚未具备高度自治的功能。

教育监测评估人员的专业化是指教育监测评估人员依托相关的专业评估机构或组织,持续接受专业教育或培训,主动内化并遵守相关专业伦理与规范,从而实现自身的专业成长与发展,获得专业自主并满足教育监测评估需求的过程。其中,机构/组织是教育监测评估人员专业身份的归属地;专业教育及培训是教育监测评估人员专业发展的动力源;专业成长与发展是教育监测评估人员专业化的具体体现,既包括专业知识与技能等的发展,也包括专业伦理与规范的内化。

教育监测评估人员专业化的发展历程

教育监测评估人员专业化是随着教育督导制度的沿革与完善而不断发展的。在发展的过程中,教育监测评估人员的范围逐步由督导、督学等群体扩展至其他评估机构/组织的专职或兼职评估人员群体。

萌芽期(17世纪40年代至19世纪初)

教育督导制度最早出现于美国。美国作为一个移民国家,自建国起便形成了分权传统。在教育领域,无论是课程安排、教师聘任、教学方式,还是办学经费、外部资助等事项,均是地方性(州)事务。1620年后,随着公共教育不断发展,州政府在公共教育上的开支比重逐步增加,由此催生了州政府对公共教育的监管需求。1647年,马萨诸塞州通过了一个法案,要求每50户以上的居民点应出资聘请教师,教授学生读、写、算;每100户以上的居民点还应设立文法中学。为保证并推进这一法案的实施,市镇委员会聘请相关教师来负责学校的督导工作。由此,以监督和视察为主要职责的教育督导人员开始出现。由于这一时期教会力量很大,因此督导的重点在于"确保教师有成熟的宗教和道德信仰"。18世纪,随着公立教育进一步发展,学校督导队伍的人员构成和工作内容也发生了相应的变化,具体体现在以下两个方面。一方面,在人员构成上更加多元,并且督导人员有了自己的组织归属。1709 年,波士顿地区成立了由牧师、市镇委员和市民代表组成的"学校委员会",以前以教师为主体的松散的督导队伍被取缔。另一方面,在工作内容上更加具体、多样。新成立的督导团队不仅关注教师教学是否符合宗教教义,而且走访学校,视察校舍,考查学生的学习情况。[①] 在美国,这一督导体制一直延续到 19 世纪 50 年代,在公立教育发展中发挥了重要作用。

总结来看,尽管这一时期教育督导人员开始出现,但由于殖民地时期学校发展整体处于起步阶段,学校督导活动实际上非常有限。在此情况下,督导人员的发展距离专业化还有很大一段距离。首先,这一时期学校督导工作主要由非专业人士承担,并且人员的来源因没有相应的准入门槛而显得比较随意。其次,督导人员并没有专门的组织领导机构,而是在一个拼凑而成的委员会中从事督导工作。最后,此时的督导工作主要为监督和视察学校的教师教学情况,属于上级对下级的行政监督,其中并没有专门的知识和技术含量,更多是靠督导人员的经验和主观感知。但需要承认的是,这一时期在督导人员结构、归属和工作内容上的考量还是为督导人员专业化发展的正式起步做了一定的探索和准备。从全球范围看,直至 19 世纪初,法国和英国等国家专业督导制度出现,教育监测评估人员才真正进入专业化发展的轨道。

探索期(19 世纪初至 19 世纪中期)

在资本主义快速发展的大背景下,一些国家纷纷进行教育上的革新,它们通过立法或行政主导的方式确立教育督导制度,探索督导人员的专业化发展路径,以此来规范并推动教育的发展。其中,法国的改革最为彻底,英国和美国紧随其后。

法国在资产阶级革命前,国内教育主要由教会或民间团体来举办,通过政府建立督导制度来规范教育的主张难以推行。1802 年,拿破仑政府颁布

[①] 曾德琪. 美国教学督导的历史发展及其作用之演变[J]. 四川师范大学学报(社会科学版),1995(03):89−96.

《国民教育总法》,确立了中央集权的教育管理体制,并以此推进了教育督导制度的正式建立。该法明确规定了总督学的设置、任命和职责,即总督学由政府任命,主要工作是确立教育方针、制定教育大纲和全面督导教育机构。① 同年7月,由政府任命组建了第一批由3人组成的学业督学团队。1804—1808年,又相继任命了法律学校总督学、帝国大学总督学和学区督学。并且,1808年法国关于初等教育的法案进一步规定了总督学及学区督学人员的数量和任命方式,并对不同督学的工作内容和方法做了进一步说明。② 这一时期,尽管教育督导制度已正式确立,但并没有常设的专门机构,直到1835年在教育大臣基佐的领导下这一问题才得到解决。此外,在基佐的主持下,教育部又下令在每省设一名负责初等教育的省督学。至此,法国基本形成了总督学、学区督学和省督学三级教育督导体系。总体来看,这一时期法国基本建立了教育督导体系的雏形,并开始探索教育督导人员的专业化发展路径。首先,在督学人员的任命上设置了相应的学历标准,以此保证督学队伍的高素质。1830—1848年任命的总督学中有博士学位的占26.3%,毕业于高等师范学院的占34%。其次,督学的任务不再仅局限于简单的监督和视察,还要将督导的结果以专门调查报告的形式呈现,这对督导人员的能力提出了新的要求。最后,督导工作开始细化分工,出现了不同类型和不同层次的督学团队,如学业总督学、法律学校总督学、帝国大学总督学,以及三级督导体系。但需要指出的是,这一时期法国教育督导制度仍有待完善,教育督导人员的专业化还有很长的路要走。

在法国建立教育督导制度的同时,美国和英国也相继开始探索并建立专门的教育督导制度。在美国,早期的"学校委员会"并非专门的组织领导机构,导致它们在实际运作中因人员的非专业性、结构的松散性而陷入困境。为此,美国一些地方开始探索建立专门的领导机构来统筹这一工作。1812年,纽约州最先设立州主管教育行政机构,并首次设置了州督学来协调

---

① 肖甦.世界主要国家教育督导的历史与现状:基于21世纪国际比较的视野[M].太原:山西教育出版社,2019:74.
② 涂文涛.教育督导新论[M].北京:人民教育出版社,2015:72.

和管理教育事务,州督学一般通过人民选举产生或州教育委员会/州长任命产生。截至1861年,共有19个州设立了教育行政专门机构。此外,这一时期由于"学校委员会"所承担的工作过重,通过额外聘用专职督学人员来分担其工作成为一个不错的选择。于是,一些城市的学校委员会开始聘任专职督学人员来分担工作。在英国,教育督导制度的建立始于19世纪30年代。与法国通过立法来确立教育督导制度不同,英国的督导制度是政府行政运作的结果。1839年,为解决公共教育经费支出未得到有效利用的问题,英国政府专门设置了"枢密院教育委员会",并任命了两名皇家督学来管理、监督学校的教育事务,这标志着英国教育督导制度和皇家督学队伍的诞生。并且,为保证督导工作的质量,皇家督学人员的选聘具有较为严格的标准。他们均是由女王根据枢密院的决议亲自予以任命,所选人员需要具有高学历[①],掌握一门及以上的专业,并拥有丰富的教育经验,对教育存在的问题和弊端有敏锐的洞察力,能够解决实际问题[②]。由此可以看出,英国教育督导团队从一开始就在探索专业化的发展路径。

总结来看,这一时期不同国家根据自身实际情况进行了教育督导人员专业化的探索,并取得了一定的进展,如在人员所属机构、职责、选聘/任命标准等方面做了相应的制度化规定。但由于处于初步探索期,教育督导人员的专业化整体仍处于起步阶段,并存在诸多问题。首先,人员选聘/任命标准除学历外,其他条件较为模糊,在实践中操作性不强。其次,督导人员工作缺乏相应的标准参照,导致督导工作更多的是依靠个人的经验和感知,而不是依靠充分客观的证据来开展。最后,由于督导工作的细化分工程度不够,督导人员的工作负担相对较重,工作质量和水平难以提升。

发展期(19世纪中期至二战前)

前一阶段的探索为后续教育督导人员专业化的发展奠定了良好的基础。随着资本主义政治、经济和社会的进一步发展,教育督导制度得到了更

---

① 马丽娟.20世纪90年代以来英国教育督导制度的改革与借鉴[D].保定:河北大学,2004:5.
② 涂文涛.教育督导新论[M].北京:人民教育出版社,2015:68.

多的关注,教育督导人员专业化迎来了重要的发展期。

法国作为中央集权教育体制的代表,依靠行政力量快速推进教育督导制度的发展与完善,有力促进了教育督导人员专业化发展的进程。1852 年起,教育总督学改为由教育部部长提名,共和国政府颁布任免令,并且在各级教育部内设立独立的督导机构。① 这一举措在提高教育督导政治地位的同时,进一步促进了督导体系的完善。1854 年,国民教育总督导处成立,在发展过程中逐步摆脱了行政控制,成为以学科为划分依据的专门督导机构。② 督导队伍也开始按照学科专业进行细化分工,由此形成了一批专业性更强的督导团体,如外语教学总督导、音乐课总督导、艺术课总督导等。19 世纪 80 年代起,由于工作性质存在差异,学科督导与学校其他工作的督导开始分离,并出现了一些新的督导团体,如经济总督导、图书馆总督导和文献总督导等,这标志着督学与督政分道扬镳,督导工作更加细致,督导团队分工更加专业化。尽管此后两次世界大战阻碍了法国教育督导制度的发展,但由于政府高度重视,教育督导制度还是有一些积极的变化,如政府对原有督学岗位进行了调整,增加了一些新的督学岗位,如初等小学教育总督学、体育总督学等。1914—1939 年,法国教育总督导体制中共设立了 9 类总督导和总督学。③

19 世纪 50 年代开始,美国也开始注重教育督导制度和人员的专业化发展。19 世纪中期,一些城市的"学校委员会"通过聘用专职人员来分担督导工作。后来,这些专职人员成为"学校督导长",负责学校教学工作的督导。教育督导功能不再局限于视察、监督,更要提出改进意见,以往由教会人员、家长和公民委员会代表组成的督导团队不再能胜任学校的督导工作,以更加专业的教育管理人员(学区区长、校长)为代表的群体成为督导队伍的中坚力量。1850 年,教育督导人员中又增加了学区一级的主任、科长、学校内

---

① 苏君阳.教育督导学[M].北京:北京师范大学出版社,2012:54.
② 郑淼.法国教育督导制度特征及启示研究[D].西安:陕西师范大学,2021:26-27.
③ 谢延龙.法国教育督导制度及其启示[J].世界教育信息,2004(1,2):26-30.

的骨干教师等专业人员,充实了督导队伍的结构。① 并且,这一时期由于"科学管理运动""人际关系运动"等兴起,教育督导工作开始依据一定的理论开展,教育督导人员也纷纷变身成为相关理论的"信徒",以此保证督导工作的质量和效率。在英国,教育督导队伍在延续之前严格的选聘/任命标准外,还通过督导体系的完善得到进一步的专业分化。19世纪70年代,英国的皇家督学团进一步发展,划分为8个大区,由8名高级督学分别负责,每个大区划分为8—10个分区,由82名分区督学和72名助理督学负责。② 1902年,政府颁布《巴尔富法案》,将中等教育纳入督导范围内。在此法案推动下,皇家督学团改组,下设初等、中等和技术教育三个部门,督导工作朝着更加专业的方向发展。1904年后,英国政府又在教育科学部设督导司,负责全国教育督导工作;在地方一级设置各郡、市教育视导处,负责辖区内教育督导工作。③ 至此,英国中央和地方两级教育督导体系得以确立,教育督导人员专业化也正式进入发展的"快车道"。

总结来看,这一时期,各国教育督导人员均朝专业化的方向发展,并呈现如下特征:首先,督导的地位和待遇得到了提升;其次,督导人员的工作分工更加专业化;再次,督导人员开始在相关理论而非经验/感知的指导下开展工作;最后,督导的队伍更加壮大。但这一时期,专门的评估理论与实践刚刚起步,督导工作仍缺乏相应的标准参照,督导人员也缺乏相应的教育与培训体系,督导人员的专业化水平仍存在巨大的发展空间。

改革期(二战后至今)

二战后,世界各国均期望通过提高教育质量来推进重建工作,教育督导作为保障教育质量的重要外部手段受到高度重视。在此背景下,各国纷纷进行督导体制改革,以期通过专业化的督导制度来促进教育质量的提升。

英国的督导体制改革始于《1988年教育改革法》出台。该法规定在全国

---

① 苏君阳.教育督导学[M].北京:北京师范大学出版社,2012:54.
② 王为民.中英教育督导制度发展比较研究[D].开封:河南大学,2008:28—29.
③ 涂文涛.教育督导新论[M].北京:人民教育出版社,2015:65.

范围内统一课程和国家测试,这为建立全国统一的督导标准、实现定期督导奠定了法律基础。《1992(学校)教育法》标志着英国教育督导体制改革正式拉开帷幕。该法明确规定,对英国所有公立学校进行定期监督,同时对督导机构、人员、过程和报告等一系列问题进行了进一步的说明。[①] 这一举措改变了英国以往没有统一的督导标准,也没有严格的法定督导程序,督导往往无章可循、工作涣散,各地方进行督导次数悬殊,提交的督导报告也不尽如人意的状况[②]。1993年,英国成立教育标准局,取代先前的皇家督学处。教育标准局的主要工作是制定评价标准和有关政策及计划,监督督导工作质量,制定并监督督学培训计划。[③] 至此,英国基本建成了较为成熟的教育督导体系,教育督导人员也基本达到了专业化的水准。

  法国教育督导制度改革主要发生在20世纪七八十年代。在此之前,法国教育督导体制进行了一些调整,为后续的改革奠定了一定基础。如1964年,在地方一级设置了地区教育督学,并与学区督学共同完成督导工作;1968年,在国家一级将中等教育总督导按照学科(数学、物理、历史等)分为七个机构。[④] 20世纪70年代开始,法国通过立法和行政方式不断推进教育督导制度改革。如1972年、1975年颁布的《国民教育视学官的特别地位》和《公共教育总视学组织》,对各级视学官的职责进行了重新界定。再如,1980年公共教育总督学正式更名为国家教育总督学,并按专业组建督学团队。此后,《国民教育总督学特别章程》(1989)、《地区－学区督学和国民教育督学特别章程》(1990)相继颁布,将改革推向了高潮,法国教育督导制度进入新的历史阶段,督导人员的职责范围、工作程序等具有了法律依据。至此,法国基本形成了较为专业化的督导制度,拥有较为专业化的人员队伍。

  美国这一时期也进行了一些改革来推进教育督导制度的发展,在督导

---

① 李素敏.教育督导学[M].保定:河北大学出版社,1996:80—94.
② 肖甦.世界主要国家教育督导的历史与现状:基于21世纪国际比较的视野[M].太原:山西教育出版社,2019:74.
③ 苏君阳.教育督导学[M].北京:北京师范大学出版社,2012:54.
④ 肖甦.世界主要国家教育督导的历史与现状:基于21世纪国际比较的视野[M].太原:山西教育出版社,2019:75.

人员专业化方面主要有两个特点：一是进一步强化专业人士在督导中的作用，如督导队伍中增加了具备专业学科背景的主任；二是督导人员的工作开始依托专业的评价理论和专门的标准开展，如督导人员通常采用决策导向评价模式（CIPP 模式）、目标游离模式等专业评价方法开展督导工作，这表明督导人员不仅需要具有学科专业背景，还要具备一定的评价知识和技能储备。

在教育督导人员专业化发展的同时，其他教育监测评估组织中评估人员的专业化也在这一时期开启。具体而言，不同的教育监测评估组织均形成了自己的培训体系、评估程序和评估规范等，以准入标准来选拔专业的评估人员成为评估组织的首要选择。对此，英国和美国自 20 世纪 80 年代便通过制定评估人员准入标准来推进评估人员专业化发展，美国在 1992 年、2018 年发布《评估人员指导原则》《评估人员胜任力》等文件。此外，加拿大紧随英国和美国，在长期探索中率先形成较为专业且具操作性的《评估人员专业资格认证方案》，有力推进了评估人员专业化的进展。

总的来看，这一时期各国均通过改革促进了教育监测评估体系的发展与完善，形成了一套包括机构设置、人员准入标准和培训、评估程序和标准等在内的专业运作体系，有力推动了教育监测评估人员专业化的进程。但迄今为止，教育监测评估职业仍然未能达到完全的专业化。首先，缺乏专门的学科/专业支撑，在专门评估人才培养上存在一定的不足；其次，评估人员培训体系看似完整，但往往流于形式；再次，由于评估工作的非连续性，一些兼职评估人员难以做到专业化；最后，很多国家的评估人员准入标准看似科学，但往往陷入难以操作的困境。

教育监测评估人员专业化的特征

知识专业化

知识专业化是指从事评估工作的专业人员应具备专业的学科知识和评估知识，这是保证评估人员专业化发展的基础要素和先决条件。在一种职业向专业发展的过程中,专业知识一直扮演着重要角色,因为不同专业领域中的知识具有一定的不可通约性,由此带来了不同职业间的排他性特征,专门的职业领域开始出现。实际上,自中世纪"专业"一词出现之时,它便意味着"某一职业的从业者相较于其他人具有更多的知识"[1]。并且,这种知识随着生产力的发展、社会分工和知识分工的加剧,变得越来越专门化。对此,有学者指出,"占有高深的专门知识是专业的本质属性,知识赋予了专业所有的特殊性和特权的可能"[2]。在此基础上,诸多学者在论述专业时,均将"系统和明确的知识体系"视为专业最重要的特征之一[3],它是区别专业与非专业的关键标准。对于教育监测评估人员而言,评估活动的专业性和技术性预示着评估是一项高门槛的工作,要求从事该项工作的人员具备相应的专业知识。具体而言,主要包括两方面的知识:一是关于国家教育方针、政策、法规等方面的知识;二是具有相关的学科专业知识以及教育监测评估方面理论、技术等知识。从教育监测评估人员专业化的历史来看,自各国教育督导踏上专业化发展的道路后,知识就开始成为它们选聘/任命人员的重要标准。如探索期期间,英国皇家督学的任命便将"高学历、掌握一门及以上的专业、拥有丰富的教育经验"作为重要的标准。法国也通过高学历(高深知识)选拔的方式来保证督导队伍的高素质。

技能和能力的专业化

技能和能力的专业化是指从事教育监测评估活动的专业人员应掌握并能够熟练运用评估所需的专门技术与相关能力。所谓技能,主要是指个人运用相关知识和经验从事某项工作或任务时应掌握的方法和技术层面的素养,是认知和行为活动的结合体[4]。能力更多地指向个体成功解决某种问题

---

[1] 威廉斯.关键词:文化与社会的词汇[M].刘建基,译.北京:生活·读书·新知三联书店,2005:172.
[2] 王军.论教学专业的理论解释:基于"专业主义"视角[J].教师教育研究,2015(06):8—14.
[3] 曾荣光.教学专业与教师专业化:一个社会学的阐释[J].香港中文大学教育学报.1984(02):23—41.
[4] 顾明远.教育大辞典:第1卷[M].上海:上海教育出版社,1990:147.

所表现出来的良好适应性的个性心理特征,在问题解决过程中主要体现为运用和操作知识的动力[①]。由此可以看出,技能和能力以知识为基础,是知识在实践情境中的具体运用。在一些专门职业的能力素质模型中,如胜任力模型、麦克利兰素质模型中,技能和能力一直是重要的组成部分,它们共同构成了某一职业的专业化。教育监测评估人员应具备如下评估技能——明确评估目标和方向、制定评估方案和标准、开发评估工具和撰写评估报告等;在能力方面应具备情境感知能力、逻辑思维能力、组织管理能力和学习研究能力等。

行为规范专业化

行为规范专业化是指从事评估活动的专业人员在评估过程中所应具备并坚守的专业规范和道德标准。行为规范能够在有效保障公众利益的基础上维护评估人员的专业声誉,使评估人员专业化朝着健康、有序的方向发展。在评估实践中,这些规范是教育监测评估人员的重要行为准则,是否具备专业化的评估规范,既是判断评估人员是否专业的重要伦理标准,也是判断评估人员专业化的方向是否正确、专业化的状态是否健康的重要指标。缺少行为规范约束的专业化是无序的专业化,也是带有重大隐患的专业化,会对评估人员的专业化形成巨大反噬。纵观世界各国教育监测评估体系的专业化建设,专业行为规范的建设相对滞后。从目前各国教育督导人员的准入标准来看,英国仅关涉督学人员的个性品质(亲和力和耐心),美国和法国在此方面并没有作相应规定。但在督导人员之外,英国、美国和加拿大等国家对评估人员的行为规范做了明确规定。如美国1992年发布的《评估人员指导原则》就明确指出评估人员应具备"公正廉洁与诚实的品格、尊重他人的职业素养、对社会与公众利益负责的职业道德"[②];加拿大在1988年专

---

① 褚宏启.中国教育管理评论:第3卷[M].北京:教育科学出版社,2005:249.
② Amercian Evaluation Association. Guiding Principles for Evaluators[EB/OL]. (2004-07-19)[2022-11-16]. https://www.eval.org/Portals/0/Docs/gp.principles.pdf?ver=YMYJx_4-pquvpjg6RgNkeQ%3d%3d.

门制定并颁布相应的道德行为准则,以此来规范评估人员的行为。此外,加拿大还在《评估人员专业资格认证方案》中进一步将教育监测评估人员所应具备并遵守的行为规范进行操作化,以防止规范流于形式。我国 2006 年印发的《国家督学聘任管理办法(暂行)》对此做了更为具体的说明,如"坚持原则、办事公道、品行端正和廉洁自律"[①],2016 年印发的《督学管理暂行办法》更是将此类规范作为督学解聘的重要依据。

培养体系专门化

培养体系专门化是指为保障教育监测评估人员专业发展而建立的一套专门的培养体系,其中既包括高等教育阶段关于教育监测评估人才的专业培养体系,也包括相关教育监测评估组织针对所属评估人员(评估新手、评估专家)所建立的一套专门的培训体系。专门化的培养体系是保证评估人员在不断变化的环境中持续增强自身评估素养的重要支持系统。经过专门化培养体系的训练,教育监测评估人员能够明确自己的专业身份,增强评估方面的知识储备,掌握评估方面的专业技能,形成评估方面的专业及道德规范,从而真正成长为一名合格的教育监测评估专业人员。专门化的培养体系对于评估组织而言,就相当于高效的人力资本投资机器,能持续地为评估组织输送高素质的评估人才,从根本上解决评估队伍素质参差不齐的状况。现实情况中,由于缺乏评估学科/专业,正式的教育系统对于教育监测评估人才的供给相对有限。从世界各主要国家督导制度的发展过程可以发现,督导人员培训是督导体系的重要组成部分,有力推进了督导人员的专业化进程。以英国皇家督学为例,若想获得中小学督学资格,参加选聘的人员要经过几个月的专门培训,才能参加教育标准局的资格考试;在录用后,相关人员还要参加一段时间的入门培训和见习;对于独立督学而言,则要参加教

---

① 中华人民共和国教育部.教育部关于印发《国家督学聘任管理办法(暂行)》的通知[EB/OL]. (2006-07-01)[2023-05-23]. http://www.moe.gov.cn/srcsite/A11/s8390/200607/t20060719_178994.html

育标准局要求的每年一周的业务培训。①

教育监测评估人员的职责

教育监测评估人员作为评估活动的具体操作者，在评估过程中发挥着关键作用。教育监测评估人员在专业化发展过程中，逐步形成了较为明确的职责——评估方案设计、数据收集与分析、监督与反馈等。

评估方案设计

评估方案设计是指从事教育监测评估的专业人员运用其专业知识（学科知识和评估知识）和经验设计科学、可行的评估活动整体方案。具体而言，评估人员需要围绕评估活动的性质和目标来确定评估活动的主体、对象、目的、方法、工具和标准等要素，并且评估活动的标准常常需要在政府/专业组织相关标准的基础上进行进一步开发。专业的评估方案是保证评估过程能够有序、高效开展的重要前提，也是保证评估结果客观、可靠的重要基础。由于评估方案设计需要从全局视野出发，涉及诸多因素，因此评估方案设计一般由资深的专业评估人员或评估团队负责，而具备评估方案设计能力便成为评估人员高度专业化的重要体现。初入评估领域的人员实际上很少参与全局的评估方案设计工作，更多的是参与评估方案中某一环节的设计，如评估工具或标准开发、评估方法与流程设计等。因此，评估新手是评估方案的执行者，只有经过不断的理论积累和实践锻炼才能成长为成熟的专业化评估人员。在评估人员专业化程度较高的国家，评估方案设计能力已成为评估人员准入的重要考量标准，如加拿大在《评估人员专业资格认证方案》中明确规定，评估人员需具备"评估方案开发的技术实践能力"。②

---

① 苏君阳.教育督导学[M].北京:北京师范大学出版社,2012:45—46.
② Canadian Evaluation Society. Competencies for Canadian Evaluation Practice[EB/OL].（2018-10-19）[2023-05-08]. https://evaluationcanada.ca/txt/2_competencies_cdn_evaluation_practice_2018.pdf.

数据收集与分析

　　数据收集与分析是指从事教育监测评估的专业人员运用多种方法，如观察、访谈和问卷调查等，收集学科建设、教学质量、学生学习结果和教育资源利用等方面的客观、真实数据，并通过相关统计分析工具对数据进行汇总、处理和解释，以从中提取有意义的信息和结论。在评估活动中，数据收集与分析功能在评估活动中扮演着重要的"中介角色"，它既是评估方案落到实地的重要媒介，也是评估目标得以达成的重要抓手。科学的数据收集与分析过程，能够有效保证评估过程的客观、公正和评估结果的科学、可靠。对于教育监测评估人员而言，是否具备专业的数据收集与分析能力，是判断其专业化程度的基本标准。对此，世界主要发达国家在其评估人员准入标准中，将数据收集与分析能力作为一个重要指标。例如，美国1992年发布的《评估人员指导原则》文件中明确提出，评估人员应具备系统化收集数据的能力[1]；加拿大在《评估人员专业资格认证方案》中提出，评估人员应能够确定评估数据的需求、来源和采样，使用适当的方法收集、分析和解释数据[2]。此外，英国2014年构建的"科研卓越框架"中，将数据收集与分析作为评估人员应具备的基本评估素养。

监督与反馈

　　监督与反馈是指从事教育监测评估的专业人员在评估过程中按照评估标准对评估对象所处状态进行监视、督促和管理，同时根据数据处理与分析的结果将评估对象存在的问题与做出的成绩进行有效反馈。在评估活动中，专业且有效的监督与反馈能够有效提高评估活动的质量，促进评估对象

---

[1] Amercian Evaluation Association. Guiding Principles for Evaluators[EB/OL].（2004-07-01）[2023-05-25]. https://www.eval.org/Portals/0/Docs/gp.principles.pdf?ver=YMYJx_4-pquvpjg6RgNkeQ%3d%3d.

[2] Canadian Evaluation Society. Competencies for Canadian Evaluation Practice[EB/OL].（2018-10-19）[2023-05-08]. https://evaluationcanada.ca/txt/2_competencies_cdn_evaluation_practice_2018.pdf.

的自我完善与发展,从而赢得利益相关方,尤其是评估委托方的认可,提升评估人员的公信力。专业的监督与反馈工作是教育监测评估人员专业化的重要判断标准。需要注意的是,监督与反馈功能的发挥并不是孤立、随意的,它需要评估人员在评估过程中遵循公正、客观、准确的专业规范和负责、专注、自律的道德规范,唯有如此才能保证监督与反馈的科学性和有效性。实际上,监督与反馈和教育督导制度是相伴相随的,监督与反馈的需要催生了教育督导制度,教育督导制度的发展又进一步完善了监督与反馈机制。以法国为例,法国设立了总督学,总督学的职责是从宏观上监督和评估国家教育制度,并对教育类型、教学内容、教学大纲、教学方法、教学程序和实施方式进行评估、监督和反馈等。[①]

我国教育监测评估人员专业化发展的困境

教育监测评估活动的高度专业性和技术性,要求从事评估活动的专业人员具备较高的专业素养和专业自主权,它们既是衡量教育监测评估人员专业化程度的重要依据,也是教育监测评估人员通过高质量的评估获得利益相关方认可的重要条件。由于外部制度因素和内部人员结构因素的制约,我国教育监测评估人员专业化发展并不令人乐观。

资格准入制度不健全

任何一个专门职业都有其领域特有的知识、技能等门槛,这些特有的知识和技能等门槛因素促成了不同专门职业间的不可通约性,成为想从事此项工作的人员所需达到的准入前提/标准。教育监测评估作为一个技术性和专业性极强的专门职业领域,更加离不开科学且严格的人员准入标准。对于教育监测评估而言,严格的准入标准是开启评估人员专业化的"钥匙",也是保障评估质量、提升评估人员专业权威与公信力的重要抓手。对此,英

---

① 苏君阳.教育督导学[M].北京:北京师范大学出版社,2012:58—59.

国、法国、美国和日本等发达国家通过制订严格的评估人员资格准入制度来保障评估队伍的质量和水平。例如,英国通过制度安排设定了六条皇家督学人员准入标准,主要聚焦于学历背景、教学经验和能力、个性品质和写作技能等方面。法国则在年龄、职称、经验和学历等方面作了规定。[1] 并且,为保证资格准入标准不流于形式,英、法等国还通过公开且严格的竞试制度来确保督学人员符合准入标准。在督学人员之外,加拿大还专门制订并颁布了覆盖所有评估人员的《评估人员专业资格认证方案》,以此来推进本国评估人员的专业化。我国同样在教育督导人员资格准入方面做了相应规定,如 2012 年国务院发布的《教育督导条例》[2]和 2016 年教育部印发的《督学管理暂行办法》[3]均对督导人员的资格准入做了相应规定,并主要聚焦于年龄、坚持教育方针、熟悉国家法律法规及政策、专业及道德规范、学历及教学经验、评估知识与技术等方面。但由于缺乏相应的资格准入竞试制度及资格认证制度体系,这些笼统、模糊且不统一的准入标准难以发挥应有的效力,这就导致现实中评估专家的选拔依然依照行政逻辑而非知识或专业逻辑,大部分地区督学的选聘方式依然以"推荐"为主[4]。尽管我国对获得督学资格的人员也颁发相应证书,但获取证书极其容易。在督导队伍之外,绝大多数教育监测评估组织均缺乏科学且可操作的评估人员资格准入制度。

培训机制不完善

接受培训是个体及组织专业发展的重要途径。在人力资本理论看来,在职人员培训是人力资本投资的重要手段,它能够有效实现劳动者人力资

---

[1] 肖甦.世界主要国家教育督导的历史与现状:基于 21 世纪国际比较的视野[M].太原:山西教育出版社,2019:59—61,79—80.

[2] 国务院.教育督导条例[EB/OL].(2012-08-29)[2023-05-24]. https://flk.npc.gov.cn/detail2.html? ZmY4MDgwODE2ZjNjYmIzYzAxNmY0MTE0ZGFiZDE1ZGU=.

[3] 中华人民共和国教育部.教育部关于印发《督学管理暂行办法》的通知[EB/OL].(2016-07-19)[2023-05-24]. http://www.moe.gov.cn/srcsite/A11/s8390/201608/t20160805_274102.html

[4] 张彩云,武向荣,燕新.我国督学队伍现状及发展策略:基于 16 个省的实证分析[J].教育科学研究,2020(11):37—43.

本的积累与开发,提高劳动者的边际生产率,从而推动组织发展。在我国,评估人员专业化起步较晚,且在正式教育体系中缺乏专门教育监测评估人才培养的学科/专业支撑,导致评估队伍整体专业素养(人力资本)偏低,难以满足评估事业发展的需求。实际上,教育监测评估人员培训历史悠久。英国皇家督学自走上专业化发展之路后,便逐步建立了较为完善且有效的督学培训机制,所有督学都要经过严格的岗前培训和在职培训;[①] 与英国相比,法国督学人员的培训时间更长,大部分学科督学在正式上岗前都要经历为期两年的岗前培训。[②] 另外,英、美等国还规定其他评估组织中的评估人员必须接受相应的培训,以保证评估队伍的专业性和评估过程的规范性。[③] 反观我国,虽然在一些政策条例中对督导人员培训作了规定,如《督学管理暂行办法》,教育部每年也会在国家教育行政学院举办全国省、市、县教育督导培训班[④],并且有些城市还专门建立督学培训和研究机构,如北京市督学研修中心,但至今仍未建立起完善的教育监测评估人员培训机制。并且,现行的培训机制存在诸多问题,导致相关培训流于形式、效果不佳,难以发挥促进教育监测评估人员专业化发展的功能,如缺乏专业的培训师资,培训课程缺乏系统设计(课程目标不清晰、课程大纲缺失、课程内容缺乏针对性等),培训教材良莠不齐,培训方法落后,缺乏培训效果反馈及评价机制等。有研究者通过对 16 个省督导队伍现状的调查发现,40.9% 的督学培训没有达到国家规定的最低标准[⑤]。此外,在教学督导人员之外,其他评估组织在培训机制建设方面更加落后,有些教育监测评估社会组织在培训机制方面甚至处于空白状态。

---

① 涂文涛.教育督导新论[M].北京:人民教育出版社,2015:65.
② 吴声远.简析法国教育督导制度的主要特点[J].外国中小学教育,2004(08):24—26.
③ 耿宗潜,王和平.比较视野下我国高等教育第三方评估的公信力困境及其超越[J].高教探索,2022(01):22—28.
④ 国务院教育督导委员会办公室.责任督学,种好教育责任田[N].人民日报,2017—03—17(14).
⑤ 张彩云,武向荣,燕新.我国督学队伍现状及发展策略:基于16个省的实证分析[J].教育科学研究,2020(11):37—43.

考核评价制度形式化

科学合理的考核评价制度是加强教育监测评估人员专业化建设的重要机制保障。它能够依据一定的标准对评估人员的行为表现进行考察判断，发现评估人员专业素养的缺陷及薄弱之处，为评估组织建立奖惩机制提供依据，促进评估人员的专业化发展。目前，我国还未形成行之有效的教育监测评估人员考核评价制度，部分地区对教育监测评估人员（督导人员）考核评价制度的探索仍处于初始阶段，存在诸多不足，导致教育监测评估人员的专业素养难以准确判断，教育监测评估队伍的整体质量难以满足教育发展的需求。

一方面，考核评价内容和标准笼统，缺乏可操作性。2016年国务院颁布的《督学管理暂行办法》中明确规定，各地根据实际情况对所属督学的"督导工作完成情况、参加培训情况和廉洁自律情况"进行考核评价。[①] 在此政策指导下，宁夏平罗县制定了当地督导人员考核评价方案，评价内容主要聚焦于德、能、勤、绩、廉五个方面[②]。但对于何为"德、能、勤、绩、廉"，它们体现在哪些方面，评价的标准是什么等更为具体且可操作的实质内容，缺乏清晰界定。由此可以看出，在政策落地的过程中，地方政府并未将国家政策所规定的评估内容进行清晰化和可操作化，导致地方政府在实际的考核评价中难以获得督导人员工作情况真实、有效的信息，督导队伍专业化建设进展缓慢。以保定市竞秀区督导人员的研究为例，在缺少可操作标准的情况下，该区无论是督导室工作人员的"述职"还是督学的"分级报告"，更多的是对"事"的总结与反馈，而非对"人"的评价与考核[③]。此外，在其他评估组织中，如省级教育监测评估院在人员的考核评价方面，面临着与督导人员相似的情况。另一方面，考核评价结果与奖惩机制联系不强。以督导队伍为例，我国在《督学管理暂行办法》中明确规定，对于考核评价优秀的督学予以表彰

---

① 中华人民共和国教育部.教育部关于印发《督学管理暂行办法》的通知[EB/OL].(2016-07-19)[2023-05-24]. http://www.moe.gov.cn/srcsite/A11/s8390/201608/t20160805_274102.html

② 平罗县人民政府.教育督导人员考核办法[EB/OL].(2020-03-18)[2023-05-25]. http://www.pingluo.gov.cn/xxgk/zdlyxxgk/ywjy/202104/t20210429_2805240.html

③ 李尚.保定市竞秀区教育督导人员管理研究[D].保定：河北大学，2019：19.

奖励,并将考核评价意见作为督学培养、聘任、续聘和解聘的重要依据。[①] 但现实中,由于缺乏科学、可操作的准入机制,很多督学不是在"知识和专业逻辑"的指导下被聘任,而是在"人情、政治和标签"效应下获得资格。由此,在实际的考核中,往往会出现考核评价过程"网开一面",考核评价结果"皆大欢喜"的局面,导致考核评价结果难以成为督导队伍人事安排的有效依据。

人员结构不合理

首先,教育监测评估人员年龄偏大。在传统制度和文化惯性影响下,很多地方政府难以转变观念,仍将年龄、资历作为督导人员选拔的主要依据。更有甚者,将教育督导部门作为政府解决人事安排的临时机构以及老干部退休的安置场所。在此情况下,督导人员老龄化现象突出,且由于年龄原因,他们在身体素质、新知识和技能的学习、新观念和文化的接受以及创新能力和精神等方面存在短板。有学者通过对某省 640 名督学进行调查后发现[②],被调查者的平均年龄在 51 岁,以一线退休教师和教育管理者为主,年轻的在职教师和管理干部较少。其次,兼职督导人员多于专职督导人员。从全国范围看,2018 年我国共有各级各类督学 12 余万名,其中专职督学 1.95 万人,兼职督学 10.38 万人[③],兼职人员比例高达 84.1%。由此可以看出,我国督学队伍中专兼职人员结构比例悬殊。并且,很多兼职督学同时担任某一学校的行政职务(校长、书记等),很难从繁杂且沉重的学校工作中抽出足够的时间和精力来参加督导活动,也没有足够的时间和精力来学习和研究督导领域的内容,这一定程度上阻碍了督导队伍的专业化建

---

① 中华人民共和国教育部.教育部关于印发《督学管理暂行办法》的通知[EB/OL].(2016-07-19)[2023-05-24]. http://www.moe.gov.cn/srcsite/A11/s8390/201608/t20160805_274102.html

② 高山艳.新时代教育督导队伍专业化:诉求、问题与对策[J].当代教育科学,2018(11):74—79.

③ 中华人民共和国教育部.全国近 26 万所中小学配备 12 万余名专兼职督学:"教育片警"怎样参与学校治理[EB/OL].(2018-04-12)[2023-05-25]. http://www.moe.gov.cn/jyb_xwfb/s5147/201804/t20180412_332909.html

设。① 此外,《教育督导条例》规定兼职督学任期三年,三年任期的设定容易导致教育督导人员流动性较大,督导队伍结构不稳定,专业化发展沦为空谈。

我国教育监测评估人员的专业化发展

在我国,除督导队伍具有国家规定的准入标准外,其他评估组织在人员准入方面均缺乏明确的标准。为此,制定和执行评估人员资格准入制度是专业化发展的基本选择。

胜任力概念与模型

胜任力概念最早可追溯至古罗马时代,当时为识别优秀战士的能力特征而构建的胜任剖面图可视为胜任力的最早雏形。19世纪末20世纪初,泰勒为提高劳动生产率和组织效能,应用工作分析法开展了"时间—动作研究",以此区分不同劳动生产率的工人在胜任力上的差异,这成为胜任力研究的发端②。1973年,美国心理学家麦克兰德(David C. McClelland)在《测试胜任力而非智力》一文中正式提出胜任力概念,并指出有效测验胜任力的六条原则③,这标志着胜任力研究的兴起。此后,胜任力概念及特征逐渐受到关注,相关研究亦逐渐丰富。例如,吉利米诺(P. J. Guglielmino)研究发现,胜任力包括三个方面:概念胜任力(决策能力、创新能力、环境分析能力等)、人际胜任力(沟通、领导、谈判等)和技能胜任力(计划个人事业、时间管理能力等)④;诺德豪格(O. Nordhaug)则将胜任力分为元胜任力、一般行业胜任力、组织内

---

① 古翠凤,刘雅婷. 系统论视角下新时代职业教育督导队伍建设研究[J]. 教育与职业,2020(16):12—19.

② SANDBERG J. Understanding Human Competence at Work: An Interpretative Approach[J]. Academy of Management Journal,2000(01):9—25.

③ MCCLELLAND D C. Testing for Competence rather than for "Intelligence"[J]. American Psychologist,1973(01):1—14.

④ GUGLIELMINO P J. Developing the Top-level Executive for the 1980s and Beyond[J]. Training and Development Journal,1979(04):12—14.

部胜任力、标准技术胜任力、技术贸易胜任力和特殊技术胜任力六大类①。在诸多胜任力概念及特征研究中,以斯宾塞夫妇(L. M. Spencer, S. M. Spencer)和博亚兹(R. E. Boyatzis)的研究影响最大,他们构建的理论模型得到学界的广泛认可。

斯宾塞夫妇将胜任力定义为潜在的个体特质,这些特质与个体的工作表现具有高度的因果关系②。在此,潜在的个体特质指胜任力在人格中扮演深层且持久的角色,它能够有效预测一个人在复杂的工作情境中及担当重任时的行为表现。在此基础上,斯宾塞夫妇借鉴麦克兰德的研究构建了胜任力冰山模型,将胜任力概念结构化。在这一模型中,主要包含五种胜任力要素:动机、特质、自我概念特征(态度、价值观、自我印象)、知识和技能。其中,知识和技能是处于水面之上的冰山,属于易观察和测量的基础要素;个体的动机、特质由于处于水面之下,难以触及,属于最难探索和发展的核心要素;自我概念特征介于两者之间,并作为基础要素与核心要素相互作用的中转站而存在③。这一模型起初在管理学和心理学领域被广泛使用,近年来相关学者将该模型引入教育研究领域④。博亚兹同样认为胜任力是个体所具备的潜在特质,包括个人的通用知识、技能、个体特质(个性与动机)、自我形象(社会角色)、态度与价值观等,它可以在工作中产生有效或优异的表现,对工作质量和效率至关重要⑤。在此概念基础上,博亚兹通过对冰山模型的研究,进一步形成了新的胜任力模型——洋葱模型。洋葱模型由三个

---

① NORDHAUG O. Competence Specificities in Organizations [J]. International Studies of Management & Organization,1998(01):8—29.

② SPENCER L M, SPENCER S M. Competence at Work Models for Superior Performance[M]. New York:John Wiley & Sons, 2008:9.

③ SPENCER L M, SPENCER S M. Competence at Work Models for Superior Performance[M]. New York:John Wiley & Sons, 2008:9—17.

④ LENA C, STEPHANIE C, CARINA B, et al. Introducing Competency Models as a Tool for Holistic Competency Development in Learning Factories: Challenges, Example and Future Application [J]. Procedia Manufacturing, 2017(09):307—314.

⑤ BOYATZIS R E. The Competent Manager: A Model for Effective Performance[M]. New York:John Wiley & Sons, 1983:10—39.

同心圆组成,由外向内逐步深入,越往内越稳定且越不易观察、测量和习得。具体而言,洋葱模型的最外层是知识与技能,这两个特征最易观察与测量,并能够通过外界干预而发生改变;中层包括自我形象、态度与价值观等,在内层和外层间起中介作用;内层包括个性与动机,属于个体特质范畴,处于模型最深层,是个体行为动力的来源。实际上,该模型是对冰山模型的进一步发展,它按照由内到外的方式将胜任力的相关要素进行更为结构化的安排。

由斯宾塞夫妇和博亚兹的研究可以发现,他们的概念及模型在本质上是一致的。在他们看来,胜任力是一系列要素特征的有机组合,既包括外在的易于观察、测量和改变的知识和技能等表层要素,也包括不易测量和改变的个性、动机、态度与价值观等深层要素,并且此类要素对于组织区分绩效优秀者和绩效一般者具有重要作用。相较于斯宾塞夫妇的冰山模型,博亚兹的洋葱模型更具结构化和层次性,且更能表明胜任力要素之间的内在关系。因此,我们在博亚兹洋葱模型的基础上进行探究,模型见图6-1所示。

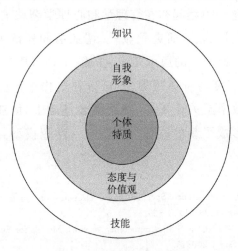

图 6-1 胜任力洋葱模型

研究设计:研究方法及其选择依据

当前,我国教育监测评估人员具有怎样的胜任力尚不清晰,且与此相关的信息均隐藏于教育监测评估人员的专业实践中,因此对胜任力进行探究的过程是从无到有、从模糊到清晰的建构过程,而建构主义范式影响下的行为事件访谈法恰恰适于从行为及事件背后抽离出研究所需的深层信息。此外,自麦克兰德在弗莱纳根(Flanagan)关键事件访谈法的基础上提出行为事件访谈法以来,该方法在胜任力研究领域是非常有效且适切的方法[1]。因此,研究采用行为事件访谈法进行数据收集与分析。

行为事件访谈法是一种开放回顾式的研究方法,通过对某一行业或岗位人员过去工作中的关键事件进行访谈,抽取行为事件背后的胜任力特征与构成要素[2]。行为事件的访谈依据 STAR 方法开展,即情境(Situation)、任务(Task)、行动(Action)和结果(Result),依据上述步骤及规则进行访谈,并对收集到的访谈文本进行编码处理,最终得到胜任力的结构及要素。其中,核心访谈问题包括:情境性问题——您曾经参与过哪些评估活动,请根据您的经历大致描述一下评估活动的情况;任务性问题——请根据您印象最深的一次评估活动,描述一下您在评估过程中需要完成哪些任务;行为性问题——围绕这项评估活动的任务,您是如何行动的;结果性问题——此次评估活动是否达到了预期目标,存在哪些需要改进的方面。在核心问题之外,研究者会根据具体的访谈情境继续追问,例如,在结果性问题的访谈中,研究者会追问"哪些要素有助于评估任务的完成,这些要素具体体现在哪些方面"等。

研究设计:研究对象及其选择依据

抽样方式。研究通过分层目的性抽样方式选取研究对象,并最终将研究对象锁定在四个层面:第三方教育监测评估组织中的评估人员和负责人、半官方教育监测评估机构(评估院)中的评估人员和负责人、官方教育监测

---

[1] MCCLELLAND D C. Identifying Competencies with Behavioral-event Interviews [J]. Psychological Science,1998(05):331—339.

[2] RAISOVA T. The Comparison Between Effectiveness of the Competency Based Interview and the Behavoiral Event Interview[J]. Human Resources Management & Economics,2012(01):52—63.

评估机构(督导办公室)中的评估人员和负责人,以及教育监测评估方面的研究者。其中,评估组织和机构的负责人既参与一线的评估工作,也对评估工作和项目的全局进行统筹;教育监测评估方面的研究者在进行相关研究的同时,也参与一线评估工作,具备一定的评估经验。最终,研究共收集11位评估人员及研究者的访谈资料,人均受访时长在1个小时以上。受访者信息详见表6-1。

选择依据。首先,所有评估组织和机构中的评估人员均参与一线的评估工作,具有一定的评估经验,能够提供研究所需的相关信息。此外,评估组织和机构的负责人还能根据其角色的特殊性,从一系列评估项目和事件中概括出当前评估人员的胜任力现状及存在的问题与原因。其次,教育监测评估方面的研究者作为此领域的专业人员,能够在把握我国教育监测评估人员胜任力现状及问题的同时,对问题产生的根源及未来完善的方向提供有价值的信息。

表 6-1 受访者基本信息

编号	性别	身份	学历	职称/职务	组织/机构	组织/机构性质
A01	男	董事长	博士	教授	第三方评估组织	市场化组织
A02	女	评估人员	硕士	无	第三方评估组织	市场化组织
A03	女	评估人员	硕士	无	第三方评估组织	市场化组织
A04	男	评估人员	本科	无	第三方评估组织	市场化组织
B01	女	主任	博士	副研究员	J省评估院	半官方组织
B02	男	副院长	硕士	二级调研员	J省评估院	半官方组织
B03	男	副院长	博士	研究员	J省评估院	半官方组织
C01	男	督学	博士	副调研员	督导办公室	官方组织
C02	男	督学	博士	研究员	督导办公室	官方组织
D01	男	评估研究者	博士	副教授	N高校	事业单位
D02	男	评估研究者	博士	副教授	Z高校	事业单位

研究设计:研究步骤

本研究采用半结构化访谈形式进行资料信息的收集。首先,研究在文献回顾的基础上编制访谈提纲;其次,研究进行预访谈,并根据专家意见以及访谈信息是否满足研究需要修订访谈提纲,并最终确定访谈提纲;最后,研究实施正式访谈,并根据信息饱和原则决定访谈工作是否结束。在访谈数据的分析方面,研究采取扎根编码的形式进行分析。此外,在整个研究过程中,研究者参与上海市某中学督导中期检查会议以及第三方评估组织内部工作会议,并通过评估现场的观察,对研究得出的胜任力框架进行检验与完善。

教育监测评估人员胜任力理论模型

在访谈数据分析的基础上研究发现,教育监测评估本身是一项技术性很强的工作,评估人员在评估过程中既需要专业的评估技能,如评估方案与工具开发、评估报告撰写等,也需要辅助评估技能得以实现的其他能力要素,如逻辑推理能力、交流沟通能力等。因此,我们根据教育监测评估人员胜任力的实际情况,将博亚兹"洋葱模型"中的一般技能概念细化为技能与能力两个维度,调整后的模型见图 6-2。

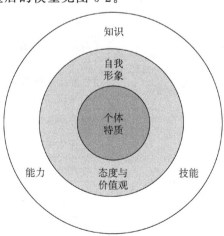

图 6-2 教育监测评估人员胜任力洋葱模型

教育监测评估人员胜任力结构框架及要素

我们结合胜任力洋葱模型,根据行为事件访谈法进行资料的编码分析,建构了我国教育监测评估人员胜任力框架结构(见表 6-2)。

表 6-2 我国教育监测评估人员胜任力框架结构

胜任力结构	胜任力结构群	胜任力结构要素
个体特质	内在素养	品德素养
		政治素养
自我形象	身份认同	自我意识
态度与价值观	道德规范	责任心
		评估态度
		评估伦理
		价值关怀
	专业规范	可行性
		准确性
		公正性
		客观性
		问责性
知识	评估知识	了解并运用评估相关的知识(理论、模型、方法和工具等)
	学科知识	了解并运用教育学、管理学和心理学等学科的知识
技能	评估技能	明确评估目的、主题和目标
		开发评估方案
		设计评估工具
		评估方法选择
		数据处理与分析
		撰写评估报告

续表

胜任力结构	胜任力结构群	胜任力结构要素
能力	情境感知能力	重视利益相关者的声音
		了解评估的内外部环境
		了解相关政策法律文件
	推理判断能力	领悟洞察能力
		归纳分析能力
		理性判断能力
	组织管理能力	执行力
		合作能力
		权变能力
		组织协调能力
		交流沟通能力
		人际关系协调能力
	学习研究能力	主动学习能力
		评估研究能力
		理论与实践转化能力
	实践反思能力	自我反思能力
		过程反思能力
	学历与经验	学历水平
		评估经验

教育监测评估人员胜任力的深层结构

内在素养是个体特质的重要体现,主要包括品德素养和政治素养,它们处于胜任力结构的最深层,既是个体行为动机的源泉,也是衡量教育监测评估人员合格与否的最基本标准。对此,第三方评估组织董事长 A01、教育监测评估院副院长 B02、B03 及督导办公室督学 C01、C02 等受访者均认可内在素养的基础性地位。其中,B02 表示,"(教育监测评估人员)最重要、最基本的就是思想品德和政治素养,作为社会主义国家的评估人员,首先强调的就是道德品性和政治性……前者是立身之本,后者是立业之基"。

品德素养主要指社会道德原则和规范在个人思想和行动中表现出来的较稳定的特征和倾向,是道德情感、道德意志、道德行为习惯的集合体[①]。在评估领域,品德素养既是影响评估人员角色认知与价值观形成的重要力量,也是驱动评估人员主动遵守评估的行为准则与道德规范等要求的内在动力之一。对此,教育监测评估院主任 B01 认为,"道德水平是判断一个人的起码标准,如果这一点都不能满足,怎么可能能做好评估(活动)"。第三方评估组织负责人 A01 则从文化传统的角度进一步指出,"在中国这样一个讲究、重视文化传统的国家,良好的德行是评估组织进人的基准线……它一方面能够反映评估者对评估组织的忠诚度,影响评估者在未来评估活动中的行为选择,另一方面决定着评估者在评估过程中的责任感、使命感与价值观等因素"。政治素养主要体现为评估人员是否能够自愿、主动地贯彻党和国家的政策方针及政治意志,并将其内化为评估活动中的行动指导,从而使评估的过程及结果服务于国家的教育发展方向及人才培养目标。在我国,教育事业在国家政策方针的指导下开展,肩负着贯彻国家意志的责任,因此对教育发展的情况进行评估要集中体现国家的意志。因此,对评估人员的选拔应首先坚持政治性原则,只有具备过硬政治素养的候选人才有资格进入评估队伍。综上可知,我国教育监测评估人员的资格准入应首先将品德素养和政治素养作为优先考虑的因素。

教育监测评估人员胜任力的中层结构

自我形象和态度与价值观处于胜任力结构的中层,在胜任力结构的内层和外层间发挥中介作用,同时也是内层和外层结构相互作用的重要场所。

自我形象是评估人员应具备的核心素养之一,对具体评估实践的质量

[①] 顾明远.教育大辞典:第 1 卷[M].上海:上海教育出版社,1990:100.

产生决定性影响。自我形象通过身份认同的形式表征出来,主要指个体对自己及周围人的意识①。具体到教育监测评估领域,主要表现为评估者对于自身作为专业评估人员的认知和描述状态,其中既包括对专业共同体的认知,如共同体内部评估文化、评估规范及评估规则的认知,也包括对自身当前能力水平与不足的认知。前者决定评估人员专业身份的建构以及专业共同体归属感的获得,后者决定评估人员未来提升与发展的方向,它们共同塑造评估人员的专业形象。对此,几乎所有受访者均表示,一名合格的评估人员应该具备对自身身份的实质认同及能力水平的清晰认知。其中,C02强调了身份认知的重要性:"作为评估人员,一定要明白为什么要评估,在什么环境下评估,我们的价值追求是什么……只有从心底里认可自己的工作和身份,才能在评估(活动)中做对的事,保证(评估)过程与结果的客观、科学。"B02指出了能力水平认知的重要性:"做评估工作的人一定不能盲目自大……觉着自己在一个领域做的时间长了就什么都知道,什么都能解决……要懂得在实践中发现自身的不足,只有这样才能更好地提升并完善自己。"

态度与价值观是胜任力中层结构中的又一重要因素,集中体现教育监测评估人员对评估活动的认知、理解与判断,是一种持久且稳定的思维倾向,影响并决定评估人员的行动选择。在访谈中,这一要素得到所有受访者的证实。其中,第三方评估组织负责人A01指出,"在评估(活动)中,(评估人员)一定要有担当和责任心,对待评估要一丝不苟、认真负责……评估者要以低姿态、高要求来约束自己,同时在评估活动中要以专业的水准要求自己,这样才能保证评估项目的高标准以及评估结果的公正、客观、科学"。在此,道德规范和专业规范是态度与价值观的具体体现。道德规范是一定社会向人们提出的应当遵守的行为准则,是道德要求的具体化②,具体到职业领域主要表现为从业人员应当具备的职业道德——爱岗敬业、办事公道、热

---

① 顾明远.教育大辞典:第5卷[M].上海:上海教育出版社,1990:385.
② 顾明远.教育大辞典:第1卷[M].上海:上海教育出版社,1990:103.

情服务、奉献社会等①。在评估领域,职业道德同样是评估人员从事评估工作所应具备的基本素养。其中,评估时的责任心、态度集中体现评估者爱岗敬业的道德要求,对评估伦理的遵守是办事公道(公平公正)道德素养的体现,价值关怀体现出评估者对教育事业和受教育对象的仁爱之心,并反映服务与奉献的道德规范。对此,第三方评估组织负责人 A02 等人从评估本身价值的角度表示,"评估的质量关乎教育的质量甚至学生的未来……我觉得这个其实是超过评估工作本身的,就感觉我们在做一件善事,并且做出来的结果能影响别人的未来,所以在评估的时候要有价值关怀和社会责任感,心里装着学生,想着社会"。专业规范主要指教育监测评估人员从事评估活动时所应遵守的专业底线。教育监测评估活动的专业性决定了评估人员应该遵守相应的专业规范,在评估时坚持并保证过程与结果的可行性、准确性、公正性和客观性,从而达到科学评价的目标,满足委托主体的问责需求,这既是对评估者能力素养的要求,也是对评估活动本身质的规定性要求。教育评估院副院长 B03 以评估院的评估准则为例指出专业规范的重要性:"我们以'公'和'真'来要求评估人员,'公'一方面是评估过程中立场的公平公正,另一方面是评估结果具有公信力;'真'则要求评估要求真务实、实事求是、客观准确,不弄虚作假。"

教育监测评估人员胜任力的外层结构

知识、技能和能力位于胜任力结构的最外层,它们在评估活动中是可观测与测量的重要外显要素,也是胜任力内层和中层结构要素得以发挥作用、保证评估活动落到实地的重要抓手。研究中,这些要素得到所有受访者的一致认可。教育监测评估研究者 D01 认为,"从事教育监测评估(的人员)需要从知识层面、能力层面做出明确规定,评估人员需要具备专门的技能知识、理论知识和专业能力"。

首先,评估知识和学科知识是评估人员知识素养的核心组成部分,它们

---

① 新华社.中共中央、国务院印发《新时代公民道德建设实施纲要》[EB/OL].(2019-10-27)[2022-03-22]. http://www.gov.cn/zhengce/2019—10/27/content_5445556.htm

既是评估人员踏上评估岗位需掌握的基础性知识,也是确保评估人员能够顺利开展各种评估活动的前提条件。并且,扎实的知识基础对于评估者评估能力的提高和专业品质的涵养具有重要价值。因此,能否系统掌握并熟练运用科学的评估理论、模型、方法等评估知识和教育学、管理学、心理学等领域的学科知识,应成为教育监测评估人员资格准入的重要标准。对此,教育评估院副院长 B02 表示,"现在的评估涉及不同学科和学段……需要请不同学科的资深人士以及评估领域的专家参与到评估中……只有具备相应的学科知识和经验(教育学、心理学等),熟悉相关的评估理论、模型和方法,才能够更好地完成评估工作"。

其次,仅具有评估所需的相关知识,不具备将知识转化为评估所需的操作技能,会导致评估陷入"纸上谈兵"的境地。所谓技能,主要是指个人运用相关知识和经验从事某项工作或任务时应掌握的方法和技术层面的素养,是认知和行为活动的结合体[①]。在评估活动中评估人员应具备开展评估所需的相关技能,这是评估工作由文件规划落实到实践的重要媒介,具体包括评估方案的开发、评估方法的选择和评估工具的设计等。第三方评估机构负责人 A01 指出,"在评估(活动)中,(评估人员)起码要知道评估目标、计划方案怎么制定,评估方法怎么选择,评估工具怎么开发,评估数据怎么处理,这些都是最基础的"。

最后,能力与技能不同,主要指顺利完成某项活动并直接影响活动效率所必需的个性心理特征,具有发展性和可习得性[②],如抽象概括能力、组织管理能力和语言表达能力等。在评估过程中,评估技能的作用发挥离不开其他能力的支持,缺乏能力支撑的评估活动是机械的、不可持续的。对此,教育评估院副院长 B03 专门指出,"评估是一项非常复杂且专业的活动,仅具有知识和技能是不够的,还必须有其他方面的能力加以辅助"。对于评估人员所应具备的能力,受访者纷纷强调"情境感知能力、推理判断能力、学习研究能力、组织管理能力以及实践反思能力"等能力要素的重要性。由此可知,一名合格的评估人员除具备评估所需的知识和技能外,还需具备保障知

---

① 顾明远.教育大辞典:第1卷[M].上海:上海教育出版社,1990:147.
② 顾明远.教育大辞典:第1卷[M].上海:上海教育出版社,1990:145.

识和技能得以有效发挥作用的其他能力要素,这应成为评估人员资格准入的重要参考条件。

结论与讨论

本研究构建了我国教育监测评估人员的胜任力框架,具体包括内层的内在素养,中层的身份认同、道德规范和专业规范,外层的评估知识、学科知识、评估技能、情境感知能力、推理判断能力、组织管理能力、学习研究能力、实践反思能力以及学历和经验(详见图 6-3)。其中,内在素养处于胜任力结构的最深层,具有稳定且难以观测与测量的特征,是从事评估工作必须具备的最基本素养,并对其他胜任力要素产生重要影响;身份认同、道德规范和专业规范处于胜任力结构的中间层,并在胜任力结构的内层和外层间发挥着重要的中介作用,具有较强的稳定性以及不易观测与测量的特征;评估知识、评估技能和情境感知能力等要素处于胜任力结构的最外层,是将评估项目落到实地的重要抓手,并能够在评估实践中加以观测与测量,具有较强的可塑性。

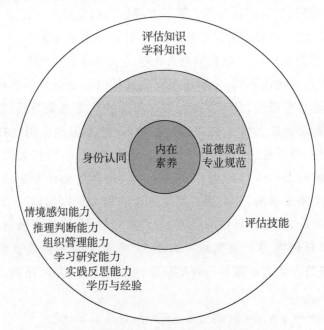

图 6-3　教育监测评估人员胜任力的框架结构

教育监测评估人员胜任力的共性

身份认同是成为一名合格的教育监测评估人员的前提条件。加拿大评估协会意识到身份认同的重要性,并在教育监测评估人员胜任力的反思性实践指标中对此加以描述:评估人员需在自我意识的指导下运用所学知识不断促进评估身份的发展,其中既包含对评估身份的认知与描述,又体现出对评估文化、规范等的认同。

道德规范作为教育监测评估人员应遵守和践行的行为准则,已成为英美等国教育监测评估人员资格限定的重要标准。道德规范方面,英国早在20世纪80年代便将其作为内部评估小组成员筛选的重要条件,并明确提出评估人员应具备严谨和认真的评估态度。美国在道德规范方面更强调公正廉洁和诚实的品格。加拿大在借鉴美国资格标准的基础上,将权责、正直、责任心等作为评估人员道德规范的重要表征。其中,加拿大教育监测评估人员道德规范中的权责与正直与美国所要求的公正廉洁与诚实的品质具有内在的一致性。从我国评估人员的专业实践中可以发现,以责任心、评估态度和评估伦理等表征的道德规范与这几个国家在根本上是相同的。

知识、技能和能力作为合格评估者所应具备的重要素养已成为共识。知识要求方面,加拿大明确规定教育监测评估人员须了解评估的理论、模型、方法和工具,并关注评估领域的新思维和最佳实践;英国的"科研卓越框架"则从学术素养层面规定了评估人员应具备本学科及跨学科领域的知识素养。技能要求方面,加拿大将明确评估目的和范围、开发评估方案、选择评估方法、确定评估工具、形成评估报告等作为评估人员需掌握的技能。美国在此方面则更强调评估方法的掌握和评估标准的开发。能力要求方面,英国强调评估经验的重要性,美国和加拿大则更注重评估人员在文化多样性下的权变能力与规划管理能力,如重视利益相关者的声音、项目统筹协调能力、交流沟通能力等。我国教育监测评估人员在实践中运用的知识、技能与能力实际上是国外评估人员资格要求的综合,并呈现出共通性的特征。

教育监测评估人员胜任力的差异性

教育监测评估人员胜任力框架结构的差异性。与英美等国相比,加拿大从评估实践出发,形成了较为成熟的体系化胜任力框架结构,具体包括反思性实践、技术性实践、情境性实践、管理实践和人际交往实践五个结构维度。这些结构维度在个体特质、自我形象、态度和价值观、知识、技能和能力等方面对评估人员的胜任力结构要素做了规定,呈现出较强的灵活性、应用性和可操作性。与加拿大不同,我国教育监测评估人员的胜任力结构框架按照洋葱结构呈现,具体包括内层的个体特质,中层的自我形象、态度和价值观,外层的知识、技能和能力,呈现出层次结构性(刚性)强但灵活性不足的特征,这种框架结构的安排导致胜任力框架结构缺乏应用性和可操作性。究其原因,在于两国教育监测评估人员专业化的阶段存在差异。加拿大早在20世纪90年代末便开启了教育监测评估人员的专业化进程,并且在长时间的评估实践与理论研究中形成了兼具实践应用性和可操作性的评估人员准入标准。反观我国,教育监测评估专业化起步较晚,在评估实践与理论研究中往往忽视评估人员专业化主题的研究,评估人员专业化至今仍处于起步和探索阶段。在此情况下,教育监测评估人员胜任力框架结构的探究是从零到一的过程,为此需首先明晰评估人员需要哪些胜任力要素,胜任力的要素属性是什么,不同属性的要素应归属于何种层次结构,唯有在弄清上述问题的基础上,才能根据评估需求进一步更灵活地安排框架结构,使其与评估实践相契合并服务于评估实践。

教育监测评估人员专业规范的差异性。与英美等国相比,加拿大形成了最为明确的评估人员专业规范,具体包括可行性、准确性、适当性、实用性和问责制,此类规范是指导评估实践的重要标准[1]。其中,可行性主要指评估过程中涉及的相关环节(方案、标准、工具等)的可操作性;准确性主要指评

---

[1] Canadian Evaluation Society. Competencies for Canadian Evaluation Practice[EB/OL]. (2018-10-19)[2023-05-25]. https://evaluationcanada.ca/txt/2_competencies_cdn_evaluation_practice_2018.pdf.

估结果是否准确反映评估对象的真实情况;适当性主要反映评估过程是否公正、客观等;实用性侧重评估是否能够提高过程和结果的有用性,包括与利益相关者讨论评估的结果、影响和建议以及评估结果的使用计划等;问责制主要指评估能否满足委托主体对评估对象的问责需求。我国教育监测评估人员同样受专业规范的约束,具体包括可行性、准确性、公正性、客观性和问责性。由此可以看出,我国和加拿大教育监测评估人员专业规范的差异集中在实用性方面,差异的原因主要源于两国教育发展的实际情况,其中涉及质量与效率的博弈。我国是世界上教育规模最大的国家,如此大的教育体量决定我国在评估过程、结果、影响及建议等方面无法采取兼顾所有利益相关者的策略,而只能尽可能地朝这一方向努力。若我国不顾本国国情盲目沿袭加拿大的评估道路,只会导致质量与效率的双重损失。而加拿大教育规模相对较小,具备此种评估策略运行的条件(人力、财力、物力),能够在质量和效率之间取得平衡。综上可知,我国教育监测评估人员的专业规范是特定教育发展阶段的产物,随着我国综合国力进一步增强,教育进一步发展,以利益相关者需求为目标的专业规范将会成为评估人员胜任力的要素。

第七章 人工智能与学生学业质量评估创新

  人工智能应用于学生学业质量评估是人工智能在教育领域应用的一个重要领域。总体而言,学生学业质量评估的人工智能应用过程一方面与我国教育信息化进程相关,另一方面也与人工智能的国际应用趋势和众多企业的技术和应用驱动有很大关系。

  时至今日,人工智能在教育领域的应用已从最初的激情澎湃转入理性时期,学业质量评估的人工智能应用也大致如此。这既体现在学术类文章的探讨上,从资本的参与热情和投资额也可看出端倪。

  信息化时代,教育以及学业质量评估不可能漠视人工智能技术。问题的关键是人工智能究竟能为学业质量评估带来什么。进一步说,人工智能能促进学生学习吗?或是仅仅帮助学生提高可见的分数?高分数与学生高质量和有效的学习并不完全相同。总的来说,有关人工智能教育的研究还很薄弱:

    在人工智能教育应用的基本理论、智能教学系统开发、人工智能环境下学与教的规律、人工智能如何融入现有教育生态等方面还存在很多空白点,还难以支撑大规模、多样化的智能化教育实践。此外,在教育实践中,除大规模考试自动判卷、教育质量监控数据管理与处理以外,教育信息化(智能化)产品主要用于增强现有班级授课制,甚至仅仅增强应试,而能够可持续地应用于日常教学之中、支持个性化教学和深度学习、能有效促进学生核心素养发展的智能教学系统还不成熟,难以见到大规模应用的产品,更未形成健全的智能教育产品生态。另一方面,剥夺学生隐私与个性化学习发展的所谓"全时全方位监控系统",反而时常因媒体曝光而引起社会的广泛关注,这反映出系统开发者缺乏教学与学生发展常识,学校管理者不了解人工智能技术促进学习的有效方法。

资料来源

编者按.学术聚焦:人工智能教育应用[J].中国远程教育,2019(01):23—24.

为此,本章将聚焦于以下问题:人工智能技术为学业质量评估带来哪些机遇?人工智能技术在学业质量评估领域有哪些具体应用?在这些应用过程中,产生了哪些实际的预期效果和非预期影响?如何进一步利用人工智能技术促进学业质量评估变革?

人工智能技术带来的机遇

人工智能并不是 21 世纪的产物,早在 20 世纪 50 年代就已提出。截至目前,人工智能已经走过了三个发展阶段——1956 年的图灵测试,20 世纪 80 年代的语音识别和机器翻译,以及 2006 年的深度学习技术[①]。客观地说,当前教育领域所说的人工智能技术是一个较为宽泛的概念,它很多时候包括之前的计算机辅助教学及其技术。由于人工智能技术本身发展的局限性以及教育领域的复杂性,人工智能教育还远未达到人们期望的目标。对政府而言,大力推广人工智能的最大期待和目标是提高教育质量和促进教育公平。但这仅仅是人工智能教育应用的一个方面;能不能实现,还取决于人工智能与教育的真正融合。如果将人工智能技术简单地理解为计算机辅助教学技术的深度应用或者与人工智能有关的识别、感知和计算技术在教育教学中的嵌入,那是过于乐观了。

借力人工智能大范围变革教育,提高教育质量,促进教育公平,需要教育研究者、实践者与政策制定者形成对于人工智能与人工智能教育应用的合理期待。但是,在人工智能教育应用方面,技术专家、资本

---

① 梁迎丽,刘陈.人工智能教育应用的现状分析、典型特征与发展趋势[J].中国电化教育,2018(03):24—30.

以及媒体的声音"最大"。这些声音都有局限性。技术专家往往从技术出发，倾向于脱离教育情境与主体感受，就技术而谈技术，往往将特定情境下的实践或者技术的可能性不加区别地当作普遍、常规的现实实践进行表述。资本通常不太关注实践者的感受与技术运用的长期效果，更多关注短期回报，而且会有意无意地言过其实。媒体则常常倾向于用夺人眼球的标题和轶事吸引关注，而且为追求冲击力与可读性，倾向于为读者提供碎片化、确定性的信息，往往反而会消解读者进一步探究的欲望。

资料来源

编者按.学术聚焦：人工智能教育应用[J].中国远程教育，2019(01)：23—24.

完整的学业质量评价既需要收集反映学习表现和学习结果的证据，也需要在此基础上给予价值判断。因此，可以从这两个方面思考和衡量人工智能技术带来的机遇。

助力收集更全面的学业数据

没有使用人工智能技术的时候，教师是学业质量评价信息的主要收集者。这些信息包括学生的课堂和校园生活表现，更重要的是学生测验和考试的成绩。当前最通行的做法是将学生的考试成绩作为判断学生学业质量的主要证据。升学考试就是这种做法的典型体现。关于学生的课堂和校园生活表现，尽管人们在理论上也赞成应该成为学业质量评价的主要证据源，但因缺乏规范系统的可操作性以及潜在的不公平风险，在应用上步履维艰。各地在新中考和新高考改革中推行的学生综合素质评价备受争议，就是一例。

借助人工智能技术，不仅可减轻教师靠观察记录学生课堂和校园生活表现的时间负担，还可使得这些信息更为真实，从而避免学生的"作秀"。但是，要满足这一需求的话，需要技术开发者和教师共同参与并架构科学的数据信息收集平台系统和所需要的外部感知与记录设备，这绝不是在教室或校园安装若干台摄像头和指纹打卡机那样简单的事。

在纸质测验中，借助人工智能技术还可为试题，尤其是主观性试题提供更多的解题方案，从而避免教师因学科知识欠缺或解题能力不够而导致的误判。

让学业数据的收集工作变得更及时和便捷

假如没有人工智能技术的话，教师只能靠模糊的记忆来记录学生的课堂和校园生活表现。时间上的延迟有可能造成数据信息失真，还有可能因刻板印象等心理现象而导致信息不对称。

有了人工智能技术以后，学生课堂和校园生活的表现将有可能得到及时的记录并达到同步性。在那些以技能习得为主要学习目标的课程教学中，人工智能技术不仅做到了同步记录，还可以及时对学习者的表现程度予以纠正。这在一定程度上起到了智能导师的作用。学生借助自适应学习系统学习的话，系统会及时同步地对学生的练习题作答情况给予判断，并依据错误情况推送同类型的习题予以再检测和评价，这在一定程度上解决了学生不能及时请教老师的困境。

要做到这一点，同样需要架构智慧的平台系统和外部设备，绝不是在课堂上每人发一台可随时打卡的平板电脑那样简单。曾有一所小学的老师抱怨，为了及时记录学生在课堂上的发言表现，她经常需要在授课过程中停下来，在平板电脑上记录或是委托某个学生在授课期间做专门的记录员。如是这样，还不如不要去追求这样的及时和便捷。

使学生学业质量评价更加精准

精准是人工智能固有的鲜明特性。教育教学中运用了人工智能技术后，课程教学设计、教学过程、学习过程以及评价过程的精准性都将得到提高。之所以能够精准，主要是因为得到有效数据即大数据的支撑。当然，大数据并不等同于多的数据，毕竟大数据并不仅仅是数量意义上的"大"。

精准还体现在计算机对各种与教学有关的数据之间相关关系的分析。在人工智能技术应用之前，通常的做法是对学生学业质量的各种数据和表现孤立地予以呈现和判断，如学生各科成绩的单独报告、学生德智体美劳各方面表现的单独陈述。有了人工智能技术的支持,学生各科学业成绩之间的相关性、德智体美劳五育发展情况的内在关联机理等,都将有可能得以表达。

生成个性化的学生学业质量评价报告

个性化的学生学业质量评价报告既是当前学生基于全面而个性化发展的理想之需,也是应对新中考和新高考改革的现实选择。个性化的学生学业质量报告既可以作为人工智能技术应用的独立目标来实施,也可以作为人工智能技术教育应用的一个子目标去实现。

要想作为人工智能技术教育应用的子目标的话,必须要为学生创设个性化的学习环境和机会,这既包括传统线下课堂的再造,也包括充分而科学的线上学习资源和评价系统的支持。唯有如此,才有可能做到个性化的学习环境、课程设计、教学设计、学习干预、学习支持以及学习评价。

个性化的学生学业质量评价报告体现在报告内容上不仅呈现学生各科的学业成绩表现以及所处位置、排名等信息,还呈现学生的学习情感、学习动机、学习策略与方法、元认知策略和批判性思维等学习技能。后者往往很难用纸笔测验来测量和评定,但是影响学生学业成绩的重要因素。由此说,个性化的学生学业质量评价报告更有助于教师、家长和学生寻找那些真正影响学生学业成绩的关键因素,从而为提升学生学业成绩提供有力的证据。

人工智能在学业评估领域的具体应用

人工智能在学业评估领域的应用最早可追溯到机器阅卷系统。机器阅卷就是利用图像识别技术对答题卡中的答案予以识别并自动记录的一种阅卷辅助系统。在我国,人们最为熟悉的全国英语四级、六级考试以及各类升学统一考试,已经全部使用机器阅卷。不仅如此,一些规模较大的中小学学校也购置了相关设备和软件,用于学校日常测验和期中、期末考试。总体上说,从智能角度说,机器阅卷其实是很初级的计算机辅助技术,或者说只是

"弱智能"的应用实践。并且,最初的机器阅卷仅限于批阅客观题型。随后,也出现了利用机器即人工智能系统批阅主观题型即作文的研发和实践探索。

近年来,随着人工智能技术的迅速发展和广泛应用,人们已经不再满足于机器阅卷这一单一功能。于是,一些从事教育评价的专家和技术开发公司不断开发能够更有效地应用学生学业数据的方案。这些方案如今被业界称为学情分析系统或自动测评系统。

在学情分析系统基础上,开发者还研制了能够帮助学生和教师开展个性化学习和教学的各种系统,包括自适应学习系统、智能导师系统等。

以上这些自动系统共有若干人工智能教育的核心共性服务,详见表7-1。

表7-1 人工智能教育应用的核心共性服务[①]

序号	服务类型	描述	作用
S1	学生识别服务	通过生物、面部等特性识别学生身份	学生身份识别、课堂自动点名等
S2	学生认知诊断服务	通过分析学习行为、结果记录来识别学生在某个主题下的认知能力水平;结合大量的主题分析综合认知水平	根据认知水平进行个性化施教
S3	学生情感识别服务	通过生物特性、面部、语音等特征识别学生的情感状态	实时调整施教策略以提高学习绩效
S4	学习资源学科知识点等分类服务	对互联网上海量的学习资源自动进行学科和知识点分类	自动、大规模地对海量学习资源进行分类

---

① 冯翔,王亚飞,吴永和.人工智能教育应用的新发展[J].现代教育技术,2018(12):5—12.

续表

序号	服务类型	描述	作用
S5	学习资源认知归类服务	确定学习资源适合学生的认知水平	实现因材施教、个性化学习资源推荐的基础
S6	个性化学习资源推荐服务	该服务是在S1—S5基础上实现的学习资源推荐系统	在合适的时候,为需要协助的学生提供适合其情感状态和认知水平的相应学习资源
S7	个性化教学设计自动规划服务	在S1—S5基础上实现的教学设计自动生成服务	满足教师(包括虚拟导师)同时面对多个学生的个性化教学需求
S8	自适应测试服务	在S1—S5基础上自动生成测试题目	确定学生的认知水平或能力水平
S9	自动批改服务	非客观类制品的自动评判	自动评阅作文

学情分析系统

学情分析系统的工作基础就是利用人工智能技术以及各种外部设备对学生的认知给予诊断服务,并作为进一步为学生提供学习和测试资料的依据。

科大讯飞的应用实践表明,通过智能学情分析可解决教学过程精准化的问题。[1] 智能学情分析技术一方面汇聚了单个学生的学习态度、学习风格、知识点掌握情况等信息,使教师能够精准掌握学生个体的学习需求;另一方面统计了班级整体的学习氛围状况、薄弱知识点分布、成绩分布等学情信息,使教师能够精准掌握班级整体的学习需求,最终为合理规划教学资源、恰当选取教学方式提供专业指导意见,实现教学过程的精准化。这项应用实践还发现,学情分析系统实现了各类学情数据和教师教学数据

---

[1] 吴晓如,王政.人工智能教育应用的发展趋势与实践案例[J].现代教育技术,2018(02):5—11.

的打通、汇聚、规整与分析,并在数据挖掘技术和学习分析技术的支撑下,使教师能够全面掌握学生个人的学情信息和学情分布状况。学情分析系统的服务可广泛应用于教学预设、课堂教学、备课与教研等相关场景的产品应用中。

下面是科大讯飞开发的学情分析系统的一个应用案例①。

该系统采集了班级所有学生的行为数据、基础信息数据和学业数据,并提交给学情分析服务系统。学情分析服务系统通过后台的大数据分析与智能技术处理,形成对学生个体与学生整体的画像,生成可视化的学情分析报告并提供给教师。教师根据学情报告中的各项指标数据,准确规划教学路径、精确设计教学策略,从而实现教学过程的精准化。

智能教学系统的应用模式如图7-1所示。

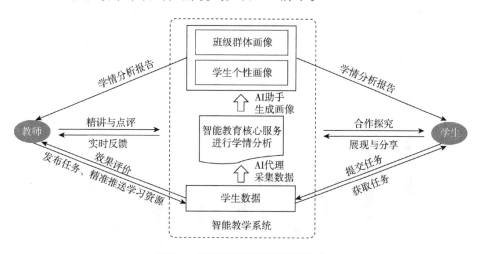

图7-1 智能教学系统的应用模式

本研究以该校英语学科C老师某节作文课的智能教学过程为例,来介绍智能教学系统的应用。其具体过程如下。(1)利用AI代理完成

---

① 吴晓如,王政.人工智能教育应用的发展趋势与实践案例[J].现代教育技术,2018(02):5—11

英语作文练习作业的批改与数据采集,并通过 AI 助手自动生成班级与个人关于本节课的学情分析报告。以图 7-2 所示的"作文练习错误类型分析图"为例,该指标可帮助 C 老师全面了解班级作文练习中的薄弱点分布状况。(2) C 老师针对全班学情分析系统报告中的低分组高频薄弱点(如拼写错误)和高分组高频薄弱点(如成分缺失错误)进行精准讲评。(3)学生根据个人学情报告和老师讲评,在线对作文进行修改,包括订正原有错误、修改完善作文表达等。(4)学生修改完成后,AI 助手再次向 C 老师提供班级和个人报告、向学生提供个人报告,以让双方得到实时反馈和效果评价,便于学生及时更改、教师进一步推送资源。(5)通过上传、共享等方式,C 老师将修改后的优秀作文分享至全班,学生利用 AI 助手分组讨论并学习优秀作文的写作、词句表达等来取长补短,精准提升写作水平。借助于 AI 代理和 AI 助手,整个写作的教学过程由此实现精准教学的目的。

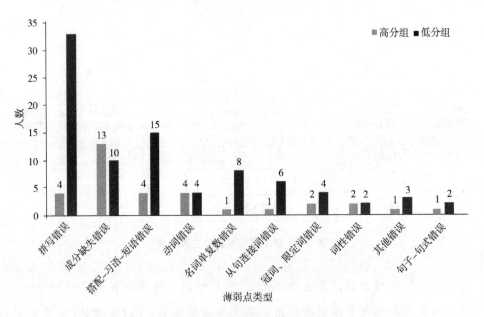

图 7-2 作文练习错误类型分析图

C 老师将此次英语作文教学重点放在教学设计上,并通过 AI 助手精准掌握学生学情,实现了以学生为主体的个性化教学。同时,借助 AI 助手,学生也获得了个性化作文的学习指导,他们在课堂上进行小组讨论、个性化练习作文,极大地调动了写作的积极性,也显著地提升了英语写作水平。据后期统计,在 2016 年 7 月初的月考中,该班的英语作文平均分较 2 月初的月考作文分数提高了 15%。

　　尽管这个应用案例中的学生成绩有了一定程度的提高,但并不表明所有使用该系统的学生一定都能提高。目前尚缺乏大面积应用的学业数据和证据。

　　总的来说,学情分析系统目前尚处于初步应用阶段,未来要走向广泛应用的话,仍有一些理论和技术上的问题需要解决和突破。第一,需要更多具备科学精准标签的试题或练习题。我们现在拥有海量的练习题或试题,但是,这些练习题或试题只带有知识点标签。除此之外,练习题或试题所应具备的其他属性标签如能力、情感、态度以及难度、区分度等参数要么缺失,要么不够科学和精准。学情分析系统如果依赖只有知识点标签的练习题或试题来工作的话,最多只是起到了帮助教师阅卷的功能,即只是帮助教师通过题目的作答正确率推断学生在各个知识点上的达成情况。这样的话,充其量给了教师时间上的协助,本质上尚未达到智能状态。第二,对于主观题如作文和自然科学类科目的解题类题型,自动阅卷还不能完全替代教师。以作文为例,即使自动阅卷系统能阅卷,但依据的是预设的字词句以及逻辑关系。计算机对某篇作文所表达的立意、情感状态等作文最核心的要素,很难做出教师应有的判断。再以数学为例,我们很难将某道题的所有解法都预设在既定的解题答案库中。之所以做不到这一点,一则受制于专家即学科教研员的数量和成本限制,二则即使是学科专家,也不可能给出所有的解法。解决这一问题的办法是让尽可能多的学生使用该作业系统,然后让计算机通过深度学习而自动记录更多的解法。但是,这又涉及市场推广以及在不完善的情况下是否能够吸引足够多的学习者的两难境地。第三,目前所使用的外部设备如摄像头、人脸识别系统等仅能捕捉和记录学生做题时的外部特征,没法反映和表达学生的心理活动信息。但是,学生的心理活动如情感、兴趣、动机等因素又对学习有着很大的影响。由此说,学情分析系统现在所宣称的可以通过一定的算法技术对学生个体画像所能体现和表达的有效信息十分有限。或者说,这些以外部特征表现为主要信息构成的画像实质上并没有真正触及影响学生学习或做题时的核心因素,充其量只是营销噱头。即使有些学者或开发者认为可通过学生的外部特征来推测学生的心理活动,但背后的原理或机制是否得到了科学的揭示和研究,还是值得怀疑。

另外,从应用推广的角度来看,由于我国新近出台了中小学生在学校使用电子教学资源的相关规定,学校以团体客户购买和使用学情分析系统将会受到政策限制。另外,直接将该系统卖给 C 端的学生和家长并不是容易达成的交易,因为学生和家长依然认为学校和教师是他们可信赖的学习评价者,哪怕是学校推荐的学情分析系统。因此,学情分析系统的市场处境较为尴尬。基于此,一些开发者和公司开始转型从事自适应学习评价系统的开发与服务。自适应学习系统也具有学情分析系统的基本功能,但又增加了在线学习和精准推送练习等新功能。这一新功能将学生学习中所涉及的学、测、练等环节置于一个闭环,有效地为学生个性化学习提供了一揽子解决方案。

自适应学习系统

当前,国际上有数十种以自适应学习为特征的系统。归纳起来,有四种主流的学习系统——牛顿(Knewton)、慧雀(Smart Sparrow)、塞拉戈(Cerego)和乂学。表 7-2 是这四种自适应学习系统的多维比较[1]。

自适应学习是一个包含多种技术和功能的综合系统,包括机器学习、计算机辅助学习、导师学习系统和大数据学习分析与学习支持等。就适应而

---

[1] 李海峰,王炜.国际主流适应性学习系统的比较与趋势分析[J].现代教育技术,2018(10):35—41.

言,又可分为学习内容的自适应、学习评价的自适应和学习序列的自适应。[1]在有些文献里,自适应学习也称作智适应学习。

何谓自适应学习?自适应学习是系统根据学习者提供的输入信息和学习行为数据进行学习资源、学习方式或者学习内容等方面的动态学习服务支持,从而为学习者创造个性化的学习体验。[2]就我国现有的自适应学习系统的应用实践来看,所谓自适应学习是指运用技术手段检测学习者当前的学习状态及水平,进行学习活动以及学习进程的实时调整,帮助学生实现个性化的信息化学习方式。[3]

在自适应学习系统中,学习者的个性化需求是适应性学习的核心问题指向与价值追求,实现路径主要以学习者的相关数据信息如学习者的个性特征、学习过程的学习行为、学习者的学习效果及效率等为基础。在信息技术支持下的自适应学习环境中,自适应学习系统主要向学习者提供学习资源、协作交互以及问题解决等相关服务。

表7-2 国际主流自适应学习系统的多维比较

分析维度 \ 系统名称	牛顿	慧雀	塞拉戈	乂学
使用群体	K12、高等教育、职业教育	高等教育	高等教育、职业培训	K12
理论基础	项目反应理论、概率图形模型、凝聚层次聚类、知识图谱	做中学、人机交互理论、体验性学习	神经科学、学习理论、认知科学、脑科学	知识空间理论、信息流理论、贝叶斯定理、问题导向教学

---

[1] MICHAEL H. Adaptive Learning [DB/OL]. (2014-01-29) [2020-03-20]. https://www.pearson.com/corporate/about-pearson/innovation/smarter-digital-tools/adaptive-learning.html

[2] SOMYUREK S. The New Trends in Adaptive Educational Hypermedia Systems[J]. International Review of Research in Open and Distributed Learning, 2015(01):221—241.

[3] 李海峰,王炜.人工智能支持下的智适应学习模式[J].中国电化教育,2018(12):88—95+112.

续表

系统名称 分析维度	牛顿	慧雀	塞拉戈	乂学
基本功能	课程创建和使用；实时学习行为数据分析仪表盘；差异化引导的自适应学习过程；薄弱知识点定位与学习路径推荐	课程创建和使用；数据分析仪表盘；直观的交互性课件著作工具；参与性学习组件（模拟实验）；实时协作	课程创建和使用；学习行为数据分析仪表盘；学习行为及过程监控；提供学习资源及范例	薄弱知识点精准定位；综合性学习测评报告；知识点视频学习；知识点针对性练习
运行机制	基于知识图谱的知识点分解与薄弱知识点支持；间隔强化知识学习；学生学习档案；大数据及实时分析；利用艾宾浩斯曲线估计学生的知识状态	基于"拖拽性"课程开发组件构建课程；开发具有交互性的课件以适应学习者的学习需求；通过人机交互实现做中学，提高学生的学习体验；实时分析学习者的认知发展，以改进教学和适应学生的学习需求	将多个项目模板应用到学习内容中，以构建最佳的学习体验；辨别学习者的核心学习目标和预期结果；监控个体或多个学习者的学习过程和结果；利用数据驱动调节教学内容或教学方式，以持续改进学习体验	纳米级的知识粒度分解；个性化的学习路径荐引；快速精准的知识状态监测；系统自适应功能的智能优化
学习模式	社区与合作学习、游戏化学习	做中学	自我体验性学习、团队学习	测、学、练、测、辅，线上与线下结合

乂学的智适应学习系统不仅能够实现学习者的相关数据分析、学习支

持与服务提供,而且具有深度理解学习者学习行为的智能性能力。智适应学习系统能够实时地对学习者的学习行为和学习结果进行精准测评以及知识薄弱点的准确定位,还可规划学习者的学习路径,使他们的学习效率最大化。换句话说,智适应学习系统的最大优势在于能够实现对专家型教师的深度模拟,精准定位学习者的知识薄弱点并为他们规划实现学习目标的快捷知识序列路径。

以下是乂学智适应学习系统的一个应用案例[①]。

> 智适应学习模式主要涉及两个维度,包括"测、学、练、测、辅"的智适应学习过程模式以及智适应学习的系统结构模式。智适应学习过程模式是智适应学习系统支持下的学习过程系统结构,主要功能旨趣是构建指向精准知识点的个性化学习系统。智适应学习系统运行模式可描绘出智适应学习系统的智能化运行流程以及学习的运行结构序列,为智适应学习过程模式的实现提供了有力的技术支持。
>
> 智适应学习的"五星"学习过程模式是一个系统过程或系统结构,由"测、学、练、测、辅"等五个基本过程或者环节组成,形成了一个以个性化学习为旨趣的系统化学习过程,如图7-3所示。
>
> "测"是智适应学习模式的基础和后续智适应学习服务支持的依据。先行测试是智适应学习过程模式的先决条件或初始条件,决定着智适应学习过程中个性化的基本路径。先行测试主要目的在于检测学习者的学习能力与先决知识基础,智适应学习系统根据纳米级的知识点分布及学习者的知识水平测评归纳出他们的薄弱知识点以及知识点的学习序列。通过精准的先行测验,智适应学习系统已经知晓了学习者的学习知识基础,为后续系统向学习者提供精准的学习支持和路径规划提供基本依据。
>
> "学"以"测"为基础,"学"以学习资料的个性化推荐和个性化学习服务支持为主要形式,聚焦于学习者知识体系的薄弱知识点。视频学

---

① 李海峰,王炜.人工智能支持下的智适应学习模式[J].中国电化教育,2018(12):88−95+112.

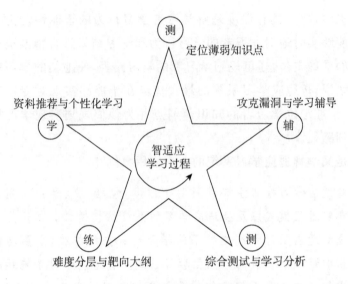

图 7-3 智适应学习过程模式

习方式是智适应学习过程模式的基本学习形态,以视频作为主要学习内容的载体和学习形式来实现对学习内容的理解以及知识点的掌握。视频以知识点为基本单元进行组织,学习内容则主要由众多代表知识点的视频集合组成。智适应学习的最大特点是能够记录下学习者在观看视频时的详细学习行为,诸如时间长度、停顿节点和观看频次等。系统会根据学习者观看视频的学习行为数据记录推测学习者的学习状况,为学习者推荐相应的学习服务或自动生成相应的测试内容。

"练"是检测或巩固知识点的有效方式之一,其目的是为每一个纳米级的知识点搭配不同层次、不同难度以及不同形式的习题内容,实现纳米级的知识点细化分层、习题靶向考试大纲以及典型的专业化命题。智适应学习系统中的练习已经超越了答案正确与否的简单测试方式,实现了有目标指向的学习行为大数据分析。智适应学习系统能够监视并记录学习者答题过程中的细节行为,诸如答题内容、答题时间、答题迟疑、鼠标移动、数据输入等。通过这些数据的抓取和分析,智适应学习系统能够深刻且全面认识学习者进行练习的相关学习行为,掌握学习者练习的基本特征或规律，探明学习者可能依然存在哪些未被掌握的知识点，为他们提供相应知识点的学习帮助或者进行再次测试与练习。

综合"测验"是智适应学习系统向学习者或者教师提供的关于学习者在线学习的综合性报告，与指向薄弱知识点"测"评的前期检测不同，主要从综合性角度关注先行测验报告、知识点学习报告、综合学习报告、巩固测验报告和在线学习绩效报告，目的是考察学习者对学习内容知识点的综合性评价。综合测验既是一个形成性的检测结果，又是一个总结性的评价呈现。学习者或者教师能够根据相应的评价数据和评价指标对学习过程或者学习方式进行相应的调整与改进，也为学习者进行下一步的学习和辅导提供相应的基础性评价参考。

"辅"即学习辅导，是智适应学习系统与教师教学的深度融合，以教师在线讲授和线下辅导为主要存在形式。教师在线讲授以及与学生互动，弥补了纯粹在线自主学习过程中的学习孤独感、学习挫败感、知识理解的求助困惑以及学习兴趣迷离等问题，教师根据学习者的在线学习测试、学习过程数据信息、综合测试和学习分析等作为学习辅导的参考信息，针对学生进行知识点的精准讲解、探究和答疑解惑。线下辅导主要以搭建的物理空间场域为代表，形成容纳智适应学习系统、辅导教师、学习成员等在内的智慧学习空间，学习者通过智适应学习系统进行自适应学习，通过学习者之间的交流形成知识共生体，通过在线教师的精准教学以及线下辅导教师的引领，进一步提升了学习者的学习效果。

总体上讲，智适应学习系统由两类数据形态以及三个闭环信息循环系统构成。两类数据形态指学生信息系统和学生数据库，前者的功能在于存贮学习者的相关个性特征信息，并为初始的适应性学习服务提供相应依据，后者是学习者在学习过程中动态生成的学习行为数据信息。三个闭环信息循环系统主要涉及适应性学习、学习管理以及学情跟踪三个维度。第一个闭环信息循环系统是智能化自适应学习循环系统，包括学习分析系统、智能化自适应引擎、学习内容、学习者、学生数据以及学习分析系统,该系统的主要功能是向学习者提供个性化的智适应服务支持。第二个闭环信息循环系统是教师学习管理系统,包括学习分析系统、学生情况跟踪、教师、学习管理系统、学习内容、学生以及学生数据,该系统的主要功能是个性化学习内容、知识点以及学习方式的推荐。第三个闭环信息循环系统是学生学习情况跟踪系统,主要由学习分析系统、学生情况跟踪、学生和学习内容等组成,其功能是持续不断地获取学习者的相关学习数据信息。基于数据信息流的基本理论,将不同的系统和节点有机地组织在一起,形成了一个以学习者个性化学习为中心的智适应学习系统。

智适应学习系统究竟给学生学习带来了哪些变化呢?在一项实验研究中,研究者发现学生通过智适应学习系统后在如下方面发生了变化。[①] 其一,学生对知识点的掌握精准度显著提升。学生对所实验的这部分知识点的学习综合评价得分由 52 分上升到 85 分。其二,学生的学习兴趣明显增强。其三,学生的学习效率得以迅速提高。有必要指出的是,这项研究是在校外培训机构实施的。

一个基本事实是,即使像乂学智适应学习系统这样在业界有较大影响力的自适应学习系统,目前仍处于初步的推广阶段,尚未进入学校教育系统,与学情分析系统面临相似境遇——缺乏大规模的学习者数据。因此,对其实验成效的结论需要谨慎对待。

自适应学习的闭环设计和路径无疑是很吸引人的,可是,真的能实现吗?就目前这几款试用产品而言,尚不能明确肯定。

首先,个性化学习之初和过程中实施的学习检测并不是尽善尽美的,其理由如前述的学情分析系统的技术缺陷。比如,假如某学生没有答对某道题,自适应学习系统便会判断他在这道题对应的知识点上存在继续学习和强化练习的必要。可是,学生没有正确作答的原因是多样的,既可能是对知识点的学习目标未达成所致,也可能是因为学生没有读懂题目的含义而导

---

① 李海峰,王炜.人工智能支持下的智适应学习模式[J].中国电化教育,2018(12):88—95+112.

致答题错误。如是后者的话,自适应学习系统后续推送的学习资源和强化练习有作用吗?

其次,视频学习资源对学生是否具有足够的吸引力。与线下教师的授课相比,自适应学习系统中的视频学习资源短小精悍,每次只集中讲授或学习一个微小知识点。从时间上来说,这有利于学生,因为学生的注意力往往只能集中有限的时间,低年龄学生尤其如此。但是,视频学习资源的讲授质量怎样呢?是否比线下教师的讲授更好呢?由此说,视频学习资源的授课质量是自适应学习系统能否得到学生喜欢的一个主要制约因素。更为重要的是,单从一个个独立知识点的学习目标角度来看的话,自适应学习所设计的这种学习路径的确可有效帮助学生提高各知识点目标的达成率,也会提高作答正确率。可是,这样学得的知识对学生未来的职业和生活到底有多大帮助呢?现实生活问题的解决需要综合和集成的知识。自适应学习系统的这种做法无助于知识的融会贯通,却加剧了知识的原子化。原子化的结果就如乂学智适应学习系统所说的纳米级知识颗粒。更何况该学习系统目前尚未为学习者开发出针对不同知识点的多元化表征资源,由此说,自适应学习系统即使能帮助学生提高学业成绩,但为了学生持续发展和终身学习考虑的话,仍需谨慎选择。

最后,自适应学习系统究竟该适合于哪个年龄段的学习者是值得重视的问题。对于低龄的学习者来说,乂学系统基于纳米级知识点的学习目标和相对封闭的线性学习路径,对于批判性思维、想象力等方面的发展都可能造成潜在威胁。倒是以做中学为特色的慧雀自适应学习系统和以体验性学习为特色的塞拉戈自适应学习系统,更符合学习者的年龄特点和终身学习需要。总之,怎样的学习系统才是K12学习者最需要的和最适合的,仍需深入研究和讨论。

主要结论与讨论

技术发展的潮流是不可阻挡的,不管你喜欢不喜欢。新一代孩子是网络原住民，他们对网络有着天然的亲近感和有别于上一代的使用体验。因此，在总策略上，我们应该以积极开放的态度去迎接人工智能在教育特别是在学生学业评价中的应用。

要充分认识到人工智能在学业评价应用过程中所遇到的复杂性挑战

与人工智能在汽车驾驶、医疗、安全等领域的应用相比，人工智能教育应用是相对来说更具挑战性的复杂领域，因为它所面对的客体是人的大脑，而大脑研究又是人类科技发展中最具探索难度的一个领域。在学习过程中，人的大脑神经系统究竟发生了哪些变化以及有何变化规律等问题，都尚未完全揭示。由此说，人工智能教育应用必须依赖于脑科学、学习科学、神经科学等相关学科的发展与发现。就学情分析和自适应学习系统而言，目前的适应性学习系统所采用的相关算法还较为初级，难以适应学习者学习过程中所面临的多样性和复杂性的学习需求。要想使它们更为智能，唯有持续深度学习与交互。在深度学习过程中，依然会遇到复杂性的挑战：学习成绩的宏观发展预测与个性化学习发展走势之间的非线性复杂关系、学习目标与学习过程中质量波动的复杂关系、在线学习者的学习行为存在复杂的易变性和多样性、多元因素与学习者学习绩效变化的复杂关系。[①]

要通过持续收集人工智能在学业评价应用过程中的相关数据和证据，对有关学习系统的应用效果予以评估

缺乏足够有力的证据和学习效果评估结论，是当前自适应学习系统难以大规模普及的一个主要原因。我国仅有的几项有关学情分析系统和自适应学习系统学习效果评估的研究结论尽管令人欣喜，但这些研究在研究设计上仍存在一些不足——样本量较小、未能有效控制影响学业成绩的其他因素、未能在所有学科展开实验研究。国外的研究也存在相似的缺陷，如缺乏影响技术应用效果的因素研究以及各因素和效果之间的内部影响机制研

---

① 李海峰，王炜.人工智能支持下的智适应学习模式[J].中国电化教育，2018(12):88-95+112.

究,更没有针对影响因素提出人工智能技术教育应用的改进措施及应用模式。① 要想取得令人信服的证据和结论,未来还需要更大规模的样本和严谨规范的实验设计,即要尽可能控制好其他影响学生学业成绩的变量。

探究自适应学习系统促进学生态度、情感、价值观等学习目标的达成

现有的自适应学习系统几乎全是针对知识点的学习目标开发的。基于知识点的学习系统最大的好处是能对学生基于知识点的学习和考试起作用。但是,学生学校教育的结果和学生发展目标不只是知识点的学习,还包括态度、情感和价值观等方面。这些要求在我国教育方针和各类教育改革法规政策中十分明确,但为何未能成为自适应学习系统的学习目标呢?一则态度、情感和价值观等发展目标,很难用纸笔测验的形式予以准确测量和评价,这是这些发展目标当前未能进入升学考试纸笔测验范围的主要原因。二则目前在理论和实践领域尚未完全弄明白上述目标的评估方案和智能化操作路径。三则受制于家长和学生认识偏差而缺乏开发驱动力。因为家长和学生最感兴趣的就是以纸笔测验为主要形式的知识点学习,因此,未来如何进一步发掘数据潜能,支持学生综合能力的多维度评价②,既是自适应学习面临的现实发展需求,也是自适应学习未来深入探索的空间。唯有这样,自适应学习才能实现期望中的智能化。

总之,教育是人类最复杂的社会活动,人工智能教育因此面对着更大的挑战和困难。这是人工智能教育应用研究者、开发者和应用者必须正视的现实。人工智能技术的教育应用仍应追求教育本心,围绕人的发展而展开探索,而非在技术的绑架下单纯追求教育"智能化"。人工智能在学业评价中的应用将是在人机协同的环境中共同增强双方智能而不断迭代、不断优

---

① 陈颖博,张文兰.国外教育人工智能的研究热点、趋势和启示[J].开放教育研究,2019(04):43—58.

② 郑勤华,熊潞颖,胡丹妮.任重道远:人工智能教育应用的困境与突破[J].开放教育研究,2019(04):10—17.

化的过程。①

  本章并未讨论当前热门的 ChatGPT 及其系列技术与服务。这并不是说这项技术不重要。截至目前，这项技术尚未大规模地应用于教育教学过程，甚至在有些国家被禁止使用。尽管已有很多关于 ChatGPT 与教育变革等方面的研究，但这些研究大多是基于逻辑推理或演绎推理的方式获得结论，并没有基于应用的符合实证研究要求的数据和信息。因此，有关 ChatGPT 与教育关系的问题尚有待研究。

---

① 郑勤华,熊潞颖,胡丹妮.任重道远:人工智能教育应用的困境与突破[J].开放教育研究,2019(04):10—17.

附录 K区2015年初中生教育质量综合评价报告

为贯彻落实国家、X省和Y市《中长期教育改革和发展规划纲要》、Y市人民政府《关于深入推进义务教育均衡发展的实施意见》等文件精神,推进全市义务教育质量综合评价改革,进一步提升义务教育教学质量,打造义务教育均衡发展"升级版",Y市教育局与华东师范大学考试与评价研究院联合开展了2015年度中小学教育质量综合评价工作。

为实施此项工作,华东师范大学考试与评价研究院组织课程教学、教育测量与评价、教育信息技术等领域的专家编制了科目测试题和相关问卷等测量工具,研制了数据采集系统、结果分析与报告系统和反馈指导系统。

教育质量综合评价体系是在广泛吸收借鉴国内外测评项目成功经验的基础上,结合Y市的实际情况和新课程的相关要求而构建的以关注学生健康成长为核心价值追求的评价指标体系。2015年度学生学业质量绿色指标综合评价体系主要包括学业水平指数、学习动机指数、学习情感指数、学习策略指数、学校认同度指数、学业负担指数、学习压力指数、学生品德观念指数、家校合作指数、师生关系指数、教学方式指数、教师专业发展需求指数、教师专业发展满足度指数和校长课程领导力指数。该评价体系主要通过纸笔测验和学生、教师及校长问卷来获取信息。

2014年度综合评价工作结果表明,基于科学设计的纸笔测验及问卷调查能够有效地收集评价工作所需的各类信息。建立在这些信息基础上的价值判断和政策建议完全能够满足项目要求,并可为Y市各级政府、教育行政管理部门以及教师、学生和家长提供有关学生学业质量的总体状况、问题与成因等信息。与2014年度综合评价报告相比,2015年度综合评价报告的一个鲜明特色是在全面描述和诊断 2015 年度现状及问题的基础上,增加了年度进展描述和判断,这为更加详细地了解变化情况以及采取更有针对性的质量管理与解决方案提供了更有力的证据和信息。

2015 年度报告分两大部分,由 20 份系列报告组成。第一部分是主要面向教育管理者的系列报告,包括《Y 市 2015 年初中生教育质量综合评价报告》《Y 市各县(市、区)2015 年初中生教育质量综合评价报告》《学生学业质量影响因素分析报告》《新优质学校学生学业质量绿色指标综合评价报告》等共计 16 份报告。第二部分是主要面向教研员和教师的分科目的学业质量分析报告,包括语文、数学、英语和科学 4 个科目,共 4 份报告。

2015 年中小学学业质量绿色指标综合评价工作是多方努力与合作的结果,在此特别感谢参与项目的各科目命题及审题专家的严谨工作,感谢参与学业质量标准设定的专家以及数据分析团队的辛勤劳动,感谢参加测试的县(市、区)教育行政、教研和考试组织部门的全力支持,感谢参与本次测试和调查的所有校长、教师、学生和家长们的配合。

华东师范大学考试与评价研究院

Y 市教育局

2016 年 5 月

1. 学业水平

学生学业水平主要通过学生学业成绩标准达成度、学生高阶思维能力发展程度以及学生学业成绩均衡程度来体现,分别采用学业成绩标准达成指数、学生高阶思维能力指数和学业成绩均衡指数来表征。其中,学生学业成绩均衡指数又包括个体间均衡指数和学校间均衡指数。

1.1 学业成绩标准达成度

学业成绩标准达成指数指的是学生在各科目达到合格水平的程度。学生的学业成绩合格水平是依据课程标准,在大规模测试数据基础上,运用国际上通用的统计分析方法,对学生在某一科目、某一阶段应该掌握的基本内容与核心能力的发展水平所做的等级标定。

学业成绩标准达成指数分为 9 级。指数越高,表示该区域学生学业成绩达到课程标准基本要求的人数比例越高。

9 级:表示学业成绩达到课程标准基本要求的学生比例在 96% 及以上(含 96%)。

8 级:表示学业成绩达到课程标准基本要求的学生比例在 92%—96% 之间(含 92%)。

7 级:表示学业成绩达到课程标准基本要求的学生比例在 88%—92% 之间(含 88%)。

6 级:表示学业成绩达到课程标准基本要求的学生比例在 84%—88% 之间(含 84%)。

5 级:表示学业成绩达到课程标准基本要求的学生比例在 80%—84% 之间(含 80%)。

4 级:表示学业成绩达到课程标准基本要求的学生比例在 76%—80% 之间(含 76%)。

3 级:表示学业成绩达到课程标准基本要求的学生比例在 72%—

76%之间(含72%)

2级:表示学业成绩达到课程标准基本要求的学生比例在68%—72%之间(含68%)

1级:表示学业成绩达到课程标准基本要求的学生比例在68%以下

注:超过6级可界定为学生学业成绩达到课程标准基本要求的比例符合预期。

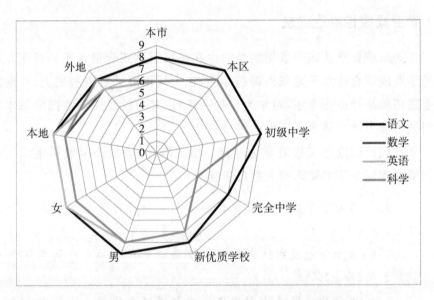

图1.1　不同群体学生学业成绩标准达成指数图

表1.1　不同群体学生学业成绩标准达成指数表

	语文	数学	英语	科学
全市	8	6	6	6
全区	9	8	8	8
初级中学	9	8	8	8
完全中学	7	4	4	4

续表

	语文	数学	英语	科学
新优质学校	8	7	7	7
男	9	8	8	8
女	9	8	9	8
本市生源	9	8	9	8
非本市生源	8	7	7	8

图1.1和表1.1数据显示，K区学生的语文、数学、英语、科学四个科目的学业成绩标准达成指数均远高于全市平均水平，其中语文科目的学业成绩标准达成指数高于全市平均水平1个等级，其他各科均高于全市平均水平2个等级。

这说明该区学生学业成绩达到课程标准基本要求的比例符合预期，且其学业成绩达标比例高于全市平均水平。

就不同群体而言，初级中学、完全中学学生的学业成绩达成指数差异很大。初级中学四个科目的学业成绩标准达成指数均与全区平均水平相当，而完全中学在数学、英语和科学三个科目上的标准达成指数低于全区平均水平4个等级；女生在英语科目上的学业成绩标准达成指数高于男生1个等级，在其他科目上，男生与女生的学业成绩标准达成指数相当；本市生源学生的学业成绩标准达成指数在语文和数学科目上高于非本市生源学生1个等级，在英语科目上则高于非本市生源学生2个等级，在科学科目上无差异。

可见，不同群体学生之间的差异还是明显存在的。完全中学在四个科目上达到学业成绩标准的学生比例明显低于其他类型的学校和全区及全市平均水平；男生和女生在不同科目上的表现差异较小，仅在英语科目上女生学业成绩标准达标的比例高于男生；本市生源的学生达到学业成绩标准的比例略高于非本市生源的学生，英语科目尤其明显。由此，应重视完全中学和非本市生源学生达成学业成绩标准比例偏低的现状。

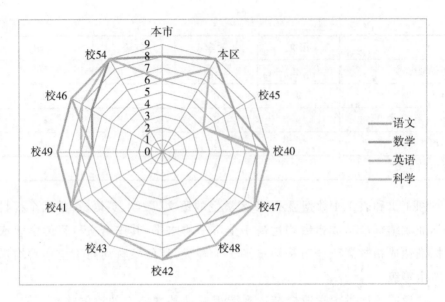

图 1.2　不同学校学生学业成绩标准达成指数图

表 1.2　不同学校学生学业成绩标准达成指数表

	语文	数学	英语	科学
本市	8	6	6	6
本区	9	8	8	8
校 45	7	4	4	4
校 40	9	9	9	8
校 47	9	9	9	9
校 48	9	9	7	9
校 42	9	9	9	9
校 43	8	8	8	8
校 41	9	9	9	9
校 49	9	6	6	7
校 46	9	7	9	8
校 54	9	9	9	9

图 1.2 和表 1.2 表明,就不同学校而言,该区有 20% 学校的学生语文学业成绩标准达成指数低于该区平均水平,校 45 和校 43 的达成指数分别低于该区平均水平 1 个和 2 个等级。有 30% 学校的学生数学学业成绩标准达成指数低于该区平均水平,校 45 的达成指数低于该区平均水平 4 个等级。有 30% 学校的学生英语学业成绩标准达成指数低于该区平均水平,校 48、校 46 和校 45 的达成指数分别低于该区平均水平 1 个、2 个和 4 个等级。有 20% 学校的学生科学学业成绩标准达成指数低于该区平均水平,校 49 与校 45 的达成指数分别低于该区平均水平 1 个和 4 个等级。

由此看来,该区学生在四个科目上学业成绩标准达成比例差异较小,且绝大多数学生学业成绩达到合格水平。但校 45 与该区学生学业成绩标准达成的比例有很大差距。

1.2 高阶思维能力

高阶思维能力主要包括知识迁移与综合运用能力,预测、观察和解释能力,推理能力,问题解决能力,批判性思维和创造性思维能力,等等。高阶思维能力用学生高阶思维能力指数来体现。

学生高阶思维能力指数分为 9 级。指数越高,表示该区域具备高阶思维能力的学生比例越高。

9 级:表示具备高阶思维能力的学生所占比例在 90% 以上(含 90%)

8 级:表示具备高阶思维能力的学生所占比例在 80%—90% 之间(含 80%)

7 级:表示具备高阶思维能力的学生所占比例在 70%—80% 之间(含 70%)

6 级:表示具备高阶思维能力的学生所占比例在 60%—70% 之间(含 60%)

5 级:表示具备高阶思维能力的学生所占比例在 50%—60% 之间(含 50%)

4级:表示具备高阶思维能力的学生所占比例在40%—50%之间(含40%)

3级:表示具备高阶思维能力的学生所占比例在30%—40%之间(含30%)

2级:表示具备高阶思维能力的学生所占比例在20%—30%之间(含20%)

1级:表示具备高阶思维能力的学生所占比例在20%以下

注:得分超过6级可界定为大多数学生具备高阶思维能力。

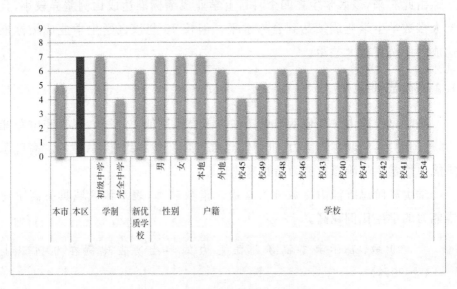

图1.3 学生高阶思维能力指数图

图1.3数据显示,K区的学生高阶思维能力指数为7,远高于全市平均水平,这说明K区大多数学生具备高阶思维能力,且具备高阶思维能力的学生比例远高于全市平均水平。

就不同群体而言,完全中学与初级中学学生的高阶思维能力指数差异很大,完全中学的学生高阶思维能力指数低于初级中学和全区平均水平3个等级;新优质学校学生的高阶思维能力低于全区平均水平1个等级;男生与女生在拥有高阶思维能力的比例上没有差异;本市户籍学生的高阶思维能力高于非本市户籍学生1个等级。

由此看来,完全中学与初级中学的差距明显,完全中学具备高阶思维能力的学生比例远远低于全区平均水平;新优质学校学生在高阶思维能力方面表现较好,仅略低于全区平均水平;男生与女生具备高阶思维能力的人数比例几乎没有差异;具备高阶思维能力的本市户籍学生比例略高于非本市户籍学生。由此,应重视完全中学、非本市户籍学生具备高阶思维能力比例相对较低的问题,尤其需要关注完全中学高阶思维能力发展水平过低的问题。

就不同学校而言,该区有60%的学校学生高阶思维能力指数低于该区平均水平。其中,校49、校45分别低于该区学生平均高阶思维能力指数2个和3个等级。有4所学校(校48、46、43、40)的学生高阶思维能力指数低于该区平均水平1个等级。

由此看来,该区各校具备高阶思维能力的学生比例差异较大,校48、46、43和40处于较低位,校49、校45处于低位,需给予特别重视。

图1.4数据显示,K区学生的语文科目和数学科目的高阶思维能力指数均为7级,说明该区大多数学生具备语文和数学科目的高阶思维能力。

不同群体在语文科目上的高阶思维能力指数有一定差异。初级中学学生语文科目的高阶思维能力指数为7,与全区平均水平相当,而完全中学学生的语文科目高阶思维能力指数仅为5,比初级中学与全区平均水平低2个等级;新优质学校学生在语文科目上的高阶思维能力指数为6,比全区平均水平低1个等级;女生在语文科目上的高阶思维能力指数比男生高1个等级,比全区平均水平高1个等级;本市户籍生源学生的语文科目高阶思维能力指数比非本市户籍学生高1个等级,非本市户籍学生在语文科目上的高阶思维能力指数比全区平均水平低1个等级。就各学校而言,有40%的学校学生语文科目高阶思维能力指数低于全区平均水平,尤其是校45,比全区平均水平低2个等级。有3所学校比全区平均水平低1个等级(校40、48、49)。

在数学科目上,不同群体学生的高阶思维能力差异更大。初级中学学

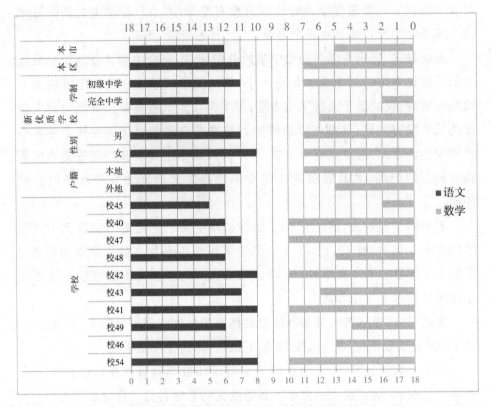

图 1.4 学生在语文和数学科目上的高阶思维能力

生数学科目的高阶思维能力指数为 7，与全区平均水平相当，而完全中学学生的数学科目高阶思维能力指数仅为 2，比初级中学水平低 5 个等级；新优质学校学生在数学科目上的高阶思维能力指数为 6，比全区平均水平低 1 个等级；女生在数学科目上的高阶思维能力指数与男生相当；本市户籍生源学生的数学科目高阶思维能力指数比非本市户籍学生高 2 个等级，非本市户籍学生在数学科目上的高阶思维能力指数比全区平均水平低 2 个等级。就各学校而言，有 50%的学校学生数学科目高阶思维能力指数低于全区平均水平。尤其是校 45 和 49，分别比全区平均水平低 5 个和 3 个等级。有 2 所学校比全区平均水平低 2 个等级（校 46、48），校 43 比全区平均水平低 1 个等级。

由此可见,不同群体学生数学科目的高阶思维能力有较大差异。该区完全中学具备数学科目高阶思维能力的学生比例显著低于初级中学,落后 5 个等级,需引起重视;此外,女生具备数学科目高阶思维能力的比例与男生相当;非本市户籍生源具备数学科目高阶思维能力的学生比例明显低于本市生源学生,需关注非本市户籍生源学生数学科目的高阶思维能力发展问题。同时,具备数学科目高阶思维能力的学生比例校际差异很大。仅半数学校的水平高于全区平均水平,有 5 所学校(校 45、46、43、48、49)处于低位,校 45 和 49 显著低于全区平均水平。

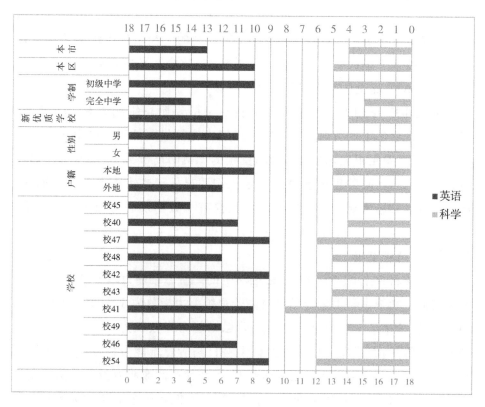

图 1.5 学生在英语和科学科目上的高阶思维能力

图 1.5 数据显示,K 区学生英语科目和科学科目的高阶思维能力指数

分别为8和5,说明该区绝大多数学生在英语科目上具备高阶思维能力,仅一半的学生在科学科目上具备高阶思维能力。

不同群体学生在英语科目上的高阶思维能力指数有一定差异。初级中学学生在英语科目上的高阶思维能力指数为8,与全区平均水平相当,而完全中学学生的高阶思维能力指数仅为4,比初级中学与全区平均水平低4个等级;新优质学校学生在英语科目上的高阶思维能力指数为6,比全区平均水平低2个等级;女生在英语科目上的高阶思维能力指数比男生高1个等级;本市户籍生源学生在英语科目上的高阶思维能力指数比非本市户籍学生高2个等级,非本市户籍学生在英语科目上的高阶思维能力指数比全区平均水平低2个等级。就各学校而言,有60%的学校学生英语科目高阶思维能力指数低于全区平均水平。尤其是校45,比全区平均水平低4个等级,校43、48和49比全区平均水平低2个等级。

由此可见,不同群体学生在英语科目上的高阶思维能力有较大差异。该区完全中学学生的英语科目高阶思维能力比例显著低于初级中学与全区平均水平,且差距很大,需引起重视;女生的比例略高于男生;非本市户籍生源具备英语科目高阶思维能力的学生比例明显低于本市生源学生。同时,英语科目高阶思维能力校际差异较大且仅有少数学校高于全区平均水平。有六所学校(校45、43、48、49、40、46)处于低位,校45显著低于全区平均水平,需引起特别重视。

在科学科目上,不同群体的K区学生的高阶思维能力差异极大,且整体水平偏低。初级中学学生科学科目高阶思维能力指数为5,与全区平均水平相当,而完全中学学生的科学科目高阶思维能力指数仅为3,比初级中学水平低2个等级;新优质学校学生的科学科目高阶思维能力指数为4,比全区平均水平低1个等级;女生在科学科目上的高阶思维能力指数比男生低1个等级;本市户籍生源学生的科学科目高阶思维能力指数与非本市生源学生相当。就各学校而言,有40%的学校学生科学科目高阶思维能力指数低于全区平均水平。校45和46比全区平均水平低2个等级,校40和49比全区平均水平低1个等级,而校41则比全区平均水平高3个等级。

由此可见，K区不同群体学生具备科学科目高阶思维能力的比例有较大差异。该区完全中学学生具备科学科目高阶思维能力的比例远远低于初级中学与全区平均水平，需引起重视；此外，女生的比例略低于男生；本市户籍生源学生与非本市户籍生源学生的比例无明显差异。同时，科学科目高阶思维能力校际差异很大，拥有最低与最高指数的两校相差5个等级。大多数学校的水平高于全区平均水平，但仍有4所学校（校45、46、40、49）处于低位，校45和46明显低于全区平均水平。

1.3 学业成绩均衡度

学生学业成绩均衡度包括个体间均衡度和学校间均衡度。

1.3.1 个体间均衡度

学生学业成绩个体间均衡度用个体间均衡指数来描述，是通过对所有参测学生学业成绩的标准差和平均分进行统计分析得到的结果。

学生学业成绩个体间均衡指数分为9级。指数越高，表示学生学业成绩差异越小，均衡度越高。

  9级：表示学生学业成绩均衡度在0.9及以下（含0.9）
  8级：表示学生学业成绩均衡度在0.8—0.9之间（含0.8）
  7级：表示学生学业成绩均衡度在0.7—0.8之间（含0.7）
  6级：表示学生学业成绩均衡度在0.6—0.7之间（含0.6）
  5级：表示学生学业成绩均衡度在0.5—0.6之间（含0.5）
  4级：表示学生学业成绩均衡度在0.4—0.5之间（含0.4）
  3级：表示学生学业成绩均衡度在0.3—0.4之间（含0.3）
  2级：表示学生学业成绩均衡度在0.2—0.3之间（含0.2）
  1级：表示学生学业成绩均衡度在0.2以下
  注：得分超过6级可界定为学生学业成绩的个体间均衡度较高。

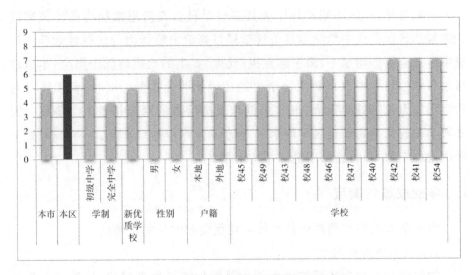

图 1.6 学生学业成绩个体间均衡指数图

图 1.6 数据显示,K 区学生的个体间均衡指数为 6,略高于全市平均水平。这说明 K 区学生学业成绩个体间均衡度较高,且该区学生个体间学业成绩差异小于全市平均水平。

就不同群体来说,完全中学学生个体间均衡指数低于初级中学和全区平均水平 2 个等级,处于低位;新优质学校学生个体间均衡指数仅低于全区平均水平 1 个等级;男生与女生个体间均衡指数相当,无明显差异;本市户籍学生的个体间均衡指数高于非本市户籍学生 1 个等级。

由此可见,不同群体的学生个体间均衡度有一定差异。完全中学的学生个体间均衡程度显著低于初级中学以及全区平均水平;男生与女生在个体间均衡度方面没有明显差异;本市户籍生源学生的个体间学业成绩差异略小于非本市户籍生源的学生。因此,需重视完全中学与非本市户籍生源学生的学业成绩个体间均衡问题。

就不同学校而言,该区有 30% 的学校学生学业成绩个体间均衡指数低于全区平均水平。校 45 低于全区平均学生学业成绩个体间均衡指数 2 个等级,校 49、43 低于全区平均水平 1 个等级。有 3 所学校(校 41、42、54)学生的学业成绩个体间均衡度高于全区水平 1 个等级。

由此看来,该区各校学生的个体间学业成绩差异较小,但有一定的校际差异。校 45 学生的学业成绩个体间均衡程度显著低于全区平均水平,与其他各校也有较大差异。校 49 和校 43 的学生学业成绩个体间均衡度也处于低位。

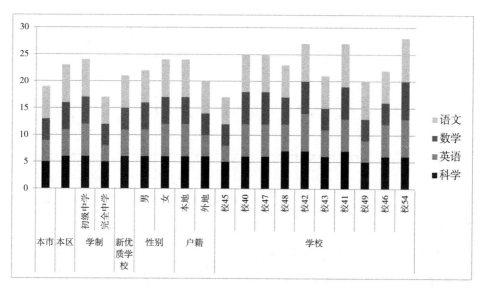

图 1.7　学生各科成绩个体间均衡指数图

表 1.3　学生各科成绩个体间均衡指数表

		科学	英语	数学	语文
本市		5	4	4	6
本区		6	5	5	7
学制	初级中学	6	6	5	7
	完全中学	5	3	4	5
新优质学校		6	5	4	6
性别	男	6	5	5	6
	女	6	6	5	7

续表

		科学	英语	数学	语文
户籍	本地	6	6	5	7
	外地	6	4	4	6
学校	校45	5	3	4	5
	校40	6	6	6	7
	校47	6	6	6	7
	校48	7	5	5	6
	校42	7	7	6	7
	校43	6	5	4	6
	校41	7	6	6	8
	校49	5	4	4	7
	校46	6	6	4	6
	校54	6	7	7	8

图1.7和表1.3数据显示，在科学科目上，该区学生学业成绩个体间均衡指数为6级，比全市高1个等级，说明K区学生科学学业成绩个体间均衡度较高，略高于全市平均水平。完全中学为5级，略低于初级中学的6级；新优质学校学生科学学业成绩个体间均衡度与全市平均水平相同，均为6级；男生科学学业成绩个体间均衡度与女生持平；外地户籍学生也与本地户籍学生持平，均是6级。在科学科目上该指标低于全区平均水平的学校占学校总数的20%。

由此可见，该区学生科学科目的个体间学业成绩差异较小。完全中学的学生个体间科学学业成绩差异略大于初级中学；男生的科学学业成绩个体间均衡度与女生一致；外地户籍学生也与本地户籍学生持平。该区大多数学校的学生个体间科学学业成绩差异较小，但有2所学校（校45和49）的学生科学学业成绩个体间均衡程度处于低位。

在英语科目上，该区学生学业成绩个体间均衡指数为5级，比全市高1

个等级,说明 K 区学生英语学业成绩的个体间均衡度一般,但高于全市平均水平。初级中学为 6 级,完全中学为 3 级;新优质学校为 5 级;男生的英语学业成绩个体间均衡度低于女生 1 个等级;外地户籍学生低于本地户籍学生 2 个等级。该区有 20%的学校学生英语科目学业成绩个体间均衡指数低于全区平均水平,校 45 和校 49 分别低于全区平均水平 2 个和 1 个等级。校 42 和校 54 表现突出,比全区平均水平高 2 个等级。

由此可见,该区学生在英语科目上的学生个体间学业成绩差异一般,但个体间差异程度小于全市平均水平。完全中学的学生个体间英语学业成绩差异显著大于初级中学,且两类学校的差距很大,需引起重视;男生的英语学业成绩个体间均衡程度略低于女生;外地户籍学生远远低于本地户籍学生。学校 45 和 49 学生英语学业成绩个体间均衡度相较于全区平均水平处于低位,校 45 学生英语科目个体间学业成绩差异明显大于其他各校及全区平均水平,应特别引起重视。

在数学科目上,该区学生学业成绩个体间均衡指数为 5 级,比全市高 1 个等级,说明 K 区学生数学学业成绩的个体间均衡度一般,但高于全市平均水平。初级中学数学个体间学业成绩均衡度为 5 级,完全中学为 4 级;新优质学校为 4 级;男生数学科目学业成绩个体间均衡度与女生持平,都是 5 级;外地户籍学生是 4 级,低于本地户籍学生 1 个等级。该区有 40%的学校学生数学科目学业成绩个体间均衡指数低于全区平均水平 1 个等级(校 43、45、46 和 49)。

由此可见,该区学生在数学科目上的学生个体间学业成绩差异一般,但个体间差异程度小于全市平均水平。男女生在数学科目上的学业成绩个体间均衡度没有差异;外地户籍学生数学学业成绩个体间均衡度略低于本地户籍学生。该区有 40%的学校学生数学科目学业成绩个体间均衡度处于低位(校 43、45、46 和 49)。

在语文科目上,该区学生学业成绩个体间均衡指数为 7 级,比全市高 1 个等级,说明 K 区学生语文学业成绩个体间均衡度较高,且已高于全市平均水平。初级中学为 7 级,完全中学为 5 级,新优质学校为 6 级;男生为 5 级,比女生低1个等级;外地户籍学生是6级,低于本地户籍学生1个等级。该区有40%的学校学生语文科目学业成绩个体间均衡指数低于全区平均水平(校43、45、46和42),校45低于全区平均水平2个等级。

由此可见,该区学生在语文科目上的学生学业成绩个体间均衡度较高,且高于全市平均水平。完全中学的学生语文学业成绩个体间均衡度较低,且完全中学的个体间均衡度远远低于初级中学;男生在语文科目上的个体间差异程度略大于女生;外地户籍学生略低于本地户籍学生。该区有40%的学校学生在语文科目上的学业成绩个体间均衡程度处于低位(校43、45、46和42)。

1.3.2 学校间均衡度

学生学业成绩学校间均衡度是通过各学校之间学业成绩差异的大小来反映的,是采用多层线性模型统计分析得到的结果。

学业成绩学校间均衡指数分为9级。指数越高,表示学校间学业成绩差异越小,均衡度越高。

  9级:表示学校差异可解释学生成绩差异的4%及以下(含4%)
  8级:表示学校差异可解释学生成绩差异的8%—4%(含8%)
  7级:表示学校差异可解释学生成绩差异的12%—8%(含12%)
  6级:表示学校差异可解释学生成绩差异的16%—12%(含16%)
  5级:表示学校差异可解释学生成绩差异的20%—16%(含20%)
  4级:表示学校差异可解释学生成绩差异的24%—20%(含24%)
  3级:表示学校差异可解释学生成绩差异的28%—24%(含28%)
  2级:表示学校差异可解释学生成绩差异的32%—28%(含32%)
  1级:表示学校差异可解释学生成绩差异的32%及以上
  注:得分超过3级可界定为学生学业成绩的学校间均衡度较高。

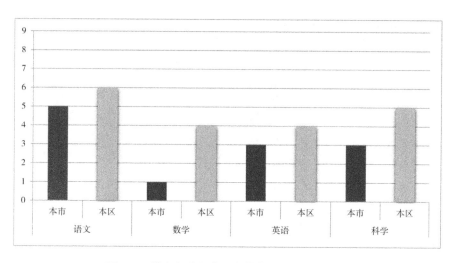

图 1.8　学生各科目学业成绩学校间均衡指数图

图 1.8 显示,该区的学业成绩学校间差异非常小,且差异要小于全市平均水平。在语文科目上,全市学业成绩学校间均衡指数为 5 级,K 区学业成绩学校间均衡指数为 6 级,表明该区学校在语文科目上的学校间学业成绩差异很小,且差异程度略小于全市平均水平;在数学科目上,全市学业成绩学校间均衡指数为 1 级,而 K 区的学业成绩学校间均衡指数为 4 级,表明该区各校在数学科目上的学校间学业成绩差异很小,且差异程度显著小于全市平均水平;在英语科目上,全市学业成绩学校间均衡指数为 3 级,K 区各学校学业成绩学校间均衡指数为 4 级,表明该区学生在英语科目上的学校间学业成绩差异很小,且差异程度略小于全市平均水平;在科学科目上,全市学业成绩学校间均衡指数为 3 级,K 区学业成绩学校间均衡指数为 5 级,表明该区各校在科学科目上的学校间学业成绩差异不大,且差异程度明显小于全市平均水平。

1.4 学业水平年度变化状况

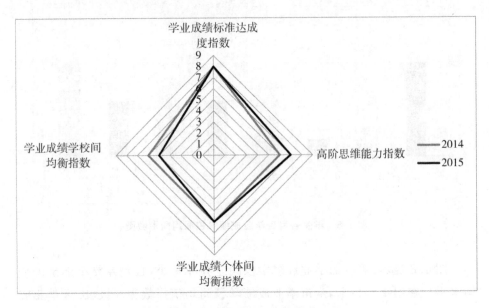

图 1.9　学生各科学业水平年度变化状况

图 1.9 表明,该区 2015 年度学生的标准达成度与 2014 年持平,均为 8 级。该区 2015 年学生的高阶思维能力取得了一定的进步,比 2014 年高一个等级。学业成绩个体间均衡指数没有变化,均为 6 级,而区内学校间的均衡度却比去年下降了 1 个等级,仅有 5 级。

由此可见,该区学生的高阶思维能力取得了一定的进步,而学业成绩达到课程标准基本要求的比例与学业成绩个体间均衡度均无明显变化。但该区学业成绩学校间差异却有所扩大,今后应预防这种趋势的进一步扩大。

2. 学习状况

学习状况主要反映学生在学习过程中的主观感受和客观行为表现。本次问卷调查主要关注学生学习状况中的情感、动机、策略、对学校的认同度这四个方面。

对问卷中有关学习状况的 28 道问项进行 KMO 值和 Bartlett 检验,得出 $X^2=365442.760$(自由度为 378),$P=0.000<0.05$,并且 KMO=0.930,表明适合进行因素分析。采用主成分分析法对问卷进行初步分析后,发现特征值大于 1 的因素有 5 个,可解释项目总变异的 55.75%。进行极大方差旋转,剔除 8 个负荷相对较低且与该维度所要测量的潜在特质差别相对较大的项目。对剩余的 20 个项目再次进行因素分析,发现 4 个因子的特征根均大于 1,可解释的方差累积贡献率为 58.83%。进行极大方差旋转,旋转后的各项目负荷均在 0.40 以上,且 MSA 均大于 0.77。

至此,根据因素分析的结果可以将该部分问项分为 4 个维度——维度 1:学习情感,包含 5 个问项;维度 2:学习动机,包含 6 个问项;维度 3:学习策略,包含 6 个问项;维度 4:学校认同度,包含 3 个问项。

2.1 学习情感指数

学习情感指学生对学习是否符合需要而产生的态度体验,可分为积极的学习情感和消极的学习情感。消极的学习情感也可称为没有学习情感。学习情感是构成学生良好学习个性品质的主要因素,也是调动和发挥学生学习自主性和积极性的必要策略和手段。心理学研究表明,一旦学生对学习失去情感,思维、理解、记忆等认知活动都将受到阻碍。

学习情感指数是利用问卷调查数据分析得到的结果,共分为 9 级,指数越高,表明学习情感较积极的学生所占比例越大。

9 级:表示学习情感较积极的学生所占比例在 90% 以上(含 90%)

8 级:表示学习情感较积极的学生所占比例在 80%—90% 之间

（含80％）

　　7级：表示学习情感较积极的学生所占比例在70％—80％之间（含70％）

　　6级：表示学习情感较积极的学生所占比例在60％—70％之间（含60％）

　　5级：表示学习情感较积极的学生所占比例在50％—60％之间（含50％）

　　4级：表示学习情感较积极的学生所占比例在40％—50％之间（含40％）

　　3级：表示学习情感较积极的学生所占比例在30％—40％之间（含30％）

　　2级：表示学习情感较积极的学生所占比例在20％—30％之间（含20％）

　　1级：表示学习情感较积极的学生所占比例在20％以下

　　注：得分超过6级可界定为大多数学生的学习情感较积极。

　　图2.1表明，K区学生学习情感指数为7，与全市平均指数持平，说明全区学习情感较积极的学生所占比例在70％—80％之间（含70％）。细分到不同学生群体来看，无论是男生还是女生，无论是本地户籍生源还是外地户籍生源的学生，其学习情感指数均为7，这说明这些群体中学习情感较积极的学生所占比例均在70％以上。就具体学校而言，绝大部分学校学习情感较积极的学生所占比例在70％以上，但有1所学校（校45）学习情感较积极的学生的比例仅为62％。

　　综上，在K区有70％以上的学生学习情感较积极。男女生、不同类型学校（完全中学除外）学生、不同户籍生源学生中学习情感较积极的学生比例均在70％以上，且差异不是很大。各学校之间的差异较小，校45学习情感较积极的学生占比低于全区平均水平。

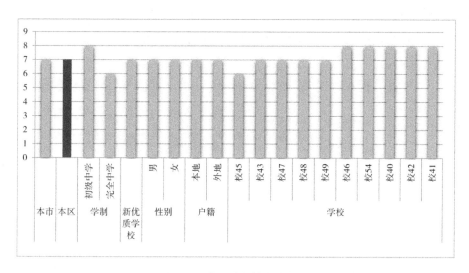

图 2.1 学生学习情感指数图

2.2 学习动机指数

学习动机是指引发与维持学生的学习行为,并使之指向一定学业目标的一种动力倾向。它既是直接推动学生开展学习的一种内部动力,又是激励和指引学生开展学习的一种需要。有关学习动机的研究指出,对知识价值的认识(知识价值观)、对学习的直接兴趣(学习兴趣)、对自身学习能力的认识(学习能力感)和对学习成绩的归因(成就归因)这四个方面是学生学习动机的主要内容。激发和维持学生学习动机的策略主要有采用启发式教学、控制动机水平、给予恰当评定、正确处理竞争与合作等。

学习动机指数是利用问卷调查数据分析得到的结果,共分为 9 级,指数越高,表明学习动机较强学生所占比例越大。

9 级:表示学习动机较强的学生所占比例在 90% 以上(含 90%)

8 级:表示学习动机较强的学生所占比例在 80%—90% 之间(含 80%)

7 级:表示学习动机较强的学生所占比例在 70%—80% 之间

（含70%）

6级：表示学习动机较强的学生所占比例在60%—70%之间（含60%）

5级：表示学习动机较强的学生所占比例在50%—60%之间（含50%）

4级：表示学习动机较强的学生所占比例在40%—50%之间（含40%）

3级：表示学习动机较强的学生所占比例在30%—40%之间（含30%）

2级：表示学习动机较强的学生所占比例在20%—30%之间（含20%）

1级：表示学习动机较强的学生所占比例在20%以下

注：得分超过6级可界定为大多数学生的学习动机较强。

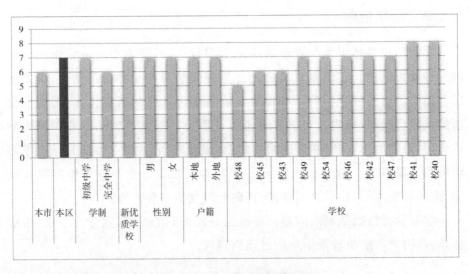

图 2.2　学生学习动机指数图

图 2.2 表明，K 区学生学习动机指数为 7，比全市平均水平高 1 个等级，说明全区学习动机较强的学生所占比例在 70%—80% 之间（含 70%），大多

数学生学习动机较强。细分到不同学生群体来看,无论是男生还是女生,无论是本地户籍生源还是外地户籍生源的学生,学习动机指数均为 7,说明这些群体中学习动机较强的学生所占比例均在 70% 以上。值得注意的是,在完全中学,学习动机较强的学生所占比例略低于全区平均水平,为 68%。就具体学校而言,绝大部分学校学习动机较强的学生所占比例在 70% 以上,但有 3 所学校学习动机较强的学生比例未达到 70%,最低仅为 55%。

综上,K 区有 70% 以上的学生学习动机较强。男女生、不同类型学校(完全中学除外)学生、不同户籍生源学习动机较强的学生所占比例均在 70% 以上。各学校之间有一定差异,校 43、45、和 48 这三所学校学习动机较强的学生占比低于全区平均水平。

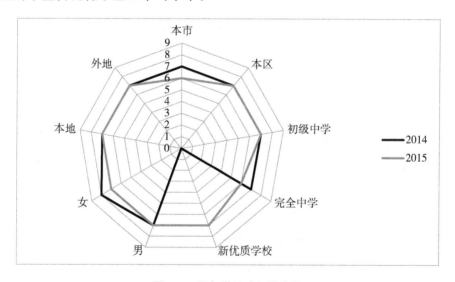

图 2.3 历年学习动机雷达图

图 2.3 表明,与 2014 年相比,K 区 2015 年的学习动机指数保持不变,这表明学习动机较强的学生比例与 2014 年持平。其中,完全中学、女生学习动机较强的比例与 2014 年相比有所下降。其余类型学生与 2014 年持平。

2.3 学习策略指数

学习策略是指学习者为了提高学习的效果和效率,有目的、有意识地制定并使用的有关学习过程的策略和行动方案。它具有主动性、有效性、过程性和程序性等特征。学习策略实质上就是学习者在完成特定学习任务时选择、使用和调控学习步骤、规则、方法、技巧、资源等的思维模式。这种模式既影响学习进程的各种因素间的联系,也与学习者的特质、学习任务的性质以及学习发生的时空密切相关。

学习策略指数是利用问卷调查数据分析得到的结果,共分为 9 级,指数越高,表明学习策略较有效的学生所占比例越大。

9 级:表示学习策略较有效的学生所占比例在 90% 以上(含 90%)

8 级:表示学习策略较有效的学生所占比例在 80%—90% 之间(含 80%)

7 级:表示学习策略较有效的学生所占比例在 70%—80% 之间(含 70%)

6 级:表示学习策略较有效的学生所占比例在 60%—70% 之间(含 60%)

5 级:表示学习策略较有效的学生所占比例在 50%—60% 之间(含 50%)

4 级:表示学习策略较有效的学生所占比例在 40%—50% 之间(含 40%)

3 级:表示学习策略较有效的学生所占比例在 30%—40% 之间(含 30%)

2 级:表示学习策略较有效的学生所占比例在 20%—30% 之间(含 20%)

1 级:表示学习策略较有效的学生所占比例在 20% 以下

注:得分超过 6 级可界定为大多数学生的学习策略较有效。

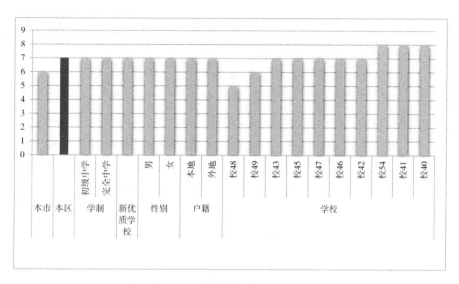

图 2.4 学生学习策略指数图

图 2.4 表明,K 区学生学习策略指数为 7,比全市平均水平高 1 个等级,说明全区学习策略较有效的学生所占比例在 70%—80% 之间(含 70%),大多数学生学习策略较有效。细分到不同学生群体来看,无论是初级中学、完全中学,还是新优质学校,无论是男生还是女生,无论是本地户籍生源还是外地户籍生源,学习策略指数均为 7。就具体学校而言,绝大部分学校学习策略较有效的学生所占比例在 70% 以上,但有 2 所学校学生学习策略较有效的比例未达到 70%,最低一所学校仅为 52%。

综上,K 区有 70% 以上的学生学习策略较有效。男女生、不同类型学校学生、不同户籍生源学生学习策略较有效的比例均在 70% 以上,且各学校之间差异相对较大,校 48 和 49 的学生在学习策略指数上没有达到该区平均水平。

2.4 学校认同度指数

学校认同度指学生对学校的归属感和认可程度,包括学生关于同学关系、是否愿意参加学校集体活动、是否喜欢学校等看法。

学校认同度指数是利用问卷调查数据分析得到的结果,共分为9级,指数越高,表明对学校的认同度较高的学生所占比例较大。

　　9级:表示学校认同度较高的学生所占比例在90%以上(含90%)

　　8级:表示学校认同度较高的学生所占比例在80%—90%之间(含80%)

　　7级:表示学校认同度较高的学生所占比例在70%—80%之间(含70%)

　　6级:表示学校认同度较高的学生所占比例在60%—70%之间(含60%)

　　5级:表示学校认同度较高的学生所占比例在50%—60%之间(含50%)

　　4级:表示学校认同度较高的学生所占比例在40%—50%之间(含40%)

　　3级:表示学校认同度较高的学生所占比例在30%—40%之间(含30%)

　　2级:表示学校认同度较高的学生所占比例在20%—30%之间(含20%)

　　1级:表示学校认同度较高的学生所占比例在20%以下

　　注:得分超过6级可界定为大多数学生对学校的认同度较高。

图2.5表明,K区学校认同度指数为8,比全市平均水平高1个等级,说明全区学校认同度较高的学生所占比例在80%—90%之间(含80%),大多数学生学校认同度较高。数据还表明,本地生源和外地生源差异不大。但是,完全中学认同度较高的学生比例明显低于其他类型学校。在性别上,男生的比例低于女生,也低于该区平均比例。就学校而言,有四所学校认同度较高的学生比例低于该区平均水平,最低仅为66%。

综上,K区有80%以上的学生学校认同度较高。男女生、不同类型学校学生、不同户籍生源学生学习动机较强的比例均在70%以上,且略有差异。各学校之间差异相对而言较大,校45、47、48和49这四所学校中学校认同

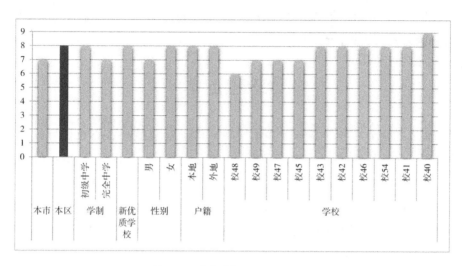

图 2.5　学生学校认同度指数图

度较高的学生比例低于该区平均水平。

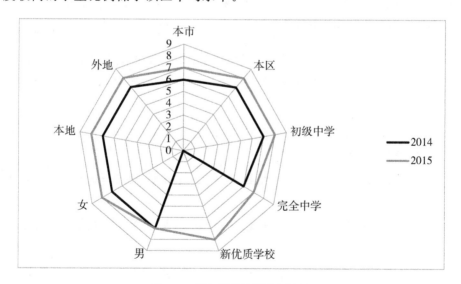

图 2.6　历年学校认同度雷达图

图 2.6 表明,与 2014 年相比,K 区 2015 年的学校认同指数增加 1 个等

级。其中,除男生的学校认同指数与 2014 年持平以外,其余群体学生的学校认同指数均增加 1 个等级。

3. 学业负担

学生的学业负担是指学生为了实现个体学业成绩和身心成长目标以及寻找到符合个性特点的成才之路而付出的行为与承受的压力、担当的责任等心理状态的综合状况。学生付出的行为可通过学生的课内外学习、课内外作业、睡眠、体育锻炼等时间投入以及测验频率等信息来反映,心理状态主要是通过学习压力来体现。

3.1 学业负担指数

学生的学业负担指数是利用本次问卷调查中的书面作业时间、补课时间、睡眠时间、体育锻炼时间以及测验频率等时间投入量的数据信息分析得到的结果,共分为 9 级,指数越高,表明学习负担较轻的学生所占比例越大。

9 级:表示学习负担较轻的学生所占比例在 90% 以上(含 90%)

8 级:表示学习负担较轻的学生所占比例在 80%—90% 之间(含 80%)

7 级:表示学习负担较轻的学生所占比例在 70%—80% 之间(含 70%)

6 级:表示学习负担较轻的学生所占比例在 60%—70% 之间(含 60%)

5 级:表示学习负担较轻的学生所占比例在 50%—60% 之间(含 50%)

4 级:表示学习负担较轻的学生所占比例在 40%—50% 之间(含 40%)

3 级:表示学习负担较轻的学生所占比例在 30%—40% 之间(含 30%)

2级:表示学习负担较轻的学生所占比例在20%—30%之间(含20%)

1级:表示学习负担较轻的学生所占比例在20%以下

注:得分超过6级可界定为大多数学生学业负担较轻。

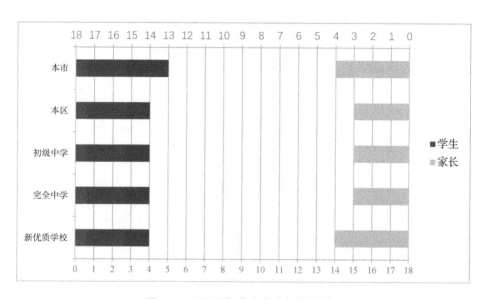

图3.1 不同群体学生学业负担指数图

图3.1表明,从学生的角度来看,K区学生学业负担指数为4,比全市平均水平低1个等级,说明全区学业负担较轻的学生所占比例在40%—50%之间(含40%)。细分到不同学生群体来看,无论是初级中学、完全中学,还是新优质学校,其学生学业负担指数均为4。来自家长角度的数据也见图3.1所示。

图3.2表明,K区2015年的学业负担指数与2014年持平。其中,完全中学学业负担较轻的学生所占比例与2014年相比有所下降。

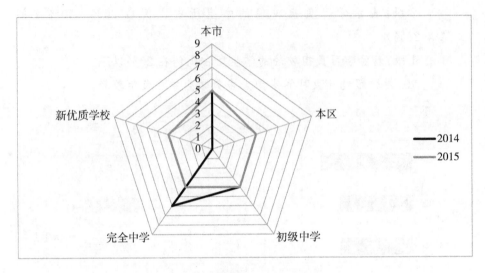

图 3.2 历年学业负担雷达图

3.1.1 书面作业时间

书面作业时间主要是指学校老师布置的每天作业的时间。该数据既有来自学生本人的报告,也有来自家长的报告。

图 3.3 表明,从学生的角度来看,K 区 4% 的学生每天在 1 小时内完成书面作业;20% 的学生每天在 1—2 小时(含 1 小时)内完成书面作业;37% 的学生每天在 2—3 小时(含 2 小时)内完成书面作业;28% 的学生每天在 3—4 小时(含 3 小时)内完成书面作业;11% 的学生每天花 4 小时以上的时间完成书面作业。可以看出,K 区与全市平均水平差异较大。

从分布图看,以国家标准初中生书面作业时间 2 小时以下为参照点,K 区未达到这一标准的学生比例达 76%。在不同群体中,初级中学未达到国家标准的学生比例为 77%;完全中学、新优质学校、外地户籍学生未达到国家标准的学生比例分别为 63%、51%、66%,均比全区平均水平低。

来自家长角度的学生书面作业时间的数据分布,如图 3.4 所示。

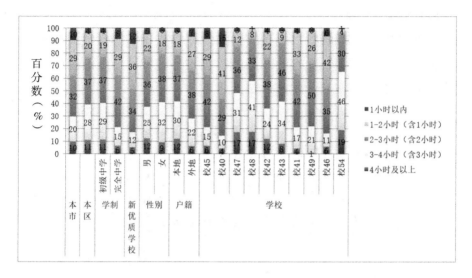

图3.3 学生书面作业时间分布图(学生)

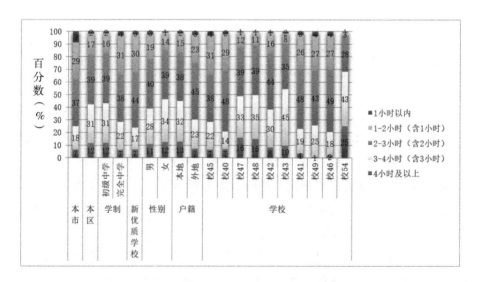

图3.4 学生书面作业时间分布图(家长)

3.1.2 补课时间

补课时间主要是指统一参加校内组织的补课和自行参加校外各种辅导班这两种补课的时间投入。其中,自行参加校外各种辅导班的时间既有来自家长的报告,也有来自学生的报告。

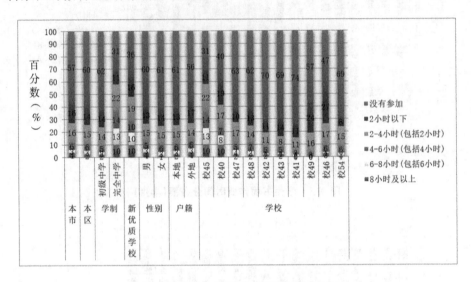

图 3.5　学生校内补课时间分布图(学生)

图 3.5 表明,从学生的角度来看,K 区 60%的学生没有参加校内组织的补课;14%的学生每周参加 2 小时以下校内组织的补课;15%的学生每周参加 2—4 小时(包括 2 小时)校内组织的补课;6%的学生每周参加 4—6 小时(包括 4 小时)校内组织的补课;3%的学生每周参加 6—8 小时(包括 6 小时)校内组织的补课;2%的学生每周参加 8 小时及以上校内组织的补课。可以看出,K 区与全市平均水平差异不大。

从分布图看,以国家标准初中生没有参加任何形式的补课为参照点,K 区未达到这一标准的学生比例为 40%。在不同群体中,完全中学、新优质学校未达到国家标准的学生比例分别为 69%、64%,高于全区平均水平。

图 3.6 表明,从学生的角度来看,K 区 29%的学生没有参加校外组织的补课;11%的学生每周参加 2 小时以下校外组织的补课;28%的学生每周参

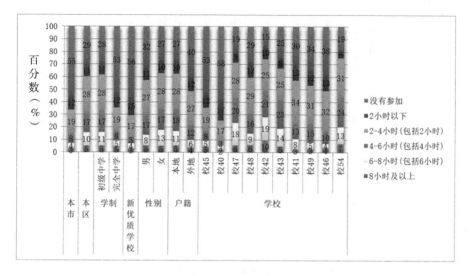

图 3.6 学生校外补课时间分布图(学生)

加 2—4 小时(包括 2 小时)校外组织的补课;17% 的学生每周参加 4—6 小时(包括 4 小时)校外组织的补课;10% 的学生每周参加 6—8 小时(包括 6 小时)校外组织的补课;5% 的学生每周参加 8 小时及以上校外组织的补课。可以看出,K 区与全市平均水平差异较大。

从分布图看,以国家标准初中生没有参加任何形式的补课为参照点,K 区未达到这一标准的学生比例达 71%,高于全市平均水平。

来自家长角度的学生校外补课时间的数据分布,如图 3.7 所示。

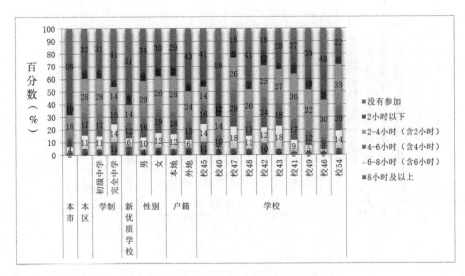

图 3.7 学生校外补课时间分布图(家长)

3.1.3 睡眠时间

睡眠时间是指学生平时上学时每天的睡眠时间。该数据信息既有来自家长的报告,也有来自学生的报告。

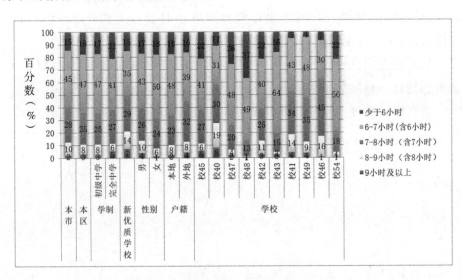

图 3.8 学生睡眠时间分布图(学生)

图 3.8 表明,从学生的角度来看,K 区 18% 的学生平时上学时每天的睡眠时间小于 6 小时;47% 的学生平时上学时每天的睡眠时间在 6—7 小时(含 6 小时);25% 的学生平时上学时每天的睡眠时间在 7—8 小时(含 7 小时);8% 的学生平时上学时每天的睡眠时间在 8—9 小时(含 8 小时);3% 的学生平时上学时每天的睡眠时间在 9 小时及以上。

从分布图看,以国家标准初中生睡眠时间在 8 小时以上为参照点,K 区未达到这一标准的学生比例达 89%,高于全市平均水平。在不同群体中,新优质学校未达到国家标准的学生比例为 79%,低于全区平均水平。

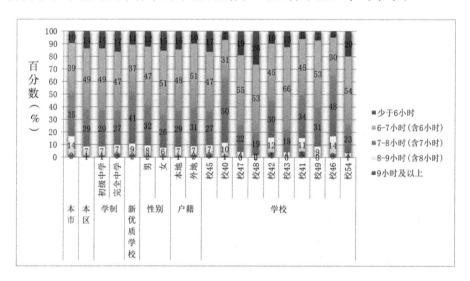

图 3.9 不同群体学生睡眠时间分布图(家长)

来自家长角度的学生睡眠时间的数据分布,如图 3.9 所示。

3.1.4 体育锻炼时间

体育锻炼时间是利用所收集的学生每天放学回家后投入体育锻炼的时间来体现的,该数据信息来自家长的报告。

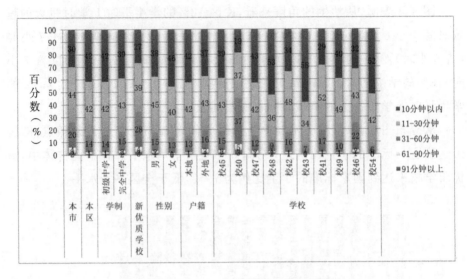

图 3.10 学生体育锻炼时间分布图(家长)

图 3.10 表明,从家长的角度来看,K 区 42%的学生每天放学回家后投入体育锻炼的时间在 10 分钟以内;42%的学生每天放学回家后投入体育锻炼的时间在 11—30 分钟;14%的学生每天放学回家后投入体育锻炼的时间在 31—60 分钟;1%的学生每天放学回家后投入体育锻炼的时间在 61—90 分钟;1%的学生每天放学回家后投入体育锻炼的时间在 91 分钟以上。

从分布图看,以学生体育锻炼时间 1 小时以上为参照点,K 区未达到这一标准的学生比例达 98%,高于全市平均水平。在不同群体中,初级中学未达到体育锻炼时间 1 小时以上的学生比例为 98%,新优质学校未达到体育锻炼时间 1 小时以上的学生比例为 94%。可以看出,不同群体学生每天放学回家后投入体育锻炼的时间普遍较少。

3.1.5 测验频率

测验次数是指学生每个月参加的书面考试及测验的次数,该信息来自学生问卷。

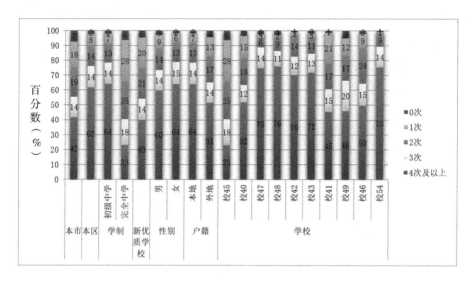

图3.11　学生测验次数分布图(学生)

图3.11表明,从学生的角度来看,K区2%的学生每个月参加的书面考试及测验的次数是0次;8%的学生每个月参加的书面考试及测验的次数是1次;14%的学生每个月参加的书面考试及测验的次数是2次;14%的学生每个月参加的书面考试及测验的次数是3次;62%的学生每个月参加的书面考试及测验的次数是4次及以上。

从分布图看,以学生每个月参加书面考试及测验的次数0次为参照点,K区未达到这一标准的学生比例达98%,高于全市平均水平。在不同群体中,初级中学、女生未达到国家标准的学生比例均达98%;而完全中学、新优质学校未达到国家标准的学生比例亦分别为94%、95%。可以看出,K区不同群体中学生每个月参加书面考试及测验是普遍现象。

3.1.6 学业负担感

学业负担感是指家长对学生学业负担的主观判断。

图3.12表明,从家长的角度来看,K区12%的家长认为学生学业负担非常重;48%的家长认为学生学业负担比较重;36%的家长认为学生学业负担一般;3%的家长认为学生学业负担比较轻;1%的家长认为学生学业负担

非常轻。

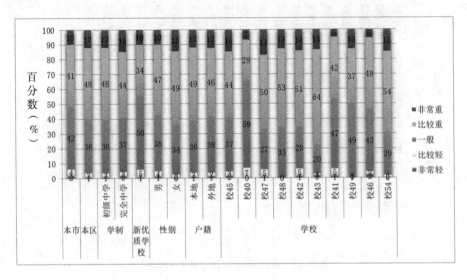

图 3.12　学业负担感分布图(家长)

3.2 学习压力指数

学习压力指学生在学习活动中所承受的精神负担,主要表现在学生学习过程中所承受的来自环境的各种紧张刺激以及学生在生理、心理和社会行为上可测定、可评估的异常反应。本次问卷主要调查的是学生关于考试及成绩带来的心理影响和感受情况。

学习压力指数是利用问卷调查数据分析得到的结果,共分为9级,指数越高,表明学习压力较小的学生所占比例越大。

  9级:表示学习压力较小的学生所占比例在90%以上(含90%)

  8级:表示学习压力较小的学生所占比例在80%—90%之间(含80%)

  7级:表示学习压力较小的学生所占比例在70%—80%之间(含70%)

  6级:表示学习压力较小的学生所占比例在60%—70%之间

(含60%)

5级:表示学习压力较小的学生所占比例在50%—60%之间(含50%)

4级:表示学习压力较小的学生所占比例在40%—50%之间(含40%)

3级:表示学习压力较小的学生所占比例在30%—40%之间(含30%)

2级:表示学习压力较小的学生所占比例在20%—30%之间(含20%)

1级:表示学习压力较小的学生所占比例在20%以下

注:得分超过6级可界定为大多数学生学习压力较小。

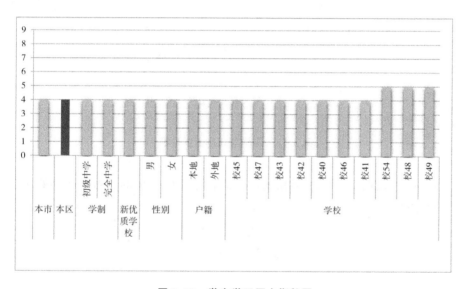

图 3.13 学生学习压力指数图

图3.13表明,K区学生学习压力指数为4,与全市平水平均持平,说明全区学习压力较小的学生所占比例在40%—50%之间(含40%)。细分到不同学生群体来看,初级中学、完全中学、新优质学校、男生、女生,本市户籍

或非本市户籍的学生,其学习压力指数均为4,说明全区学习压力较小的学生所占比例在40%—50%之间(含40%)。

综上,K区有40%以上的学生学习压力较小。男女生、不同类型学校学生、不同户籍生源学生中学习压力较小的学生比例均在40%以上,且差异不是很大。各学校之间的差异也不是很大,学习压力较小的学生比例均在40%以上。

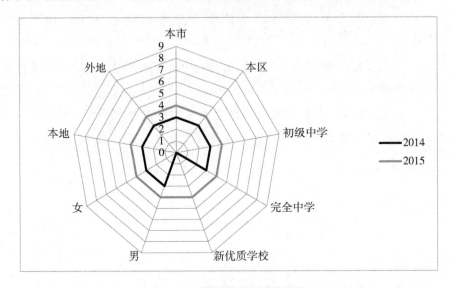

图3.14 历年学习压力雷达图

图3.14表明,与2014年相比,2015年度K区学生的学习压力指数上升了1个等级。

4.学生品德

学生品德发展是学校教育目标的一个重要组成部分,在结构上由道德认知、道德情感、道德意志和道德行为四个要素构成。本问卷主要探询学生的品德认知情况,更确切地说主要是学生若干良好的品德观念的情况。

第一,对问卷中有关学生品德的15个问项做了KMO值和Bartlett检验,得出$X^2 = 144165.668$(自由度为105),$P = 0.000 < 0.05$,KMO=0.904,

表明适合进行因素分析。第二,采用主成分分析法初步分析,发现特征值大于 1 的因子有 3 个,且可解释项目总变异的 53.31%。进行极大方差旋转后各项目负荷均在 0.40 以上,且 MSA 大于 0.60。数据结果表明,其中有 1 个因子被剔除,因此该因子对应的 6 个问项也就被剔除。然后,对剩余的 9 个问项进行第二次因素分析,发现有 2 个因子的特征根均大于 1,可解释的方差累积贡献率为 52.58%。进行极大方差旋转后的各项目负荷均在 0.55 以上,且 MSA 均大于 0.59。由此,根据探索性因素分析的结果,我们可以将该部分问卷分为 2 个维度,维度 1 包含 7 个问项,维度 2 包含 2 个问项。但是,由于维度 1 中的 7 个问项过多,我们又将维度 1 中的问项分为 3 个因子,并采用线性结构方程软件 Mplus7 对其进行了验证性因素分析,得出各项拟合指数在 0.90 以上(拟合指数 $TLI=0.973$,比较拟合指数 $CFI=0.954$),近似误差均方根($RMSEA=0.052$)在 0.05 左右,这说明该部分具有较好的分类结构,该分类方案可以接受。

至此,根据分析结果,我们就可以将该部分问项分为 4 个维度——维度 1:遵守公共秩序观念,包含 2 个问项;维度 2:志愿服务观念,包含 2 个问项;维度 3:尊敬师长观念,包含 2 个问项;维度 4:诚信观念,包含 3 个问项。

学生品德观念指数是利用上述 4 个维度 9 个问项的数据分析而得到的结果,共分为 9 级。指数越高,表明具有良好的品德观念的学生所占比例越高。

9 级:表示具有良好的品德观念的学生所占比例在 90% 以上(含 90%)

8 级:表示具有良好的品德观念的学生所占比例在 80%—90% 之间(含 80%)

7 级:表示具有良好的品德观念的学生所占比例在 70%—80% 之间(含 70%)

6 级:表示具有良好的品德观念的学生所占比例在 60%—70% 之间(含 60%)

5 级:表示具有良好的品德观念的学生所占比例在 50%—60% 之

间(含50%)

　　4级:表示具有良好的品德观念的学生所占比例在40%—50%之间(含40%)

　　3级:表示具有良好的品德观念的学生所占比例在30%—40%之间(含30%)

　　2级:表示具有良好的品德观念的学生所占比例在20%—30%之间(含20%)

　　1级:表示具有良好的品德观念的学生所占比例在20%以下

　　注:得分超过6级可界定为大多数学生具有良好的品德观念。

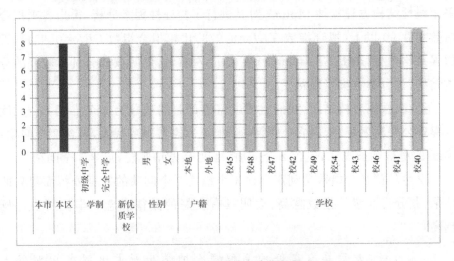

图 4.1　学生品德观念指数图

　　图4.1、图4.2、图4.3表明,全区初中生品德观念指数为8,说明全区具有良好品德观念的学生所占比例在80%—90%之间(含80%),高于全市平均水平1个等级。细分到不同学生群体来看,无论是男生还是女生,无论是本市户籍还是非本市户籍的学生,其品德观念指数均为8,这说明各类学生中具有良好品德观念的学生比例均在80%以上。值得注意的是,完全中学具有良好品德观念的学生比例略低于全市平均水平,为73.5%。就具体学校而言,有4所学校学生的品德观念指数低于全区平均水平1个等级。

综上，K区有80%以上的初中生具有良好的品德观念。男女生、不同类型学校（完全中学除外）学生、不同户籍生源学生中具有良好品德观念的学生比例均在80%以上，且差异不是很大。各学校之间的差异相对而言较大。

与2014年相比，K区2015年的品德观念指数上升了3个等级。

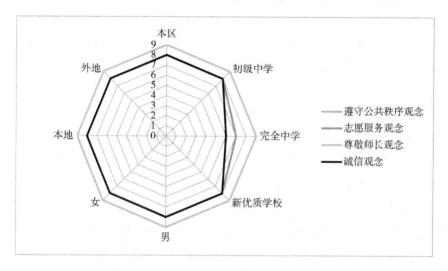

图4.2　不同群体学生品德观念各维度雷达图

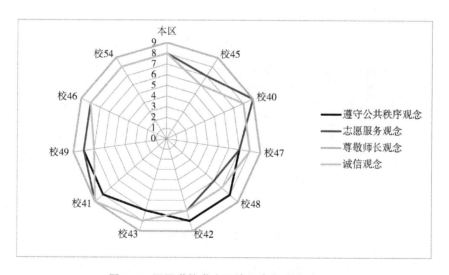

图4.3　不同学校学生品德观念各维度雷达图

4.1 遵守公共秩序观念

公共秩序也称社会秩序,是指为维护社会公共生活所必需的秩序,由法律、行政法规、国家机关、企业事业单位和社会团体的规章制度等所确定,主要包括社会管理秩序、生产秩序、工作秩序、交通秩序和公共场所秩序等。公共秩序关系到人们的生活质量,也关系到社会的文明程度。遵守公共秩序是中国公民的基本义务之一。

维护公共秩序,既要依靠道德规范,也需要法律规范的制约。道德是靠社会舆论、传统习惯、内心信念和教育力量来调整人与人以及人与社会之间关系的行为规范,它为人们判断善与恶、道德与不道德提供基本标准。只有每个人"从我做起,从现在做起",养成遵守公德并维护秩序的良好习惯,才会让人们在公共生活中享受更多的真正的自由。

本调查主要是通过询问学生对其同学在公共场合(如讲座的礼堂)与周围人交谈的发生率、在公共场合(如排队购票)违反规则的人数多寡等问项的回答来推测学生在遵守公共秩序方面的观念情况。

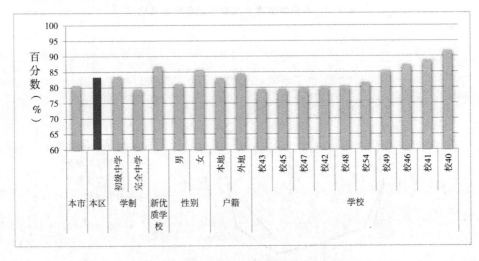

图 4.4 初中生遵守公共秩序观念统计图

图 4.4 表明,全区有 83.3% 的学生具有遵守公共秩序的观念,略高于全市平均水平。数据还表明,本地生源和外地生源等各类不同群体学生比例差异不大。在各学校中,这一比例介于 79.5% 和 91.7% 之间,校际差异不大。

4.2 志愿服务观念

志愿服务是指志愿者组织或志愿者服务社会生产生活、促进社会发展进步的行为。一般情况下,志愿服务泛指利用自己的时间、技能、资源、善心为邻居、社区、社会提供非营利、无偿、非职业化援助的行为。其实质体现为愿意贡献个人的时间及精力且在不为任何物质报酬的情况下,为改善社会、促进社会进步而提供的服务。

本调查主要是通过询问学生对其同学有多少人会参与志愿服务(如去敬老院为老人服务、志愿参与公共卫生服务等)的回答,来推测学生在志愿服务方面的观念情况。

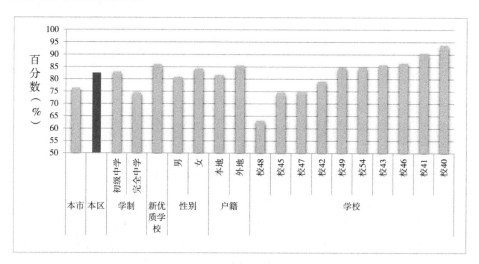

图 4.5　初中生志愿服务观念统计图

图 4.5 表明,全区有 82.4% 的学生具备志愿服务观念,高于全市平均水

平。细分到不同学生群体来看,除完全中学外,其余各类群体差异不是很大。就各学校而言,有 4 所学校中具备志愿服务的学生比例低于该区平均水平,校 48 尤其低。

4.3 尊敬师长观念

尊敬师长是中华民族传统美德之一。对在校学生来说,尊敬师长不仅是学校生活的要求和规范,也是学生将来进入社会所应该具备的基本道德规范和伦理价值。

本调查主要是通过询问学生对其同学有多少人会尊重教师以及在校园里向教师问好等问项的回答,来推测学生尊敬师长观念的情况。

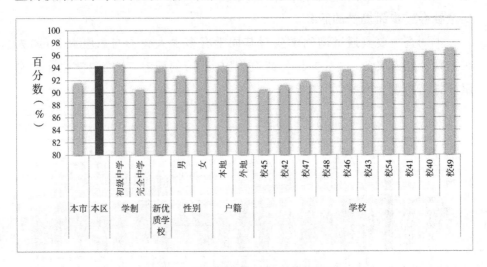

图 4.6 初中生尊敬师长观念统计图

图 4.6 表明,全区有 94.3% 的学生具备尊敬师长观念,高于全市平均水平。细分到不同学生群体来看,具备尊敬师长观念的学生比例差异不是很大。就各学校而言,有 60% 的学校学生在尊敬师长观念上的占比低于该区平均水平。

由此可以说,该区有近九成学生具备尊敬师长的观念。

4.4 诚信观念

诚信是指以真诚之心,行信义之事。诚,就是真实、诚恳;信,就是信任、证据。因此,诚信就是诚实无欺,信守诺言,言行相符,表里如一。它是社会主义核心价值观之一。

本调查主要是通过询问学生对其同学有多少人会遵守并执行事先的约定(如是否按照约定与同学参加郊游)、会遵守规则(如在体育比赛中遵守赛事规则)以及会负责任地完成既定的任务等问项的回答,来推测学生诚信观念的情况。

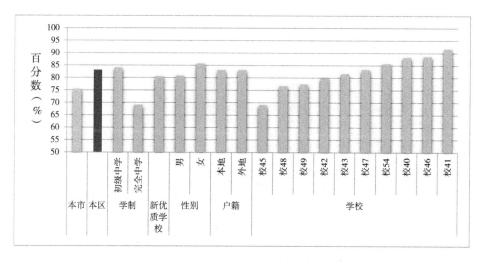

图 4.7　初中生诚信观念统计图

图 4.7 表明,该区有 83.1% 的学生具备诚信观念,高于全市平均水平。细分到不同学生群体来看,完全中学中具备诚信观念的学生比例相对较低,仅为 69.0%。就各学校而言,有一半学校的学生在具备诚信观念的比例上低于该区平均水平。

由此可见,该区约有八成以上学生具备诚信观念,但校际差异明显。

5. 学生的家庭生活

学生的家庭生活主要涉及学生在家庭生活中的参与、家长与学生的沟通与交流、家长对学生的学习评价以及家校合作程度等方面。了解和把握学生的家庭生活情况是学校教育过程中的一个必要环节，它可为家校合作创造条件，有助于为学生构建合作的成长环境。

5.1 家庭参与

本问卷是通过调查学生在家庭生活中的家务参与以及家庭事务讨论参与，来推测学生的家庭参与情况。

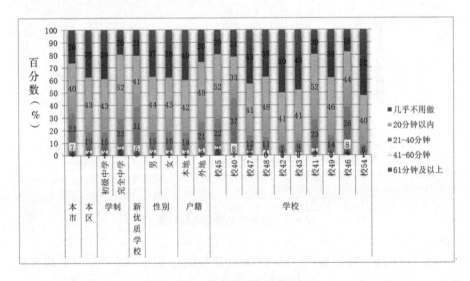

图 5.1 学生家务参与分布图

图 5.1 表明，K 区 38% 的家长认为孩子每天几乎不做家务；43% 的家长认为孩子每天做家务的时间大约在 20 分钟以内；15% 的家长认为孩子每天做家务的时间大约在 21—40 分钟；3% 的家长认为孩子每天做家务的时间大约在 41—60 分钟；1% 的家长认为孩子每天做家务的时间大约在 61 分钟

及以上。

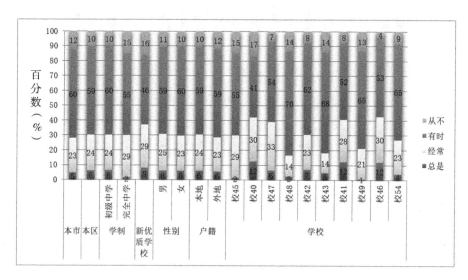

图 5.2 学生家庭事务参与讨论分布图

图 5.2 表明，K 区 10% 的家长认为孩子从不参与家庭事务讨论；59% 的家长认为孩子有时参与家庭事务讨论；24% 的家长认为孩子经常参与家庭事务讨论；6% 的家长认为孩子总是参与家庭事务讨论。在 K 区，男女生、不同类型学校学生、不同户籍生源、不同学校学生参与家庭事务讨论的数据之间差异不是很大。各个学校学生中参与家庭事务讨论的学生比例与全区平均比例相比也没有很大差异。可以看出，K 区学生中参与家庭事务讨论的学生比例与全市平均水平相比也没有很大差异。

5.2 家庭交流

本问卷调查的是家长在家庭生活中与学生关于学校生活的交流频率，体现的是家长对学生学校生活的关心程度。

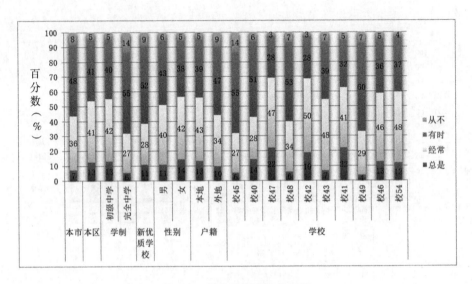

图 5.3　学生家庭交流分布图

图 5.3 表明,K 区 5%的家长从不询问孩子在学校里发生的有趣的事情;41%的家长有时询问孩子在学校里发生的有趣的事情;41%的家长经常询问孩子在学校里发生的有趣的事情;13%的家长总是询问孩子在学校里发生的有趣的事情。

5.3 家长期望

本问卷调查的是家长对学生的升学预期,实质上体现的是家长期望。

图 5.4 表明,K 区 46%的家长期望孩子可以就读省市重点高中;16%的家长期望孩子可以就读区县重点高中;26%的家长期望孩子可以就读区县普通高中;4%的家长期望孩子可以就读中职校;1%的家长期望孩子可以国外留学;7%的家长期望孩子可能会有其他选择。

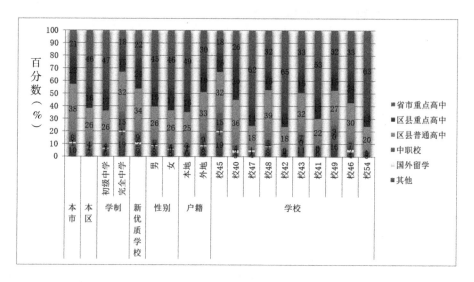

图 5.4 家长期望分布图

5.4 家校合作指数

家校合作可以泛指家长在子女教育过程中与学校一切可能的互动行为。家校合作是对学生最具影响的两个社会结构——家庭和学校形成合力,使学校能得到更多来自家庭方面的支持,使家长能得到更多来自学校方面的指导。其实质是家庭与学校以促进青少年全面发展为目标,家长参与学校教育,学校指导家庭教育,相互配合、互相支持。家校合作在国外通常被称为"学校、家庭和社区合作伙伴关系"。这种关系不仅将家庭和学校看作平等成员,而且强调社区对学生发展和成长的影响和作用,还将学生自身也看作是合作关系中的重要一员,强调学生在合作关系中的主体地位和作用。

在问卷中对施测的 9 道问项进行 KMO 和 Bartlett 检验,结果显著。$X^2=239756.654$(自由度为 36),$P=0.000<0.05$,并且 KMO$=0.951$,表明适合进行因素分析。采用主成分分析法对问卷进行初步分析,发现特征值大于 1 的因素有 1 个,可解释项目总变异的 69.47%。根据因素分析的结果

可以将该部分问项分为1个维度：家校合作。

家校合作指数是利用问卷调查数据分析得到的结果，共分为9级，指数越高，表明家校合作程度较高的家庭所占比例越大。

  9级：表示家校合作程度较高的家庭所占比例在90%以上（含90%）

  8级：表示家校合作程度较高的家庭所占比例在80%—90%之间（含80%）

  7级：表示家校合作程度较高的家庭所占比例在70%—80%之间（含70%）

  6级：表示家校合作程度较高的家庭所占比例在60%—70%之间（含60%）

  5级：表示家校合作程度较高的家庭所占比例在50%—60%之间（含50%）

  4级：表示家校合作程度较高的家庭所占比例在40%—50%之间（含40%）

  3级：表示家校合作程度较高的家庭所占比例在30%—40%之间（含30%）

  2级：表示家校合作程度较高的家庭所占比例在20%—30%之间（含20%）

  1级：表示家校合作程度较高的家庭所占比例在20%以下

注：得分超过6级可界定为大多数家庭的家校合作程度较高。

图5.5表明，K区家庭家校合作指数为8，说明全区家校合作程度较高的家庭所占比例在80%—90%之间（含80%），大多数家庭家校合作程度较高。细分到不同学生群体来看，初级中学、新优质学校、本地户籍生源、外地户籍生源、男生、女生的家校合作程度较高的家庭所占比例均为区平均水平或高于区平均水平。完全中学的家校合作程度较高的家庭所占比例低于区平均水平。

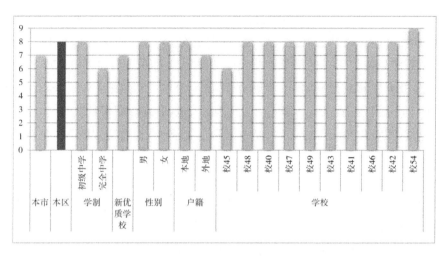

图 5.5　家校合作指数图

综上,K 区有 80% 以上的家庭家校合作程度较高。男女生、不同类型学校学生(完全中学除外)、不同户籍生源学生中家校合作程度较高的家庭比例均在 70% 以上,略有差异。各学校之间差异较大,校 45 家校合作程度较高的家庭占比远低于全区平均水平。

6. 师生关系

师生关系是指教师和学生在教育教学过程中建立的相互关系,包括彼此所处的地位、作用和相互对待的态度等。师生关系既受教育活动规律的制约,又是一定历史阶段社会关系的反映。良好的师生关系既是提高学校教育质量的保证,也是社会精神文明的重要方面。新型的师生关系应该是教师和学生在人格上是平等的、在交互活动中是民主的、在相处氛围上是和谐的。师生关系是教育活动过程中最基本、最重要的关系。本次问卷主要是通过调查学生对他们与教师交往中的基本行为判断,来推断本区域的师生关系。

我们对问卷中有关师生关系的 15 道问项进行 KMO 和 Bartlett 检验,

得出 $X^2 = 272920.933$（自由度为 105），$P = 0.000 < 0.05$，并且 KMO = 0.960，表示适合进行因素分析。采用主成分分析法对问卷进行初步分析后，发现特征值大于 1 的因素有 2 个，可解释项目总变异的 59.27%。但进行方差极大旋转后发现，第 2 个因子只有 1 个项目，该项目单独分析。对剩余的 14 个项目再次进行因素分析，发现 2 个因子的特征根均大于 1，可解释的方差累积贡献率为 62.51%，其中因子 1 包含 10 个项目，因子 2 包含 4 个项目。

至此，根据分析结果，我们可以将该部分问项分为 3 个维度——维度 1：平等型师生关系，包含 10 个问项；维度 2：信任型师生关系，包含 4 个问项；维度 3：专制型师生关系，包含 1 个问项。

师生关系指数是利用上述 3 个维度 15 个问项的数据分析得到的结果，共分为 9 级，指数越高，表明对师生关系评价较好的学生比例越高。

  9 级：表示 90% 以上的学生对师生关系评价较好（含 90%）
  8 级：表示 80%—90% 的学生对师生关系评价较好（含 80%）
  7 级：表示 70%—80% 的学生对师生关系评价较好（含 70%）
  6 级：表示 60%—70% 的学生对师生关系评价较好（含 60%）
  5 级：表示 50%—60% 的学生对师生关系评价较好（含 50%）
  4 级：表示 40%—50% 的学生对师生关系评价较好（含 40%）
  3 级：表示 30%—40% 的学生对师生关系评价较好（含 30%）
  2 级：表示 20%—30% 的学生对师生关系评价较好（含 20%）
  1 级：表示 20% 以下的学生对师生关系评价较好
  注：得分超过 6 级可界定为大多数学生对师生关系评价较好。

图 6.1 表明，全区初中生师生关系指数为 8，说明全区 80%—90%（含 80%）的初中生对当前的师生关系评价较好，略高于全市平均水平。数据还表明，不同性别、不同户籍的各类学生群体中具有这种看法的学生比例同全区平均水平一致。不同类型学校中具有这种看法的学生比例各有差异，其中初级中学的师生关系指数和全区的指数水平相同，完全中学的师生关系指数等级为 7，低于全区的指数水平，这说明在完全中学，对师生关

系评价较好的学生比例不足 80%,其余类型学校中持此看法的学生比例和全区指数水平一致。总体数据表明,各类学生群体中大部分学生对师生关系评价较好。

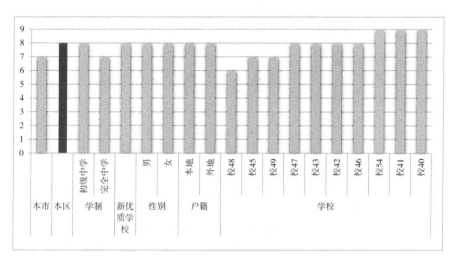

图 6.1　师生关系指数图

就具体学校而言,各校学生对师生关系的评价都为较好及以上,其中有 3 所学校的师生关系指数低于全区的指数水平,校 48 的师生关系指数最低,为 6 级水平;有 3 所学校的师生关系指数超过全区的指数水平 1 个等级,达到 9 级水平;其余 4 所学校的指数水平均与全区的指数水平一致。

与 2014 年的数据相比,可以发现 2015 年 K 区的师生关系指数有 1 个等级的提升。由图 6.2 可知,K 区完全中学中对当前师生关系评价较好的学生比例同 2014 年持平;无论是男生或女生,外地户籍或本地户籍,还是初级中学的初中生,对当前师生关系有较好评价的学生比例和 2014 年相比均有提高。由于新优质学校 2014 年相关数据缺失,因此雷达图上对应指数以 0 代替。

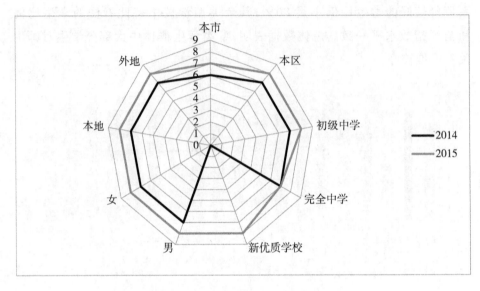

图 6.2 师生关系指数年度发展雷达图

6.1 平等型师生关系

平等型师生关系是教师在教育教学活动中尊重学生的主体性和独立性,与学生交往时相互尊重,试图让学生获得成就感与生命价值体验,并最终帮助学生逐步养成自由个性、确立健康人格。在这种师生关系观指导下,每个学生都能感受到自主的尊严和心灵成长的愉悦。

本调查主要是通过询问学生老师是否公正平等地对待学生、是否允许他们有不同见解、是否主动询问学生犯错误的原因、是否关心他们、耐心听他们说话、做他们的朋友、是否会挖苦讽刺他们等问项的回答,来推断学生和老师之间是否是平等型师生关系。

图 6.3 表明,全区约有 82% 的学生认为教师和学生之间是平等型师生关系,高于全市平均水平。数据还表明,不同性别、不同户籍的各类学生群体中持此看法的学生比例同全区平均水平基本一致,略有差异;完全中学中持平等型师生关系看法的学生比例不足 74%,而初级中学中持此看法的学

生比例则在 83% 左右。

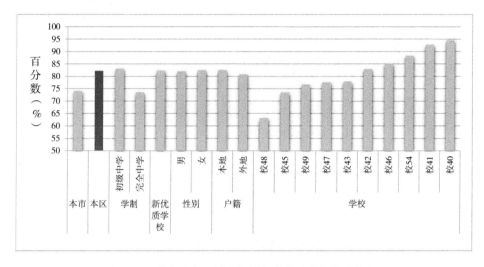

图 6.3 学生对本区域平等型师生关系的评价统计图

就具体学校而言,有 5 所学校持平等型师生关系看法的学生比例低于全区平均水平,其中校 48 持此观点的学生比例较低,约占 63%;而在持此看法的学生比例超过全区平均水平的其余 5 所学校中,有 2 所学校(校 41 和校 40)的学生比例超过了 90%,其中校 40 中持有此种观点的学生比例高达 94%。

6.2 信任型师生关系

师生信任是教师和学生在交往过程中,双方基于评判基础上形成的对对方能够履行责任及被托付义务的一种保障感;在教育教学中,常常表现为教师放手让学生自主学习或是完成其他与学习相关的任务和练习,学生也把教师当作朋友和知心人。在信任型师生关系中,学生也感到有一定的自由和探索空间,人格与情感等个性品质也由此得以更好地发展与完善。

本调查主要是通过询问学生是否愿意告知老师心里话、在老师面前展示自己、找老师帮助解决学习以外的困难并感觉老师信任他们等问项的回答,来推断学生和老师之间是否是信任型师生关系。

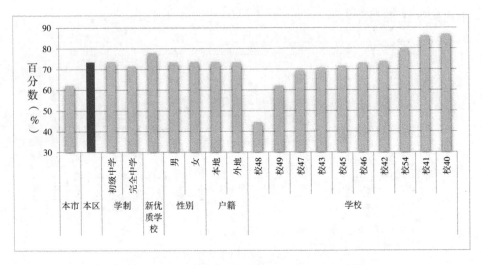

图 6.4　学生对本区域信任型师生关系的评价统计图

图 6.4 表明,全区约有 73% 的学生认为教师和学生之间是信任型师生关系,高于全市平均水平。数据还表明,不同类型学校、不同性别、不同户籍的各类学生群体中具有这种看法的学生比例同全区平均水平基本一致,略有差异,其中完全中学中持信任型师生关系看法的学生比例不足 72%,而新优质学校持此看法的学生比例则在 79% 左右。

就具体学校而言,有 6 所学校持信任型师生关系看法的学生比例低于全区平均水平,其中校 48 持此观点的学生比例最低,约占 44%;而在持此观点的学生比例超过全区平均水平的其余 4 所学校中,有 2 所学校(校 41 和校 40)的学生比例超过了 86%,其中校 40 中持有此种观点的学生比例高达约 87%。

6.3 专制型师生关系

对学生比较专制的教师通常过分关注教学目标以及教学效率,忽视学生的心理感受,对学生的表现也缺乏敏感性。这类教师因为对学生不够关心,学生也就往往会对教师存有戒心和敌意。

本调查主要是通过询问学生老师是否要求学生必须接受老师的观点,

来推断学生和老师之间是否是专制型的师生关系。

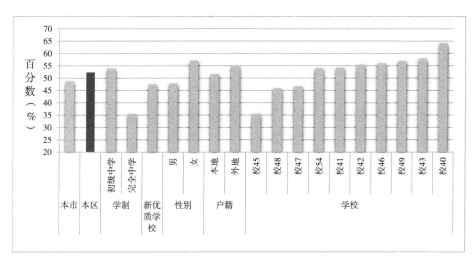

图 6.5　学生对本区域专制型师生关系的评价统计图

注：图中的百分数表示的是认为他（或她）和教师之间不是专制型师生关系的学生比例。

图 6.5 表明，全区约有 52% 的初中生认为教师和学生之间不是专制型师生关系，略高于全市平均水平。数据还表明，不同类型学校、不同性别、不同户籍的各类学生群体中持此观点的学生比例各有差异。其中，完全中学持此看法的学生比例不足 36%，新优质学校中持此看法的学生比例不足 48%，而初级中学中持此看法的学生比例约 54%；另外，不同性别的学生比例差异较大，其中女生持此观点的人数比例略高于全区平均水平，达到 57% 左右，而男生中持此观点的人数比例不足 48%；本地户籍学生群体中持此观点的学生比例和全区平均水平一致，达到 52% 左右，而外地户籍学生达到 55%。

就具体学校而言，有 3 所学校认为教师和学生之间不是专制型师生关系的学生比例低于全区平均水平，其中校 45 持此观点的学生比例最低，不足 36%；而在其余 7 所学校中，校 40 认为教师和学生之间不是专制型师生关系的学生比例最高，约为 64%。

7. 教师教学

7.1 教师的教学观

教师的教学观是指教师对于教与学关系问题的根本看法和观点,涉及对教学本质的认识。不同的教学观会导致不同的教学行为与学生学业表现评价结果。教学是教师的教与学生的学统一的过程,其实质是交往和互动的。在理论和实践领域,一般认为存在两种教学观——教师中心型教学观和学生中心型教学观。教师中心型教学观把教学看成是教师有目的、有计划、有组织地向学生传授知识、训练技能、发展智力、培养能力、陶冶品德的过程。在这种教学观指导下,教师负责教,学生负责学,教学就是教师对学生单向的培养活动。其具体特征表现为,一是以教为中心,教师是课堂的主宰者,知识的占有者、传授者,活的教科书,没有教师对知识的传授,学生就无法学到知识。教学关系成为我讲,你听;我问,你答;我写,你抄;我给,你收。二是以教为基础,先教后学。学生只能跟着教师学,复制教师讲授的内容。先教后学,教了再学;教多少、学多少;怎么教、怎么学,不教不学。学生中心型教学观把教学视为师生交往、积极互动、共同发展的过程,没有交往、没有互动,就不存在或未发生教学。在这个过程中,教师与学生分享思考、经验和知识,交流情感、体验与观念,从而达成共识、共享、共进,实现教学相长和共同发展。这一教学观可引导师生形成学习共同体。

对问卷中有关教学观的 8 道问项进行 KMO 和 Bartlett 检验,得出 $X^2 = 15904.306$(自由度为 28),$P = 0.000 < 0.05$,并且 KMO $= 0.833$,表明适合进行因素分析。采用主成分分析法对问卷进行初步分析后,发现特征值大于 1 的因素有 2 个,可解释项目总变异的 65.34%。进行极大方差旋转,旋转后的各项目负荷均在 0.76 以上,且 MSA 均大于 0.65。

至此,根据分析结果,可以将该部分问项分为 2 个维度——维度 1:学生中心型,包含 5 个问项;维度 2:教师中心型,包含 3 个问项。

本次问卷调查主要通过询问教师对教学本质、教师角色、教师教学过程和学生学习过程以及教学期望的认识,来推断教师所持有的教学观。

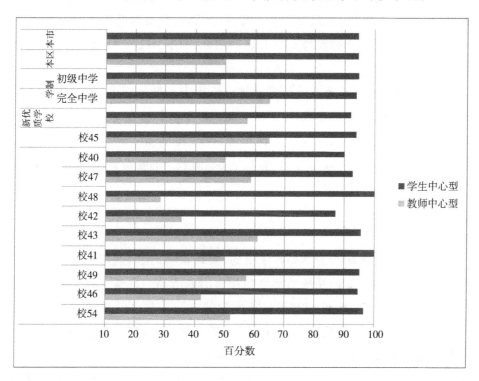

图 7.1　教师教学观结构图

图 7.1 表明,全区认同学生中心型教学观的教师比例约有 95%,和全市平均水平基本一致;认同教师中心型教学观的教师比例约为 50%,略低于全市平均水平。数据还表明,不同类型学校中认同学生中心型教学观的教师比例同全区平均水平基本一致;对于教师中心型教学观,完全中学和新优质学校赞同此观点的教师比例均高于全区平均水平,新优质学校中相关教师比例为 57%,完全中学中相关教师比例为 64%,其余类型学校和全区平均水平一致。由此可见,教师中心型教学观在新优质学校里有不少支持者。

就具体学校而言,一方面,除了校 42,持学生中心型教学观的教师比例不足 88%,其余各校都有九成及以上的教师认同学生中心型教学观,其中校

41和校48的认同比例高达100%。另一方面,各校认同教师中心型教学观的教师比例参差不齐,有7所学校持此观点的教师比例超过全区平均水平,其中校45的支持者比例最高,达65%;在持此观点比例低于全区平均水平的3所学校中,校48的教师支持者比例最低,只有不足29%的教师认同教师中心型教学观。

总体而言,全区约有九成的教师赞成学生中心型教学观,且持此观点的教师比例在不同类型的学校中基本一致。对于教师中心型教学观,完全中学和新优质学校里有六成左右的拥护者,各校比例差异较大,如校48只有三成左右的教师认同教师中心型教学观,而校45则有超过六成的教师认同。

7.2 教师的教学方式

教学方式是指教师为达到教学目的、实现教学内容、运用教学手段而进行的由教学原则指导的系统的师生相互作用的活动。它是一系列具体教学方法的集合,包括教师教的方法和学生学的方法。常见的教学方法有讲授法、谈话法、讨论法、实验法、实习作业法、练习演示法、启发教学法等。在上述教学方法的使用过程中,教师还会在课堂上以及课后与学生的交流中使用更加具体的结合各科目特点的方法。本次调查问卷主要是通过探寻学生对教师课堂教学方法的评价情况来推断教师的教学方式,并由此得出教师的教学方式指数。

对问卷中有关教学方式的14道题进行KMO和Bartlett检验,得出$X^2 = 381573.707$(自由度为91),$P=0.000<0.05$,并且$KMO=0.968$,表明适合进行因素分析。采用主成分分析法对问卷进行初步分析,发现特征值大于1的因素有1个,可解释项目总变异的64.52%。根据因素分析的结果可以将该题组所有14个问项都归于1个维度。为更加详细地分析教师的教学方式状况,将14个问项分为3个维度,采用线性结构方程软件Mplus7对其进行验证性因素分析,得出各项拟合指数在0.90以上(拟合指数$TLI=0.954$,比较拟合指数$CFI=0.962$),近似误差均方根($RMSEA=0.076$)在

0.08以下,说明该部分模型拟合较好,即具有较好的分类结构,该分类方案可以接受。

至此,根据分析结果可以将该部分问项分为3个维度——维度1:因材施教,包含3个问项;维度2:互动教学,包含6个问项;维度3:鼓励探究,包含5个问项。

教学方式指数是利用上述3个维度14个问项的数据分析得到的结果,共分为9级,指数越高,表示对教师教学方式的评价较好的学生比例越高。

9级:表示90%以上的学生对教师教学方式评价较好(含90%)
8级:表示80%—90%的学生对教师教学方式评价较好(含80%)
7级:表示70%—80%的学生对教师教学方式评价较好(含70%)
6级:表示60%—70%的学生对教师教学方式评价较好(含60%)
5级:表示50%—60%的学生对教师教学方式评价较好(含50%)
4级:表示40%—50%的学生对教师教学方式评价较好(含40%)
3级:表示30%—40%的学生对教师教学方式评价较好(含30%)
2级:表示20%—30%的学生对教师教学方式评价较好(含20%)
1级:表示20%以下的学生对教师教学方式评价较好

注:得分超过6级可界定为大多数学生对教师教学方式评价较好。

图7.2表明,全区的教学方式指数为7,说明全区70%—80%的初中生对教师教学方式评价较好,高于全市平均水平2个等级。数据还表明,不同性别的学生比例差异不大,和全区平均水平一致;但不同学制学校、本地生源和外地生源持此观点的学生比例差异较大;完全中学和新优质学校里持此观点的学生比例均低于全区平均水平,且完全中学的学生比例最低,对应指数等级只有5级,说明完全中学的学生对教师教学方式评价较好的人数比例只有5成左右;其余学生群体对教师教学方式评价较好的人数比例和全区平均水平一致。

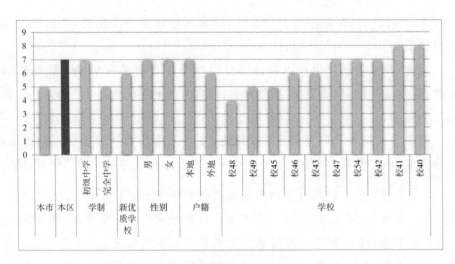

图 7.2 教师教学方式指数图

就具体学校而言,各校的教学方式指数参差不齐,有 5 所学校的教学方式指数低于全区平均水平,校 48 的教学方式指数只有 4 级;有 2 所学校(校 41 和校 40)的教学方式指数超过全区水平,达到 8 级;其余 3 所学校的指数水平为 7,与全区水平相同。

图 7.3 表明,与 2014 年相比,2015 年 K 区的教学方式指数提升 2 个等级。K 区完全中学的对应指数和 2014 年持平;其他无论是男生还是女生,本地户籍还是外地户籍,还是初级中学,对应指数都比 2014 年有进步,增幅大的达到 2 个等级,增幅小的也有 1 个等级。女生群体及外地户籍学生群体,对教师教学方式评价较好的人数比例比 2014 年均有增加;初级中学、男生群体及本地户籍的学生群体,对教师教学方式评价较好的人数比例比 2014 年也有增加。这里还要说明的是,由于新优质学校 2014 年相关数据缺失,因此雷达图上对应指数以 0 代替。

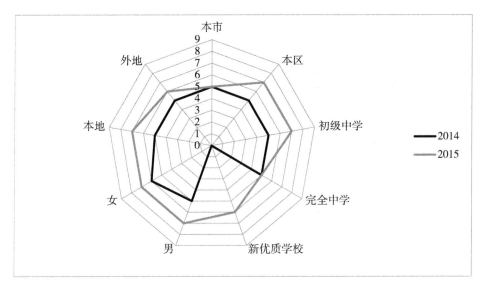

图 7.3　教师教学方式年度发展雷达图

7.2.1 因材施教

因材施教是指教师要从学生的实际情况、个别差异出发,有的放矢地进行有差别的教学,使每个学生都能扬长避短,获得最佳发展。因材施教是教学中一项重要的教学方法和教学原则,它的实施需要贯彻四个方面的原则:第一,教师要留意观察分析学生学习的特点;第二,对待学习成绩差的学生,要做具体分析,区别对待;第三,教师要根据对学生学习风格的了解,在教学中有针对性地提供与风格相配的教学方式;第四,教师不仅要分析把握学生的学习风格,而且要引导学生认识自己的学习风格特点,促使学生把学习风格转化为学习策略。

本调查主要是通过询问学生他们的老师是否鼓励他们使用不同的学习方法、是否给他们提出不同的学习建议、是否布置了不同的学习任务,来推断教师是否采用了因材施教的教学方法。

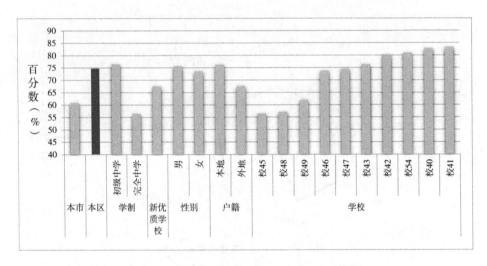

图 7.4 学生对因材施教教学法的评价统计图

图 7.4 表明,全区约有 75% 的学生认为教师采用了因材施教教学法,高于全市平均水平。数据还表明,不同性别的学生群体中持此观点的学生比例差异不大,但不同类型学校和不同户籍的学生群体中各有差异。其中,初级中学中持此观点的学生达 76%,但完全中学中持此观点的学生比例不足 57%;新优质学校中的学生比例为 68%;另外,本地户籍学生中持此看法的学生比例为 76%,但外地户籍学生中持此看法的学生比例不足 68%。

就具体学校而言,有 5 所学校认为教师采用了因材施教教学法的学生比例低于 75%,其中校 45 和校 48 持此观点的学生比例相对最低,均只占 57% 左右;而在持此观点的学生比例超过 75% 的 5 所学校中,校 40 和校 41 的学生比例最高,两所学校中均有大约 83% 的学生认为教师采用了因材施教教学法。

7.2.2 互动教学

互动教学指以学生为中心,设计符合课程内容和学生生活实际的情境,引导学生自我体验、自我参与,在师生互动、生生互动的过程中使学生成为主动、积极、自觉的学习者、参与者和实践者。教师是学生学习的合作者、引导者和参与者,教学过程是师生交往、共同发展的互动过程。它要求"教"与"学"两个主体在行动、语言、情感、思维上互动,产生共鸣,共同发展。

本调查主要是通过询问学生老师是否及时回应他们、引导他们进行讨论、开展小组活动、活跃课堂气氛、交流学习心得并指出学习上的优缺点,来推断教师是否采用了互动教学法。

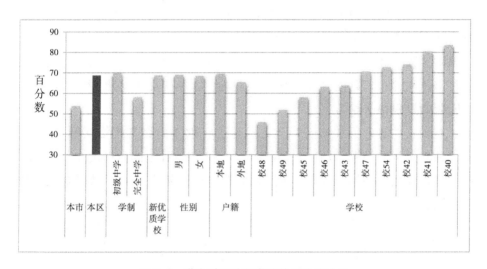

图 7.5　学生对互动教学法的评价统计图

图 7.5 表明,全区约有 69% 的学生认为教师采用了互动教学法,高于全市平均水平。数据还表明,不同类型学校、不同性别、不同户籍的各类学生群体中持此看法的学生比例同全区平均水平基本一致,略有差异,其中完全中学中持此看法的学生比例约为 58%,而初级中学中持此看法的学生比例则在 70% 左右。

就具体学校而言,有 5 所学校认为教师采用了互动教学法的学生比例低于 69%,其中校 48 持此观点的学生比例最低,不足 46%;而在持此观点的学生比例超过 69% 的 5 所学校中,有 2 所学校(校 41 和校 40)的学生比例超过了 80%,其中校 40 的学生比例最高(83%)。

7.2.3 鼓励探究

探究学习是学生在主动参与的前提下，根据自己的猜想或假设，在科学理论指导下，运用科学的方法对问题进行研究，在研究过程中获得创新实践能力、思维发展，自主构建知识体系的一种学习方式。探究性学习有利于发展学生的主体性，有利于学生自主地学习个性发展所需要的知识，使群体的智力资源有效转化为个体智力资源，有利于培养学生的可持续发展能力、健康的社会情感和创造精神。教师的组织和指导工作主要体现在三个方面：指导学生选择课题；指导学生开展活动；指导组织结果评价。鼓励探究的目的是培养学生在日常生活中发现问题的能力，并在发现问题、探究问题、解决问题的过程中去学习。

本调查主要是通过询问学生老师是否将教学内容与生活实际相联系、设置独立思考的问题、鼓励他们猜想并验证猜想、引导他们提出自己的观点以及鼓励他们用不同思路解决问题，来推断教师是否采用了鼓励探究的教学方法。

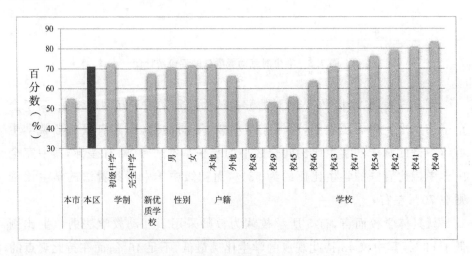

图 7.6 学生对鼓励探究教学法的评价统计图

图 7.6 表明，全区约有 71% 的学生认为教师采用了鼓励探究教学法，高于全市平均水平。初级中学持此观点的学生比例高于全区平均水平，为

73%左右,完全中学中持此观点的学生比例相对较低,只有56%左右。外地户籍学生中持此看法的人数比例也低于全区平均水平,为66%左右。

8. 教师的职业满意度

教师的职业满意度是指教师对所从事的职业的一种感性认知,涉及职业的劳动承载量如职业复杂度、人际环境复杂度、作业环境复杂度、贡献与报酬、工作目标明确度、工作风险与保障水平、职业的大众认可度等方面。教师对其职业的认同感和满意度是教师专业发展的基础性要素。本部分问卷调查主要涉及教师的职业忠诚度、职业压力以及满意度评价。

8.1 职业忠诚度

职业忠诚度是教师职业认同感、价值感和职业品质及职业操守的有机统一,是教师在职业生涯中逐渐从平凡走向成功再走向卓越的道德基础和价值源泉。职业忠诚不是与生俱来的,也不会一成不变,它随着教师从业时间的延续逐步形成和提升。教师的职业忠诚是教师自身与所在学校相互作用的结果。

图 8.1 显示,K 区初中教师具有职业忠诚度的比例为 68%,表明全区近七成的教师具备职业忠诚度,与全市平均水平相当。就不同类型学校而言,初级中学和完全中学具有职业忠诚度的教师比例差异不大。有四成学校(校 49、40、47 和 48)具有职业忠诚度的教师比例低于全区平均水平。总的来说,全区大多数教师具有职业忠诚度,各具体学校间教师比例差异较大,四成学校具有职业忠诚度的教师比例低于全区平均数。

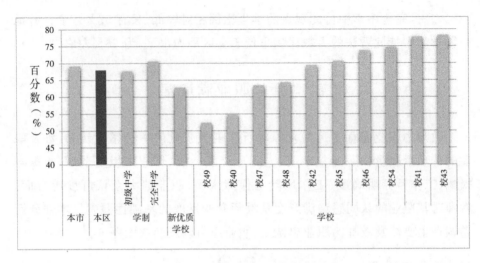

图 8.1 教师职业忠诚度分布图

8.2 职业压力

教师职业压力是指教师意识到工作状况对其自尊和健康构成威胁这一知觉而引起的消极情感体验。教师的职业压力及心理健康状况直接或间接影响着学生及其他教师的心理与行为。关注和研究教师的职业压力状况具有重要的现实意义。本次问卷主要通过探寻教师关于职业压力的主观感受、压力过大的后果以及导致压力过大的原因等信息来反映教师的职业压力。

图 8.2 表明，K 区全区初中教师职业压力为 71%，说明有超过七成教师觉得职业压力较大，比全市平均数高近 4 个百分点。就不同类型学校而言，初级中学教师职业压力较大的人数比例略高于完全中学。就具体学校而言，六成学校教师职业压力高于全区平均水平，分别是校 49、48、43、47、42 和 54，校 49 教师的职业压力较大人数比例达到 85.7%。

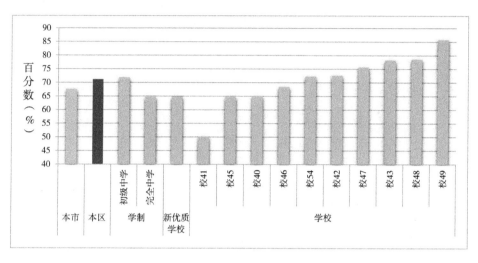

图 8.2 教师职业压力分布图

总的来说,全区大多数教师认为职业压力较大,与全市平均水平大体相当。不同性质学校间差距不大,各类型学校之间略有差异,初级中学略高于完全中学。各具体学校间差异很大,但六成学校教师职业压力较大的人数占比高于全区平均水平。可见,教师职业压力较大在一定程度上已成为一个普遍现象。

8.3 职业满意度评价

教师职业满意度评价是教师对所从事职业、工作条件及状态的一种总体的带有情绪色彩的感受与看法。满意度评价是一种主观评价,其高低受个人和组织内外部诸多因素的影响,特别是个人需求的满足程度等。

图 8.3 表明,K 区初中教师职业满意度为 58.1%,说明 K 区有近六成教师满意度较高,与全市平均水平差距不大。初级中学教师满意度较高的人数比例高于完全中学。总的来看,K 区教师职业满意度校际差异比较大,且近一半学校教师满意度较高的人数比例低于全区平均水平。

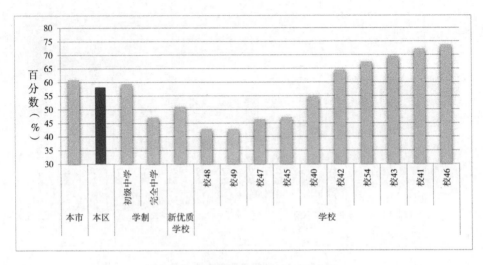

图 8.3 教师职业满意度评价分布图

9. 教师专业发展

教师专业发展是指教师在整个专业生涯中依托专业组织、通过终身专业训练、习得教师专业知识技能、实施专业自主、表现专业道德并逐步提高自身从教素质,成为优秀的教育专业工作者的专业成长过程。教师专业发展也称为教师专业化,在本质上是教师个体专业不断发展的历程,是教师不断接受新知识、增长专业能力的过程。在教师专业发展过程中,厘清专业发展需求是专业化过程的关键步骤之一。

9.1 专业发展需求指数

专业发展需求来源于教师专业发展过程中已有知识和能力水平与期望达到的水平之间的差距、缺失或不平衡状态。教师的专业发展需求是动态发展的,它既与教师所任教的科目相关,也与教师所处的社会环境以及教师的职业生涯阶段与周期密切相关。本次问卷调查主要收集教师对任教学科领域知识、信息技术应用、学生行为管理等涉及教师教育教学工作的具体需求信息。

专业发展需求指数是利用问卷调查数据分析得到的结果,共分为9级,指数越高,表明专业发展需求较强烈的教师比例越高。

9级:表示需求较强烈的教师所占比例在90%以上(含90%)
8级:表示需求较强烈的教师所占比例在80%—90%之间(含80%)
7级:表示需求较强烈的教师所占比例在70%—80%之间(含70%)
6级:表示需求较强烈的教师所占比例在60%—70%之间(含60%)
5级:表示需求较强烈的教师所占比例在50%—60%之间(含50%)
4级:表示需求较强烈的教师所占比例在40%—50%之间(含40%)
3级:表示需求较强烈的教师所占比例在30%—40%之间(含30%)
2级:表示需求较强烈的教师所占比例在20%—30%之间(含20%)
1级:表示需求较强烈的教师所占比例在20%以下
注:得分超过6级可界定为大多数教师专业发展需求较强烈。

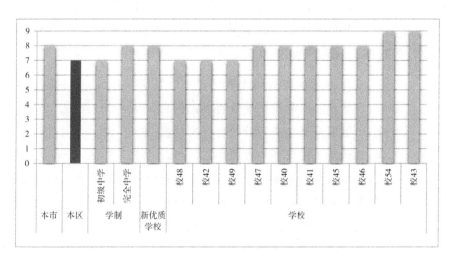

图9.1 教师专业发展需求指数图

图9.1表明,全区教师专业发展需求指数为7,说明全区70%—80%(含

70%)的教师有着强烈的专业发展需求,略低于全市平均水平。其中,完全中学和新优质学校中的教师专业发展需求指数比全区平均水平高1个等级;初级学校和全区平均水平相比没有差异。总体数据表明,无论什么类型的学校,都有超过七成的教师专业发展需求强烈。

就具体学校而言,各校中大多数教师专业发展需求都较强烈,有7所学校的专业发展需求指数超过全区平均水平,达到8级及以上,其中2所学校(校54和校43)达到9级水平,表示这两个学校中专业发展需求较强烈的教师所占比例均超过90%;其余3所学校的教师专业发展指数都为8,和全区平均水平一致。总体数据表明,在大部分学校,超过八成的教师有着较强烈的专业发展需求。

9.2 专业发展需求满足度指数

专业发展需求是否有机会得到满足以及诸多制约需求满足程度的因素共同反映了教师专业发展需求的满足度情况,本次调查通过探寻教师对这些方面符合程度的判断,来推断教师专业发展需求满足度。

专业发展需求满足度指数是利用问卷调查数据分析得到的结果,共分为9级,指数越高,表明专业发展需求满足度较高的教师比例越高。

9级:表示满足度较高的教师所占比例在90%以上(含90%)
8级:表示满足度较高的教师所占比例在80%—90%之间(含80%)
7级:表示满足度较高的教师所占比例在70%—80%之间(含70%)
6级:表示满足度较高的教师所占比例在60%—70%之间(含60%)
5级:表示满足度较高的教师所占比例在50%—60%之间(含50%)
4级:表示满足度较高的教师所占比例在40%—50%之间(含40%)
3级:表示满足度较高的教师所占比例在30%—40%之间(含30%)
2级:表示满足度较高的教师所占比例在20%—30%之间(含20%)
1级:表示满足度较高的教师所占比例在20%以下
注:得分超过6级可界定为大多数教师专业发展需求满足度较高。

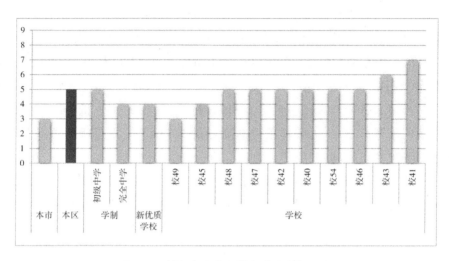

图 9.2　教师专业发展需求满足度指数图

图 9.2 表明,全区教师专业发展需求满足度指数为 5,说明全区只有 50%—60% 的教师对自己专业发展需求的满足度表示满意,高于全市平均水平 2 个等级。其中,完全中学和新优质学校的教师群体专业发展需求满足度指数低于全区平均水平 1 个等级,只有 4 级。初级中学的教师群体专业发展需求满足度指数和全区平均水平一致。

就具体学校而言,各校的教师专业发展需求满足度指数各有差异,有 6 所学校的教师专业发展需求满足度指数水平和全区持平,达到 5 级;有 2 所学校(校 49 和校 45)的教师专业发展需求满足度指数水平低于全区平均水平,其中校 49 只有 3 级;有 2 所学校(校 43 和校 41)的指数高于 5 级,其中校 41 的满足度指数水平最高,达到 7 级。总的来说,10 所学校中只有 2 所学校教师专业发展需求满足度指数达到 6 级或 6 级以上,大部分教师的专业发展需求都未能得到满足。

9.3 专业发展方式

教师专业发展方式多种多样。听专家讲座、参加课题研究属于经典的院校培训方式,也是教师最为熟悉和常见的方式。参加教研活动、听课评课、案例讨论、教学反思等属于新兴的校本专业发展方式。本次调查通过探寻教师对这些方式的使用频率来反映教师专业发展方式的特点。

对问卷中有关教师专业发展方式的 7 道题进行 KMO 和 Bartlett 检验,得出 $X^2 = 17814.960$(自由度为 21), $P=0.000<0.05$,并且 KMO=0.870,表明适合进行因素分析。采用主成分分析法对问卷进行初步分析,发现特征值大于 1 的因素有 2 个,可解释项目总变异的 70.94%。进行极大方差旋转,旋转后各项目负荷均在 0.67 以上,且 MSA 均大于 0.81。

至此,根据因素分析结果可以将该部分问项分为 2 个维度——维度 1:经典培训方式,包含 2 个问项;维度 2:新兴校本方式,包含 5 个问项。

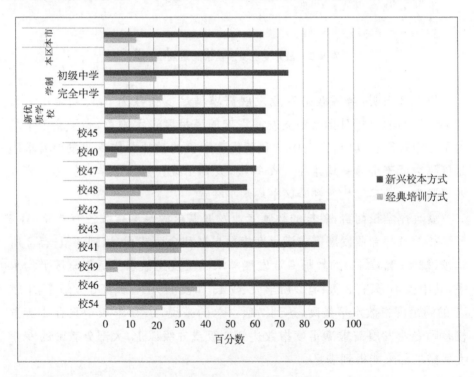

图 9.3 教师专业发展方式直方图

图 9.3 表明,全区采用新兴校本方式进行专业发展的教师比例约为 73%,采用经典培训方式进行专业发展的教师比例约为 21%,均高于全市平

均水平。数据还表明,不同类型学校中参加相关专业发展活动的教师比例略有差异,完全中学和新优质学校采用新兴校本方式进行专业发展的教师比例最低,均约占 65%;初级中学中采用新兴校本方式进行专业发展的教师比例最高,达 74%;新优质学校采用经典院校培训方式进行专业发展的教师比例也是最低,不足 15%,完全中学的教师比例最高,达到 24%。

就具体学校而言,有 5 所学校采用新兴校本方式进行专业发展活动的教师比例均低于全区平均水平,其中比例最低的是校 49(48%),比例最高的是校 46(89%)。有 4 所学校采用经典的院校培训方式的教师比例低于全区平均水平,其中校 49 只有不到 5% 的教师参加过此类培训活动。

总的来说,全区超过七成的教师采用新兴校本方式来开展专业发展,不到三成的教师通过参加经典的院校培训来开展专业发展。新优质学校中采用这种两种方式进行专业发展的教师比例最低,各校采用这两种方式开展专业发展的教师比例各不相同。

10. 课程领导力

对于学校来说,课程领导力是指校长领导学校全体教师创造性地实施课程、全面提升教育质量的能力。课程领导力是从学校实际出发,按照国家和地方的要求,对课程进行规划、建设、决策、引领、实施、管理和评价的能力。它包括课程思想领导力、课程规划领导力、课程实施领导力、课程评价领导力等。本次问卷调查通过使用校长及学校管理者投入有关课程教学事务的行为或结果信息来体现校长的课程领导力。

通过对问卷中 19 道题进行 KMO 和 Bartlett 检验,得出 $X^2=94272.816$(自由度为 171),$P=0.000<0.05$,且 $KMO=0.975$,表示适合进行因素分析。采用主成分分析法对问卷进行初步分析,发现特征值大于 1 的因素有 2 个,可解释项目总变异的 70.44%。进行极大方差旋转,旋转后各项目负荷均在 0.67 以上,且 MSA 均大于 0.96。由此可以将该部分题组分为 2 个维度,根据每个维度所包含的项目对其命名。但是,由于维度 1 的 12 个问项

过多,我们又采用线性结构方程软件 Mplus7 对其进行了验证性因素分析,得出各项拟合指数在 0.90 以上(拟合指数 $TLI=0.943$,比较拟合指数 $CFI=0.950$),近似误差均方根 $RMSEA=0.074$,说明该部分具有较好的分类结构,该分类方案可以接受。

至此,根据分析结果,将该部分问项分为 3 个维度——维度 1:课程规划领导力,包含 7 个问项;维度 2:课程实施领导力,包含 7 个问项;维度 3:课程评价领导力,包含 5 个问项。

课程领导力指数共分为 9 级,指数越高,表示对校长课程领导力评价较高的教师比例越大。

  9 级:表示 90% 以上的教师对校长课程领导力的评价较高(含 90%)
  8 级:表示 80%—90% 的教师对校长课程领导力的评价较高(含 80%)
  7 级:表示 70%—80% 的教师对校长课程领导力的评价较高(含 70%)
  6 级:表示 60%—70% 的教师对校长课程领导力的评价较高(含 60%)
  5 级:表示 50%—60% 的教师对校长课程领导力的评价较高(含 50%)
  4 级:表示 40%—50% 的教师对校长课程领导力的评价较高(含 40%)
  3 级:表示 30%—40% 的教师对校长课程领导力的评价较高(含 30%)
  2 级:表示 20%—30% 的教师对校长课程领导力的评价较高(含 20%)
  1 级:表示 20% 以下的教师对校长课程领导力的评价较高

注:得分超过 6 级可界定为大多数教师对校长课程领导力的评价较高。

图 10.1 显示,全区的校长课程领导力指数为 6,说明有 60%—70%(含 60%)的教师认为校长的课程领导力较高,比全市平均水平高 1 级。初级中学的校长课程领导力指数低于完全中学 1 个等级。有八成学校的校长课程领导力指数均达到或超过全区平均水平。总的来说,全区大多数教师认为校长课程领导力较高。八成学校大多数教师认为校长课程领导力较高。

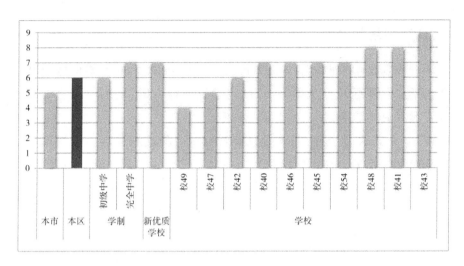

图 10.1　校长课程领导力指数图

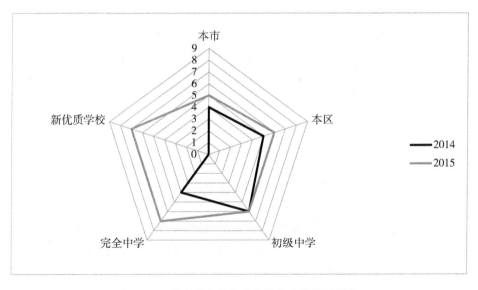

图 10.2　校长课程领导力指数年度发展雷达图

图 10.2 表明,较之 2014 年,2015 年全区校长课程领导力指数提升了 1 个等级;完全中学提升了 3 个等级;初级中学没有变化。

10.1 课程规划领导力

课程规划是学校课程实施的基础,是有效实施教学的重要保障,其任务主要包括成立课程开发领导小组、制定学校课程方案、组织课程建设、整合课程资源等具体事务。

图 10.3 显示,全区有 72% 的教师对校长课程规划领导力的评价较高,高于全市平均水平。初级中学和完全中学对校长课程规划领导力评价较高的教师比例略有差异,初级中学高于完全中学。有五成学校对校长课程规划领导力评价较高的教师比例没有达到全区平均水平。

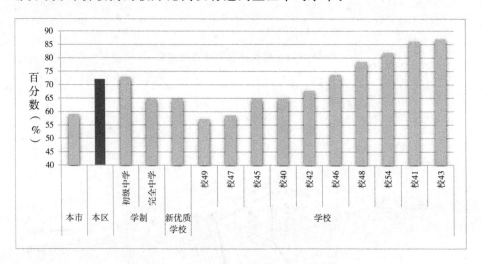

图 10.3 校长课程规划领导力分布统计图

总的来说,全区大多数教师对校长课程规划领导力的评价较高。不同类型学校间略有差异,初级中学比例略高于完全中学。各具体学校间有很大差异。

10.2 课程实施领导力

课程实施与管理是保障学校各项教学目标顺利实现的基本途径与方法,其主要任务是吸收教师有关教学的意见和建议,调动教师的积极性,鼓励教师探索不同教学方法,给予教师教学自主权,以及建立学校教学质量保障体系等。

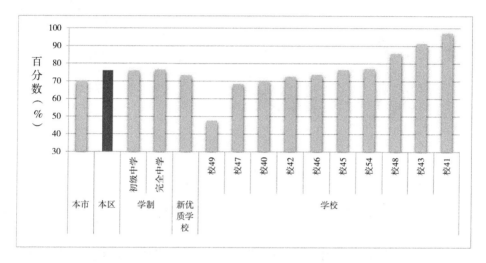

图 10.4　校长课程实施领导力分布统计图

图 10.4 显示,全区有 76% 的教师对校长课程实施领导力评价较高,高于全市平均水平。不同类型的学校差异不大,比较接近。五成学校对校长课程实施领导力评价较高的教师比例未达到全区平均水平。

总的来说,全区大多数教师对校长课程实施领导力评价较高。不同类型学校间差异不大。但各学校之间差异很大,一半学校未达到全区平均水平。

10.3 课程评价领导力

课程评价指向课程价值的发现与创造,没有评价就没有前进的方向和动力。课程评价的主要任务是校长通过参加教研活动、听课、问询学生的学习感受等途径,及时对课程实施的效果予以判断并给出改进意见和建议。

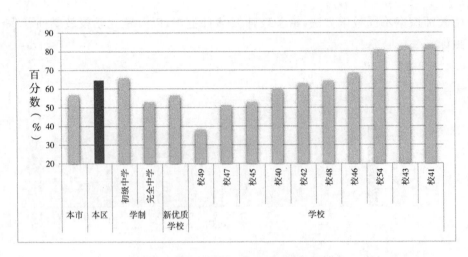

图 10.5　校长课程评价领导力分布统计图

图 10.5 显示,全区有 64.5% 的教师对校长课程评价领导力评价较高,略高于全市平均水平。初级中学中 65.7% 的教师对校长课程评价领导力评价较高。有六成学校对校长课程评价领导力评价较高的教师比例没有达到全区平均水平。

总的来说,全区大多数教师对校长课程评价领导力评价较高。不同类型学校间有一定差异,初级中学教师对校长课程评价领导力评价较高的比例高于完全中学。各具体学校间有很大差异。